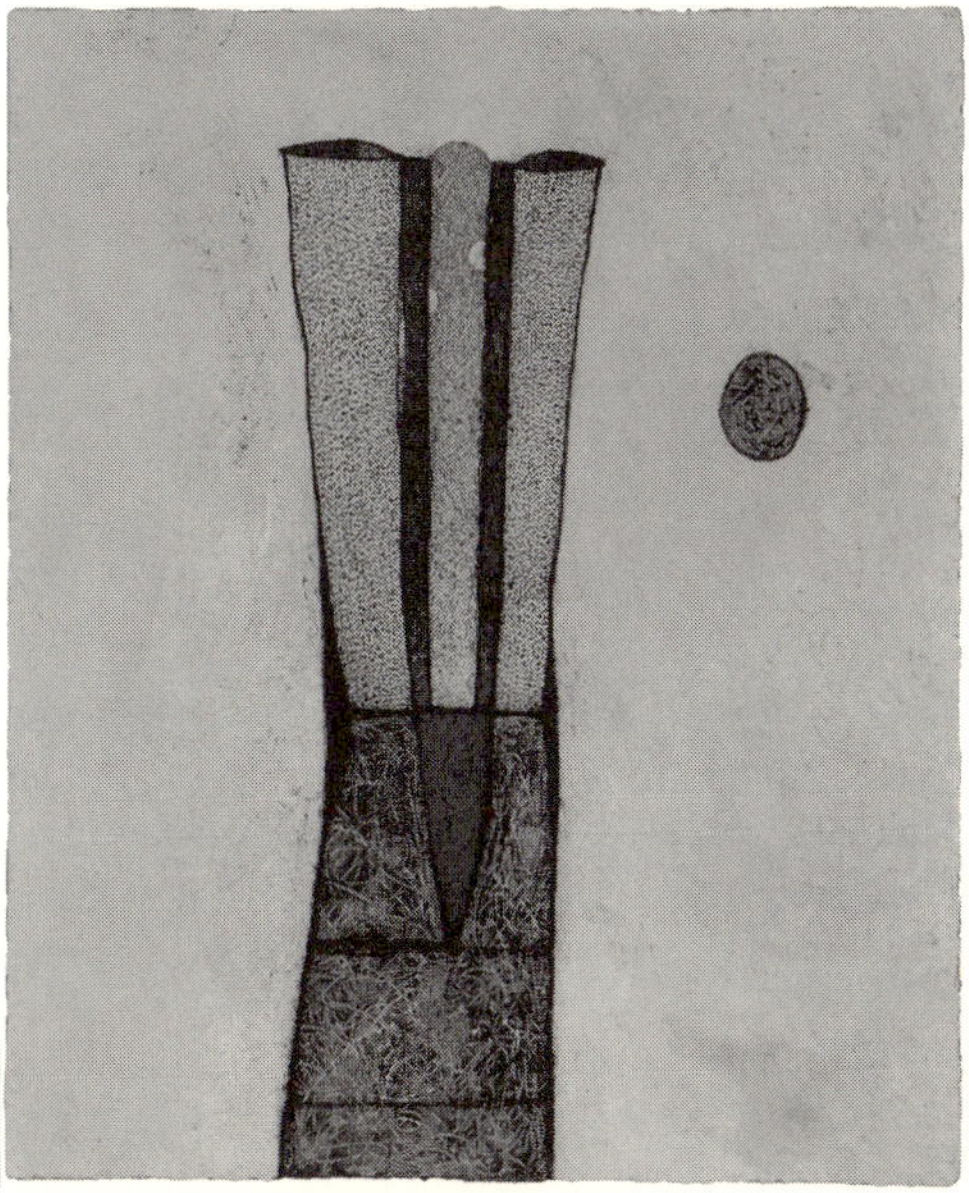

対馬 美千子

ハンナ・アーレント

世界との和解のこころみ

法政大学出版局

ハンナ・アーレント——世界との和解のこころみ◉目次

ハンナ・アーレント
1906–1975

序　世界との和解のこころみ

現代社会のなかで私たちの多くは、程度の差はあれ、自分の生きる世界の中に居場所を見いだすことの難しさを感じながら生きている。青少年、中高年、老年世代のそれぞれの社会に、「生きづらさ」がさまざまな形で蔓延しているとも言える。『「生きづらさ」の時代』という本のなかで指摘されているように、人々を社会のなかの勝者と敗者に二分する新自由主義、市場万能主義の傾向が世界中で広まっていることや、共同体や人間関係のなかで相互に無条件に存在を承認し合う場がなくなり、条件つきでしか、あるいは何かを達成しなければ存在が承認されないという傾向が強くなってきたことも「生きづらさ」の背後にあるだろう。(1) 小玉重夫は『難民と市民の間で』において、「難民であること」が現代の日本で生きる私たちにとってリアルな問題となっており、その問題が例えば、就職難民（正規雇用・正規就職の難しさ）、学校教育での子供たちの難民化（いじめ、スクールカースト）などとなって現われていると指摘している。「私たちのほとんどが、多かれ少なかれ、社会から見捨てられたり、孤立（loneliness）、難民化したりしている状況を引き受けながら生きていく、そういう社会に、私たちは生きている」。同時に、そのような現代の日本社会は、「「世間や空気を読む」ことへの過剰な関心、携帯電話などの情報環境の下で常につながっていないと不安になるある種の抑圧状況、職場や学校の中での「つながり」への同調圧力など」の「社会的なるものの肥大化」に特徴づけられた社会となっていることも示している。(2)

こうした「生きづらさ」や「難民化」という言葉に示される社会の風潮のなかで生きている私たちは、ハンナ・アーレントの思想から何を学ぶことができるだろうか。アーレント（一九〇六―七五）は身をもって二〇世紀という時代を生き、自らの苦闘を洞察へと変えた前世紀を代表する思想家であり、彼女の思想からはきわめて多くのことを学ぶことができる。例えば、全体主義、大衆社会、公共性、自由、人間性等についての彼女の洞察は、現代社会について考える上での重要な手がかりとなる。実際、これまでにさまざまな視点からアーレントに関する数多くの著書が刊行されてきた。それらは、政治学、哲学、歴史学、ユダヤ研究、社会学、教育学、フェミニズム、文学批評などの領域からのアプローチにもとづくものであり、各領域においてアーレント思想がもつ意義を提示するものであった。これらの成果を踏まえつつ、この本では、アーレント思想における「世界と和解する思考」のあり方とはどのようなものなのかについて考えていきたい。(3)アーレントの示す思考のあり方は、私たち一人一人が日々の生活のなかで眼前の現実に向き合い、まわりの世界といかに折り合っていくかを考える上で貴重な示唆を与えてくれるだろう。

アーレントにとっての世界との和解は、私たちが生きている「世界の中で安らおうとすること」（to try to be at home in the world）を意味する。[4] また『思索日記』に収められた一九五三年三月のメモでは、このことは世界に「根をおろすこと」とも言われている。そして「根無し草であること」（*Uprootedness*）は表面に生きていることを意味し、そこには「浅薄さ（superficiality）」とか寄生動物であるという意味がこもっている。［…］そういう浅薄さが全体主義支配のなかでは組織化されて、無意味な不幸を作り出し、無意味な苦悩を作り出すのであり、それと正確に対応しているのが、世界の他の部分で蔓延している無意味な幸福の追求にほかならない」とつけ加えられている。[5] アーレントはここで根のメタファーを用いているが、この背景には「根無し草」的な大衆と全体主義との密接なつながりがあるだろう。アーレントは『全体主義の起原』のなかで、いかに「根無し草」的な大衆が全体主義運動のなかに取り込まれ、政治的に動員され、組織化され、全体主義運動の不可欠の条件となったかについて語っている。「根無し草」的な大衆とは、「共同の世界が完全に瓦解して相互にばらばらになった個人からなる大衆」、他者とのつながりを喪失し、アトム的になり、他者との世界の共有に支えられた現実感覚を失ってしまった人々を指す。[6] このように見ると、アーレントにとって世界に「根をおろすこと」は、単に私たちが世界の中に自分が安寧に暮らせる場所を見つけることを意味するのではなく、私たちが存在する限り存続するとアーレントが考える、現代の全体主義的支配の可能性に対抗するという意味合いを帯びてくる。

アーレントは、このように世界に根をおろし、世界の中で安らおうとするという意味での和解が、理解することのうちにあると考える。一九五三年三月のメモのなかでも、「根をおろす」ことは「和解という意味での理解」(understanding in the sense of reconciliation) であり、それは深さの次元を創り出すと書いている。[7]「理解と政治(理解することの難しさ)」(一九五四)でも、「和解は理解に内在している」と述べている。ではアーレントにとって、理解することはどういうことなのだろうか。彼女は理解することを、単に情報や知識を得ることだとは考えていない。「理解することは、正しい情報や科学的知識をもつこととは違い、曖昧さなき成果を生み出すことのない複雑な過程である。理解することは、それによって、絶え間ない変化や変動のなかで私たちがリアリティと折り合い、それと和解しようとする、すなわち世界の中で安らおうとする終わりのない活動なのである」。[8] ここで重要なのは、アーレントにとって、世界との和解のこころみとしての理解は「曖昧さなき成果を生み出すことのない複雑な過程」であり、終わりなき活動だということである。また彼女は、理解することが「生きていることのすぐれて人間的なあり方」であると述べ、生きていること自体が本来、理解という活動を続けることであるとも考えている。「人間は誰しもが世界——その人がそこによそ者として生まれ、他と異なるその唯一性《ユニークネス》を失わないかぎりいつもよそ者にとどまりつづける——と和解する必要があるからである。理解は誕生とともに始まり、死とともに終わる」。[9]

アーレント自身の生においても、理解することはきわめて重要であった。彼女は一九六四年のギュンター・ガウスによるインタビューのなかで、「私にとって重要なのは、理解するということです。

私にとって、書くことは、この理解をめざすことに関わっています。書くこともまた、理解のプロセスの一部ですから」「私にとって大事なのは、思考の過程そのものなのです。[…]私が影響力をもちたいかですって？　いいえ、私は理解したいのです」[10]と語っている。この言葉が示すように、アーレントが生涯にわたる執筆活動を通して行ったことは、理解すること、すなわち、世界と和解する終わりなき活動であった。ジェローム・コーンも次のように書いている。「理解することへと向かうたえざる冒険は、アーレントにとって、生そのものがそうであるように、けっして「道具的」なものではなかった。もっととらえにくいのは、理解するという活動が彼女がそこに生きる世界と和解する手だてだったということである」[11]。コーンも指摘するように、理解することは世界との和解のこころみであり、アーレントは著作の執筆を通してそれを行った。また著作のなかでも世界と和解する思考のあり方を私たちに示している。

ところで、アーレントは和解について必ずしもまとまった考察を残しているわけではない。彼女の執筆したもののなかではじめて「和解」の概念が前面に出てくるのは、『思索日記』の冒頭に収められている一九五〇年六月の比較的長い記述の中である。ここでアーレントは「和解」、「赦し」、「報復」について論じている。ここでのアーレントの考察は、彼女がハイデガーと交わした会話がもとになっていると考えられる。アーレントは一九四九年一一月末から一九五〇年三月初めまで、亡命後最初のヨーロッパ旅行をし、その際かつての師ハイデガーと再会した。アーレントがアメリカに帰国した後、ハイデガーがアーレントに送った手紙（一九五〇年五月一六日）から、アーレントがハイデガーを訪ねた際、二人が和解、報復について語り合ったことがうかがえる。ハイデガーは「和解と報復については、きみの言うとおりだ。そのことに私はじっくりと思いをめぐらしている。こういった思索のすべてにおいて、きみがいつもすぐそばにいる」と書いている。[12] また「和解」は『思索日記』全体の中心的なテーマの一つとなっている。出版された著作のなかでは、「和解」についての記述は「理解と政治」、「暗い時代の人間性について」（一九五九）、「イサク・ディネセン」（一九六八）、『過去と未来の間』（一九六八）序、「歴史の概念」（一九五八）、「真理と政治」（一九六七）などのうちに見出される。これらのなかでは、とくに「理解と政治」が「和解」についての重要な考察を含むテキストである。

1

では、アーレント思想にとって、世界との和解が何を意味するかについて見ていきたい。アーレントにとっての世界との和解は、主に共通世界との和解、私たちが生きている現実との和解、個人の人生で起こったこととの和解という側面からとらえることができる。

まず、共通世界との和解という側面から。ここで共通世界とは、「私たちがやってくる前からすでに存在し、私たちの短い一生の後も存続する」世界であり、「私たちが、現に一緒に住んでいる人々と共有しているだけでなく、以前にそこにいた人々や私たちの後にやってくる人々とも共有している」世界を指す。[13] 共通世界は「共通＝共有のもの（the common）——他の人びととの存在、自分が生まれる前から存在していた一般的状況、出来事」[14]に関わる。共通世界との和解ということを私たちが語るときは、共通世界からの疎外が前提となっている。それは、アーレントも言うように、私たち一人一人が他の人々とは異なる独自の存在であり、世界に「よそ者として生まれ、他と異なるその唯一性《ユニークネス》を失わないかぎりいつもよそ者にとどまりつづける」からであると言えるだろう。また共同体の周縁に置かれてきた社会的マイノリティの集団に属することが原因となっている場合もある。程度の差はあれ、「共通のもの」である世界から疎外される経験、あるいは世界から退却する経験、言わば無世界性の経験が共通世界との和解の前提となっていると言えるだろう。このように見ると、共通世界との和解とは、無世界性を経験しながらも、そのなかに閉じこもることなく共通世界に関わろうとすることであると考えられる。

千葉眞は、アーレントが初期キリスト教の信徒たちの無世界性、そしてユダヤ人としての自らのパーリア的立場の無世界性のうちに「「世界への愛」の逆説」を認めていたことを示唆し、その「逆説」について次のように説明している。

この「世界への愛」は、世界の中に砂漠を経験した者、無世界性を経験した者の逆境から生み出されてくるという意味で逆説的な「世界への愛」であった。社会の支配的多数者の明示的および暗示的な抑圧や排除や無視にもかかわらず、そうした世界の趨勢への違和感や抵抗感に依拠した、「それにもかかわらず」の「世界への愛」である。それは世界からの退却を経験した者の世界への参与の方式であった。[…]「世界への愛」は、決して直接的な世界肯定ではなく、むしろ否定媒介的な世界肯定である。それは、世界の悪や疎外的勢力を十分に認識し、世界が自分に敵対してくるような状況の中で、しかしそれに抵抗しつつ、なおも世界を肯定し、世界を愛し、世界を少しでもよくしていこうとする意志という風に定義してもよいであろう(15)。

無世界性の経験からこそ、世界への愛、世界の肯定が生み出されてくるという考えは、世界との和解について考える上で重要である。世界との和解も無世界性の経験にもとづくと言えるだろう。アーレントにおいて世界への愛と世界との和解は、世界を肯定するという意味で密接に結びついている。

またここで触れておきたいのは、アーレント自身が誰よりも無世界性を経験していたということである。ユダヤ人としての出自をもつアーレントは、すべての人間が世界の中で他と異なる唯一性ゆえによそ者にとどまりつづけるという意味で経験する無世界性だけでなく、千葉が指摘するように「社会の周縁に位置づけられた、疎外され排除された少数者の持つ無世界性」を経験し、「アウトサイダーとして、寄る辺なき者として自らを認識してきた(16)」。彼女はしばしば、自分が迫害されてきた集団に属していることを明言している。「私は、自分自身が比較的若い年齢でドイツから追い出されたユダヤ人の集団に属することを、強調したいと思います。[…]私が長年にわたって、「君は誰だ?」という問いに対しては、「ユダヤ人です」というのが唯一の適切な答えであると考えてきたことを告白すべきでしょう。この答えだけが、迫害されているという現実を反映していたからです(17)」。さらに、アーレントの無世界性のもう一つの側面には、思考する者の経験する無世界性がある。思考は世界からの退却のなかで行われるとアーレントは考えており、彼女自身思索者として、思考における無世界性を経験していた。そして、この思考における無世界性こそ、彼女が（ハイデガーのようにそのなかに閉じこもることはなかったが）ハイデガーと共有するものであったと言える。世界との和解は、このような無世界性に閉じこもるのではなく、そこから脱出し、共通世界に関ろうとする側面をもつ。

言い換えると、世界との和解は共通世界に対する義務と関わっている。アーレントはこの義務について、一九五九年のレッシング賞受賞演説「暗い時代の人間性について」のなかで語っている。この演説で彼女は、『賢者ナータン』の啓蒙思想家レッシング（一七二九―八一）を、公的領域が光を失った「暗い時代」において人間相互の友情と会話のために真理を犠牲にすることを選んだ者として描き、彼の生き方のうちに政治的な可能性を見いだしている。アーレントが「暗い時代」（ブレヒト）と呼ぶのは、「公共性の空間が暗くなり、世界の永続性が疑わしくなって、その結果、人間たちが、自らの生活の利益と私的自由を適切に考慮に入れてくれることとしか政治に求めないことが当たり前になってしまう時代」のことである。彼女は「そうした時代に生き、教育を受けた人々は、恐らくつねに世界とその公的領域にあまり関心を持たず、できる限りそれらを無視しようとする」と述べる。[18] アーレントによると、そのような状況のなかで人々は世界から自己へと逃避するか、世界の背後で互いに身を寄せ合い、同情や兄弟愛のもつ「親密性の温かさ」のなかへとひきこもり、狭い関係性のうちで互いに分かりあおうとする。このような「暗い時代」にあってアーレントが重要だと考えるのは、レッシングが示している、世界に関わりつづける態度、世界に対して義務を負っていると感じ続ける態度である。アーレントは次のように述べている。「世界に対する彼の態度は、ポジティヴでもネガティヴでもなく、ラディカルに批判的であり、公的領域に対しては、全面的に革命的でした。しかし彼は世界に対して義務を負っていると感じ続け、決して自らの地盤を離れることはなく、一つのユートピアへの熱狂に通じる法外な要求を掲げることはありませんでした[19]」。またアーレントは、レッシングがつねに世界の利害の側に立つ意識をもちつづけていたと述べる。

レッシングの言う意味での「批判=批評」は、つねに世界の利害の側に立ち、あらゆるものをその都度の自らの世界的立場から把握し、評価する意識であり、決して一つの世界観に通じるものではありません。一つの決まった世界観を取れば、可能なパースペクティヴの一つに固執することになり、世界の中で更なる経験を受けつけなくなってしまいます。私たちにはまさにレッシングのこうした意識を学ぶことが必要だと思えます［…］[20]。

レッシングは常に、自己ではなく世界の側に立ち、世界と世界の事物について友人たちと語りあうこと、すなわち友情にもとづく会話を通して共通世界に関わろうとしていた。アーレントによると、共通世界は「人間たちによって持続的に語り続けられない限り、文字通り「非人間的」なものに留まる」ものであり、会話の対象になってはじめて人間的になる[21]。そして、兄弟愛ではなく友情を重んじたレッシングの関心は、「世界と世界の事物について絶え間なく、繰り返し語り合う」ことによって、非人間的なものである世界を人間化していくことのうちにあったと述べる。[22] このように、アーレントは世界が非人間化していく「暗い時代」において、自己への逃避や親密性へのひきこもりではなく、友情にもとづく語り合いをつうじて共通世界に関わり続けることの意義をレッシングのうちに見いだしていた。ここに描かれる友情にもとづく共通世界との関わり方、彼が持ち続けた世界に対する義務は、アーレントの示す世界との和解につながるものである。またこれは、アーレントがソクラテスについて語っていることに関連する（第3章参照）。『政治の約束』に収められたソクラテスについての論文のなかでアーレントは、ソクラテスが試みたのは「アテナイ市民を友人に仕立て上げること」であったと述べ、友情は友人同士に共通する話題について語り合うことに関わり、友人たちの間にあるものが「語られることによって、なお一層共通のものになり」、「発展して拡がりを持ち、ついには、時間と人生が経過する中で、友情によって共有される小世界をも作り始める」と書いている。[23] そして公共世界を確立することを助けるという意味で、友情のうちに政治的意義を認めるのである。

このような共通世界との和解は、私たちのもつ共通感覚、すなわち「共通のものを捉える感覚」としての理解力によってのみ可能になるだろう。『思索日記』の一九五三年三月のメモのなかで、アーレントは次のように記している。

個別のもの（the particular）と共通のもの（the common）との結びつきは、理解や和解であるか、反逆や専制であるかである。私が共通のもの——他の人々の存在、自分が生まれる前から存在していた一般的状況、出来事——と折り合うことができるのはそれらを理解することによってのみである。これが、共通感覚の政治的意義である。共通のものを捉える感覚が理解力なのである。〔…〕理解の通常の手段としての共通感覚の破綻は、われわれすべてに共通な空間の喪失と同じことであり、孤独や自分自身の個別性（particularity）の拒否と同じものである。[24]

アーレントは私たちが「共通のもの」を理解することによってのみ、それとの和解が可能になると考えている。理解とは「共通世界が他者に現われるがままの共通世界を愛する」ことであり、「一つの事柄のすべての側面を見る能力、すべての関係者に現われるとおりに一つの事柄を見る」という政治的な能力である。[25] この能力は、彼女が判断力との関連で「文化の危機」、「真理と政治」等のなかで言及するカントの「視野の広い思考様式」と不可分である。それは、事柄をもっぱら自ら自身の視点から見るのではなく、他のあらゆる人々のパースペクティヴで見る能力のことである。この他者の視点から世界を見る能力は、アーレントの言う共通感覚と密接につながっている。共通感覚は自分とは異なる他者と共有する共通世界を前提とする感覚で、人間のもつ「あらゆる厳密に個別的な（particular）感覚与件を、あらゆる他者の感覚与件に適合するように制御し調整する一つの感覚」[26]、分かりやすく言えば、私的な感覚にすぎないものを共通世界にふさわしいものに適合させる能力である。それは「私たちを他の人々と結びつけるもの、私たちと他の人々との共存を示すもの」であり、「本来、政治的な感覚」である。[27] アーレントは、共通世界との和解が私たちのもつ人間的能力である共通感覚、「視野の広い思考様式」によって可能になると考えている（第5、6章参照）。

2

つづいて、アーレントにとっての世界との和解が、私たちが生きている現実（reality）との和解であることについて見てみよう。現実とは人間の行為（action）によって生じた現実である。先に述べたように、アーレントは、『思索日記』冒頭に収められた一九五〇年六月のメモのなかで和解の概念について論じている。ここで彼女は和解（Versöhnung）と赦し（Verzeihung）を区別し、和解は赦しとは無関係であると書いている。アーレントは赦しが「報復を断念すること、黙ること、看過すること」であり、神と人間の間のような赦す者が赦される者に絶対的に優越している関係のなかで起こると述べる。赦しと報復は正反対だが、「すべての者が生まれつき罪があるという、原罪の観念から生まれる一種の負の連帯」という点で、密接につながっている。すなわち、赦しや報復において「他者のやったことは、自分もやったかもしれない、あるいは自分もやるかもしれないこと」となる。アーレントは、赦し（そして報復）の基礎にあるのは、キリスト教的な罪にもとづく連帯、すなわち、「みな罪人である人間、他人と同じように最悪のことをやりかねない人間たちの間のキリスト教的な連帯」であると論じる。これに対して、和解は「出来事を受け入れるところに起こる」。和解するとは、

「他者の重荷を進んでともに担う」ことであり、それによって平等が再建される（つまり、不平等を作り出す赦しとは対立する）。このような意味での和解のうちに、アーレントは「新しい連帯概念」を見いだしている。赦しがキリスト教的な連帯から生まれているのに対し、和解は連帯を生み出す。また和解が前提としているのは「罪に汚れた人間」ではなく、「行為する人間、不正を犯すかもしれぬ人間」である。ゆえに、和解を通して「他者のもたらす重荷」として引き受けられるのは、罪ではなく、人間の行為により「現実におこった不正」である。[28] アーレントは赦しと和解の区別についてこのように語っているが、それぞれの前提としている人間観が異なるという点が重要であろう。つまり、この時点でアーレントの考える赦しが前提としているのはキリスト教的な意味での罪人としての人間であり、和解が前提としているのは、行為することにより不正を犯すかもしれない人間である。この一九五〇年六月の和解に関する記述の時点ですでに、アーレントは和解と行為の本質的な結びつきを指摘している。

「理解と政治」でも、和解という意味での理解と行為との結びつきが示されている。この論考でアーレントは、「私たちが現実と折り合い、それと和解しようとする」ことが理解のうちにあると主張する。そして和解という意味での理解は、「他の多くの認識の形式とは区別される、行為する人びと［…］が取り消し不可能な仕方で生じた事柄に折り合いをつけ、避けがたく存在するものと和解することを最終的に可能とする、そうした認識の形式となる」と述べ、そのような意味で「理解することは行為することのもう一つの側面となる」と言っている。[29] アーレントが和解とは「現実と折り合うこと」であるというとき、その現実とは、自己、他者を含む私たち人間がある行為によって取り消し不可能な仕方で生じてしまった避けることのできない現実を意味するのである。この人間の行為によって生じた現実を、アーレントは「私たちに与えられた重荷」と呼んでいる。和解としての理解は、この「重荷」としての現実を私たちが自ら引き受け、担うことである[30]。

さらに『思索日記』の一九五三年三月の記述では、行為によって生じた現実と折り合い、和解しようとすることで、人間は行為者としてその現実に所属し、新たな行為をすることができるようになると示唆されている。「理解のうちには、行為を可能にする、世界との前もっての和解が存在している。[…]和解とは、「折り合うこと(to come to terms *with*)」であり、私は現実そのものと和解し、行為者としてこの現実に所属するのである。それが理解において行われるのである[31]」。

ところで、ここで見てきた現実との和解としての理解を可能にするものとは何だろうか。アーレントによると、それは私たち人間のもつ構想力(imagination)である[32]。構想力とは、物事をそれにふさわしいパースペクティヴと距離から見ることを可能にする働き、つまり、「何かから距離をとることと他者との間の深淵に橋を架けること」を可能にする働きである。それは、単なる空想や想像ではなく、物事の「意味」を理解するための明晰な洞察力、最高の理性の働きである(第5、6章参照)。この構想力と密接につながる物語(story)の力も、アーレントが重視する力である。「真理と政治」のなかでアーレントは、「物語作家――歴史家ないし小説家――の政治的機能は、物事をあるがままに受容することを教えることである」と述べている。ここで「物事をあるがままに受容すること」という言葉が示しているのは、現実と折り合うことであろう。現実のなかで生じる個々の事実は、物語のうちで語られることをつうじて初めてその偶然性から離れ、なんらかの意味を獲得する。このとき初めて、現実は人間にとって耐えられるものとなり、現実との和解が生じる。そしてアーレントによると、この現実との和解とは、歴史哲学者ヘーゲルが哲学的思考すべての究極目標であると考えたものであり、歴史叙述の原動力となっているものであった[33]。

ここで、アーレントがヘーゲルにおける和解の概念をどのようにとらえていたかについて簡単に確認しておきたい。アーレントが著作のなかで何度もヘーゲルの和解概念に立ちもどっており、彼の和解概念がアーレントにとってきわめて重要であったことがわかる。先述の「真理と政治」の他に『過去と未来の間』序でも、アーレントは生起した出来事の理解について語りながら、「精神の務めは、生起したことの理解である。ヘーゲルによれば、この理解は人間が現実と和解する仕方であり、理解の実際の目的は世界のうちで安らうこと（to be at peace with the world）である」と述べている[34]。「歴史の概念」のなかでも、ヘーゲルが現実との和解を歴史の究極目的とみなしていたことについて語っている[35]。また『思索日記』にもヘーゲルの和解に関する記述がいくつか収められている。一九五三年四月のメモでは、これまで見てきた箇所と同じく彼の歴史哲学が和解の概念にもとづくものであることを述べ、『世界史の哲学講義』の末尾から引用している。「洞察のみが精神を世界史や現実性と和解させることができる、起こったこと、毎日起こっていることは［…］本質的にそれ［神］自身の業である」。そしてアーレントは、ヘーゲルにとっての和解とは「「無限なものが有限なものの真理である」ときにのみ（『宗教哲学』）、自分が有限であることに耐えることができ、「世界史と現実性」が「神自身の業である」ときにのみ、そこに生きることに耐えることができる」ことだという解釈を示す。[36] そしてまた、一九六八年八月のメモでは、思想と現実との和解であるヘーゲルにおける和解が、「他なるもの」、予測不可能な他者との関係、人間の複数性の次元をみとめないものであるという批判を行っている。[37]「ヘーゲルにおける和解は、現実との思想の和解であるが、思想が現実のなかにあるということにすぎない。それは「他なるもの」すなわち手の届かないもの、予期しなかったものとの和解ではなくて、他の媒体のなかにある自己の「発見」なのである。現実的なものが、実際には、考えられうるものに解消されてしまう。至るところで自分は自分自身に出会う」[38]。このように、アーレントはヘーゲルから自己と世界（現実）との和解という試みを受け継いでいる一方で、自らの和解の概念をヘーゲルの概念と区別している。アーレントにおける和解の概念は、他者性や人間の複数性の予期できない次元をみとめ、尊重しようとする点において（少なくともアーレントの解釈する）ヘーゲルの和解の概念とは一線を画するものである。

アーレントにとっての世界との和解が、人間の行為によって生じた現実との和解という側面をもつことを見てきた。では彼女自身にとっての現実との和解を考えるとき、彼女が和解しようとしたのは具体的にはどのような現実だったのだろうか。アーレントは彼女の生きた時代のなかで数えきれないさまざまな苦難に遭遇し、それらの現実と和解しようと望んだと考えられるが、やはり彼女にとって最も重要だったのは全体主義を可能にした世界と和解することであった（この和解はハイデガーやドイツ人たちとの和解につながっていると言える）。このことは「理解と政治」のなかの次のような言葉にも示されている。「全体主義的な統治が私たちの世界の中心的な出来事であればこそ、全体主義を理解することは何かを赦す（condone）ことではなく、そもそも全体主義を可能にした世界と私たちが和解することを意味する」[39]。ただし、この全体主義を可能にした世界との和解は、単独の行為ではなく、最終的な結果をもたらすことのない終わりなきプロセスである。アーレントは、赦し（forgiving）が「単独の行為であり、単独の行いとなって完結する」のに対して、和解としての理解は「終わりをもたず、それゆえ最終的な結果をもたらすことはできない」と述べている。「理解と政治」でアーレントは赦しと理解を区別し、この二つのあいだにはほとんど関係がないと主張する[40]。アーレント自身による和解の試みは、和解という終点に行きつくことを目的としたものではなく、「全体的支配のさまざまの根源と要素」について問いつづけ、理解しようとする終わりなき活動だったと言えるだろう[41]。

ここで簡単にアーレントにおける赦しの概念について見ておこう。彼女の著作のなかで赦しの意味は変遷している。先に見たように一九五〇年六月の『思索日記』のメモでは、赦しは罪にもとづく連帯に関わると考えられているが、「理解と政治」（一九五四）では赦しは「最も偉大な人間の能力の一つ」であり、「最も勇気を必要とする人間の行為」であると言われる。それは、赦すことが、すでになされたことを取り消す（undo）という不可能に思えることを試みることであり、すべてがもう終わってしまったように見えるところで新たな始まりをなすことに関わるからである。この「理解と政治」での赦しの解釈は、『人間の条件』（一九五八）第三三節「不可逆性と赦しの力」における赦しについての議論につながるものだと考えられる。『人間の条件』では、赦しは「行為そのものの潜在能力の一つ（one of the potentialities of action itself）」であり、それは行為によって始められた過程の「不可逆性（irreversibility）」を救済する能力であると言われる。「不可逆性」とは、「人間が自分が行っていることを知らず、知ることもできなかったにもかかわらず、自分が行ってしまったことを元にもどすことができない」ことを意味する。アーレントは「自分の行った行為から生じる結果から解放され、赦されることがなければ、私たちの行為する能力は、いわば、たった一つの行為に限定されてしまうだろう。そして、私たちはそのたった一つの行為のために回復できなくなるだろう」と述べている。そして彼女は、ナザレのイエスの教えに言及しながら、私たちは自分の行った行為の結果から互いに解放されることによってのみ、自由な行為者にとどまる、すなわち、「なにか新しいことを始める大きな力を与えられる」と論じる。このように『人間の条件』では、行為の不可逆性を救済する能力である赦しは、私たちが人間事象の領域で自由な行為者にとどまることを可能にするという意味で「真の政治的経験の一つ」であるとみなされている。また赦しが他者との関係において起こる「相互的な解放（mutual release）」であること、すなわち、「赦す者も赦される者も共に最初の行為の結果から自由にする唯一の反応」であることが強調されている。(42)

再びアーレント自身が和解しようとした現実とはどのような現実であったかという問いにもどりたい。彼女にとって全体主義、とりわけ強制収容所で起きたことは、私たちがけっして折り合いをつけることのできないものであった。一九六四年に行われたガウスによるインタビューのなかで、アーレントは「決定的だったのはアウシュヴィッツのことを知った日でした」と述べ、次のように続けている。

一九四三年でした。最初私たちはそれを信じませんでした。〔…〕それから半年後、私たちはやはりそれを信じることになったのです。証拠をつきつけられましたから。本当の意味でショックでした。〔…〕それはまさに、あたかも奈落の底が開いたような経験でした。〔…〕これはけっして起こってはならないことだったのです。単に犠牲者の数のことをいっているのではありません。方法、死体の製造やその他のことを申し上げているのです。でもこれ以上深入りする必要はないでしょう。このようなことはけっして起こってはならなかったのです。私たちが和解することのできない何かがそこで起こったのです。(43)

アーレントは自分がアウシュヴィッツのことを知ったとき「本当の意味でショック」を受け、それは「あたかも奈落の底が開いたような経験」だったと言っている。強制収容所で起こったことはけっして和解することのできないことだったのである。ここでの言葉は、和解に限界があることを示している。『思索日記』の一九五〇年六月の記述のなかでも、アーレントは、「和解には赦しや報復からは理解できない限界がある」と述べている。そして「私たちが和解できないもの」としての「根源悪」に言及することになる。(44)

アーレントは『全体主義の起原』のなかで、強制収容所で起こったこと、私たちがけっして和解することのできないことを、カントの造語である「根源悪」という語を使って説明している。「根源悪」について、彼女はどのように考えていたのだろうか。

私たちが根源悪というものを理解することができないのは古代以来の私たちの哲学の伝統のせいである。そしてこのことは、悪魔すら天上から来たものとして認めたキリスト教神学にも、一つの新しい言葉を作り出したことによって悪の存在を少なくとも予感したものと見られる――ただし彼はこの予感を、「倒錯した悪意」という概念を持ち出してたちまち動機によって理解し得るものに合理化してしまったのだが――唯一の哲学者であるカントにもあてはまる。だから私たちがあらゆる尺度をぶちこわしてしまうような途方もない現実のなかで直面する現象を理解しようとしても、拠りどころとすべきものは実際ないのである。ただここで次の一事だけはあきらかなように思える。つまり、この根源悪が、そのなかではすべての人間がひとしなみに余計なもの（superfluous）になるような一つのシステムとの関係においてあらわれて来るということだけは私たちも確認し得るのだ。(45)

このようにアーレントは、「根源悪」は西洋哲学の伝統を通して理解することのできるものではなく、既存のあらゆる尺度を破壊するものであり、それを理解するための拠りどころとなるものすらないと考える。しかし一つだけ言えることは、「根源悪」が「すべての人間がひとしなみに余計なものになるような一つのシステム」との連関のうちに発生したということである。彼女によると、全体主義的権力の持ち主は他のすべての人々だけでなく、自分自身をも余計なものと考えていた。アーレントは次のようにつけ加えている。

死体製造工場や忘却の穴の危険は、人口と故郷喪失者がいたるところで増加している今日、私たちが功利主義的な考え方で私たちの世界のことを考えることをやめないかぎり無数の人々が絶えず余計な者にされていくということにある。政治的・社会・経済的事件はいたるところで、人間を余計なものにするために考案された全体主義の装置とひそかに結託している。[…] 全体主義的な解決法は、政治的・社会的・もしくは経済的な不幸を人間にふさわしいやりかたで緩和することが不可能と見えるときにかならずあらわれて来る強力な誘惑という形で、全体主義政権の没落の後にも充分生き残るだろう。(46)

全体主義体制の倒壊後にも、人間をおしなべて余計な者にするシステムが、私たちの世界に対する功利主義的な捉え方のうちに続いているという指摘。実際、現代社会でも功利主義的な見方が（教育や文化の領域を含む）至るところで力をもっていることを考えると、アーレントの言う意味での全体主義の危険が今もなお存続していると言わざるをえない。

ヤスパース宛の手紙でも、アーレントは自らの根源悪についての考えを示している。一九五一年二月に『全体主義の起原』英語版の最初の刷本をヤスパースに送付した後、三月にまた彼に宛てて送った書簡のなかで次のように述べている。

西洋の伝統は、人間がなしうる最大の悪も利己心という悪徳から生まれると見る先入観にとらわれています。でもその一方で私たちは、最大の悪もしくは根源悪はそういう人間的に理解可能な罪深い動機とは、もはやまるっきり関係がないということを知っています。根源悪とはほんとうはなんなのか、私にはわかりませんが、それがつぎのような現象とどこかでつながっているような気はします。つまり、人間を人間としては余計なものにしてしまうという現象です（人間を手段として利用するのとはちがいます、それなら人間としては人間の尊厳を侵害するだけですから）。人間として余計なものにする、ということです。この現象は、人間の側から言えば自発性に相当する unpredictability［予測不可能性］をすべて排除してしまえば、ただちに出現します。(47)

明確に理解していると自覚しているわけではないが、ここでもアーレントは、根源悪が「人間を人間としては余計なものにしてしまうという現象」に関わっていると述べている。そして、人間を人間としては余計なものにする実験が行われ、この根源悪の意味が最も集約される形で顕現したのが強制収容所においてであった。強制収容所では、まずは人間の裡にある法的人格を殺し、つづいて道徳的人格を抹消した後に個体性の破壊、すなわち人間の自発性の除去が遂行された。人間の本性そのものの改変が行われたのである。「全体主義イデオロギーの本来の目標は、外的世界の改変でも社会の革命的な変革でもなく、人間の本性（human nature）そのものの改変なのだ。強制収容所は人間の本性の改変が試される実験場である。［…］そこで問題になるのは人々が蒙る苦しみ［…］でもいかに多くの人間がそこで死んだかということでもない。人間の本性そのものが脅かされているのである」(48)。

リチャード・J・バーンスタインは『根源悪の系譜』のなかで、アーレントは「根源悪は人間としての人間を余計なものにするにとどまらず、人間の自発性、個体性、および複数性を除去する体系的な試みでもあるという主張」を維持し続けたと示唆する(49)。そして彼は、『全体主義の起原』における根源悪を理解する試みが、アーレントを『人間の条件』におけるテーマへと導いたと主張する。一見、『全体主義の起原』と『人間の条件』は全くかけ離れた主題を扱っているように見えるし、実際、多くの論者はこの二つの著書の関係をめぐって当惑を示してきた。しかし、バーンスタインが指摘するように、二つの著書は密接につながっている。彼は二つの著書の関係について次のように述べる。

とりわけ理解を拒むように見える、全体主義支配の「論理」のうちに顕現した根源悪を理解する彼女の試みが、人間的生活の基本的な特徴――自発性、出生性、行為、自由、複数性――を主題化するための第一の動機であった。これらの特徴を除去し、人間を人間以外（あるいは人間以下）の何ものかに変換することで人間を余計なものとする全体主義の試みが、『人間の条件』に顕著にみられるテーマや問いへと彼女を導いたのである(50)。

ここで言われているのは、『全体主義の起原』においてアーレントは、全体主義支配の「論理」のうちに現われた根源悪を理解しようと試みたが、その試みが彼女を『人間の条件』の問い、すなわち〈全体主義の試みが除去し、根絶しようとした人間的生活の基本的な特徴とはどういうものか〉という問いへと導いたということだろう。これは強制収容所で起きたことについてのアーレントの次のような言葉（一九四六年のヤスパース宛の手紙）にもつながる。「あのすべての背後にひそんでいるのは、ひょっとするとただただ、個々の人間が人間的理由から他の個人によって殺されたのではなく、人間という概念を根絶する試みが組織的におこなわれた、ということなのかもしれません(51)」。

さらにアーレントが「根源悪」という言葉で表している、全体主義的支配の悪が実行される動機についての彼女の見解を押さえておく必要があるだろう。先に引用したヤスパース宛の一九五一年の手紙のなかですでに、「西洋の伝統は、人間がなしうる最大の悪も利己心という悪徳から生まれると見る先入観にとらわれています。でもその一方で私たちは、最大の悪もしくは根源悪はそういう人間的に理解可能な罪深い動機とは、もはやまるっきり関係がないということを知っています」と述べられ、根源悪が罪深い動機にもとづくものではないことが指摘されている。その後アーレントは、『ニューヨーカー』誌のためにイェルサレムでアイヒマン裁判について取材を行い、その報告を同誌に掲載した。報告の執筆は一九六二年であり、一九六三年にこの報告をまとめた著書『イェルサレムのアイヒマン——悪の陳腐さについての報告』を出版している。このなかで彼女は、第二次大戦中のユダヤ人大量虐殺の責任者であるドイツのナチス親衛隊中佐アドルフ・アイヒマンの犯した悪行について論じ、彼が行ったことは怪物的な犯行であるが、彼の動機そのものは怪物的でも悪魔的でもなかったし、彼自身も怪物や悪魔のような存在ではなかったとする。

アイヒマンという人物の厄介なところはまさに、実に多くの人々が彼に似ていたし、しかもその多くの者が倒錯してもいずサディストでもなく、ひどく、そして恐ろしいほどノーマルだったし、今でもノーマルであるということなのだ。私たちの法律制度と私たちの道徳的判断基準から見れば、この正常性はすべての残虐行為を一緒にしたよりもわれわれをはるかに慄然とさせる。なぜならそれは[…]事実上 hostis generis humani であるこの新しい型の犯罪者は、自分が悪いことをしていると知る、もしくは感じることをほとんど不可能とするような状況のもとで、その罪を犯していることを意味するからだ。(52)

ここでアーレントはアイヒマンを「新しい型の犯罪者」であると言っている。そしてこのことが、この本の副題にも含まれる有名な「悪の陳腐さ」という概念に関わっている。

私が悪の陳腐さについて語るのはもっぱら厳密な事実の面において、裁判中誰も目をそむけることのできなかった或る不思議な事実に触れているときである。アイヒマンはイヤゴーでもマクベスでもなかった。しかも〈悪人になって見せよう〉というリチャード三世の決心ほど彼に無縁なものはなかったろう。自分の昇進にはおそろしく熱心だったということのほかに彼には何らの動機もなかったのだ。そうしてこの熱心さはそれ自体としては決して犯罪的なものではなかった。［…］俗な表現をするなら、彼は自分のしていることがどういうことか全然わかっていなかった。まさにこの想像力の欠如のために、彼は数カ月にわたって警察で訊問に当るドイツ系ユダヤ人と向き合って坐り、自分の心の丈を打ち明け、自分がSS中佐の階級までしか昇進しなかった理由や出世しなかったのは自分のせいではないということをくりかえしくりかえし説明することができたのである。［…］彼は愚かではなかった。完全な無思想性（sheer thoughtlessness）――これは愚かさとは決して同じではない――、それが彼があの時代の最大の犯罪者の一人になる素因だったのだ。(53)

このようにアイヒマンは昇進のためということ以外、大規模に実行された悪行にコミットする何の動機ももたなかった。また、自分が遂行していることによって生じる結果への責任について考えることができなかった。彼はひたすら官庁用語や決まり文句を繰り返し、彼とコミュニケーションを行うのは不可能であった。というのは彼は「言葉、他者の存在、したがって現実そのものに対する最も確実な防衛機能で身を鎧って」おり、完全な思考の欠如、あるいは想像力の欠如に特徴づけられていたからである。つまりアイヒマンには「誰か他の人の立場に立って考える能力」が欠如していたのである。アーレントは、「この話す能力の不足が考える能力――つまり誰か他の人の立場に立って考える能力——の不足と密接に結びついていることがますます明白になって来る」と述べている。[54]「悪の陳腐さ」という言葉でアーレントが意図していたのは、悪の実行犯を特徴づけるのが、怪物的で悪魔的な邪悪さやイデオロギー的信念などにもとづく動機ではなく、どこにでもいるごくふつうの人間に見出される、思考する能力の欠如であるということであった。

このように、全体主義の本性を探究しそれを理解しようとすること、言い換えると根源悪の問題について思考しつづけることが、アーレントの生涯をかけた仕事であった。マルガレーテ・フォン・トロッタ監督の映画『ハンナ・アーレント』はまさにこの「思考する女性」としてのアーレントを、思考能力の欠落したアイヒマンと対比させながら巧みに描いている。彼女は死の間際までこの悪と向き合い、格闘し続けた。またアーレントにとって、この悪を理解することは、二〇世紀の核心そのものを理解することであった。「全体主義の本性を理解すること——全体主義はその起源と構造が分析され、記述されてはじめて理解することができる——は、それゆえ、私たちの世紀の核心そのものを理解することにほぼ等しい」[55]。バーンスタインは、アーレントだけでなく、同時代のユダヤ系思想家エマニュエル・レヴィナス、ハンス・ヨーナスも「アウシュヴィッツという前代未聞の根源悪を目撃し、根源悪によってその人生と思考が形作られた人々」であり、三人は「まさしく悪の意味を再考する必要を感じていた」と指摘している。彼らはみなハイデガーの影響を受けているが、「三人の哲学的企図はいずれもハイデガーへの反応として、とりわけハイデガーが二〇世紀の悪およびその悪に対する人間の責任に対して応答できなかったことを考慮したものだと見なすことができる」という。[56]アーレント自身、一九四五年に書いた書評で「悪の問題は、ヨーロッパの戦後の知的生活の根本問題となるだろう」と述べているように、[57]私たちは戦後思想のうちに、アーレントほど明らかな形ではないかもしれないが、全体主義の悪への応答の試みを見いだせる。ロバート・イーグルストンは『ホロコーストとポストモダン』のなかで西洋のポストモダニズムに焦点をあて、ポストモダニズムがホロコーストに関する思考から始まっており、とくにレヴィナスやデリダの思想に照らして理解することのできるそれは、ホロコーストへの応答であったと主張している。[58]

このようにアーレントにとって、現実との和解という意味での理解は、全体主義における「根源悪」の理解を通して、それを可能にした世界と和解することであった。確かにガウスによるインタビューでは、収容所で起こったことは「私たちが和解することのできない何か」であったと述べられている。全体主義における「根源悪」そのものは、アーレントにとって決して和解することのできないものであった。ただ、それを可能にした世界を理解しようとする努力を続けることはできる。アーレントは、全体主義において何が起こったのか、いかにしてそれは起こったのか、なぜそれは起こったのかを問い続けた。それは決して終点のある活動ではなかった。

この終わりなき活動としての理解の試みは、決して易しいものではない。アーレントは全体主義の本性を理解することがいかに難しいことであるかを「理解と政治」のなかで強調している（この論考はもともとは「理解することの難しさ」と名づけられていた）。「この作業は困難であり、おそらくことわざにいう自分自身の影を跳び越えるのとほとんど変わらないくらい達成しがたい」[59]。この難しさの理由の一つは、アーレントによると、全体主義とは「私たちの思考のカテゴリーや判断の規準を破壊した何か」であり、私たちは、これを理解するための手立てを完全に奪われているからである。「全体主義の独創性の恐るべきところは、それが何か新しい「観念」を生みだしたことにではなく、その行為そのものが私たちの一切の伝統から断絶していることにある。それは明らかに私たちの政治思想のカテゴリーと道徳的判断の規準を吹き飛ばしてしまった」[60]。また、私たちは「測るための物差しと、特殊なものを包摂すべき規則を失ってしまった」とも書いている[61]。理解のための伝統的な手立てなしに理解を試みるという、困難なプロセスがそこでは要求されるのである。

「理解と政治」では、彼女の生きていた社会のなかで、彼女の考える意味での理解という活動が破壊される危険な事態が生じているとも指摘されている。「善意をもった多くのひとが他の人びとを教育し、世論の質を向上させるためにこの「理解」の過程を切り詰めよう」としており、こうした試みが人びとの「教化（indoctrination）」をもたらしているという。そしてこの教化は、「論理的に正しい言明があたかも事実や数字の信頼性をもつかのように述べることによって」、理解という活動を破壊する。アーレントは教化のうちに、知識の誤用ではなく理解の誤用（perversion）を見いだし、教化が危険なものであると考える。教化とは理解に対する全体主義的な闘いを助長するものであり、暴力の要素を政治の領域にもちこむものだからである[62]。またアーレントは、モンテスキューが『法の精神』序文で示した危惧が、ヨーロッパ諸国民の福祉や政治的自由の存続という問題を超えて、人間本性そのものに関わっていたことを指摘した上で、まさにそのモンテスキューの抱いた危惧が、人間から人間の本性を奪うという全体主義の試みに直面している「私たちの今日の困惑」に近いものだと言っている。モンテスキューが危惧していたのは、私たち人間が「意味を探究することと理解することの必要を失う」事態であり、まさにこの「無意味性という条件」に非常に近い状況こそ、全体主義の支配下にある人々が経験したものであった[63]。これは、アーレントがこの論考を執筆していた時期にも同様に、人々が「意味を探究することと理解することの必要を失う」事態となっていたことを示唆している。このような窮状のなかで、アーレントは理解することが私たちにとって重要であり不可欠であることを強く主張し、伝統的な理解の手立てなしに全体主義の本性を理解するという困難な試みを果敢に続けたのである。

先にアーレントが、「重荷」のメタファーを用いて、和解とは人間の行為によって生じた現実を「私たちに与えられた重荷」として引き受け、担うことだと言っていたのを確認した。全体主義を可能にした世界との和解の試みもまた、「重荷」のメタファーによって言い表されている。『全体主義の起原』として刊行された最初の英語の書物は、『全体主義の起原』でないとしたら、『私たちの時代の重荷（*The Burden of Our Time*）』というタイトルで刊行予定だったと言われる[64]。また、この本の初版への序文のなかで、アーレント自身、理解（understanding）という語とほぼ同じ意味で了解（comprehension）という語を使い、了解とは「今世紀が私たちに負わせた重荷を吟味し、その重荷を意識的に担うことである」と述べている[65]。このような箇所から、世界との和解は、アーレントにとって「今世紀が私たちに負わせた重荷を意識的に担うこと」であったことがわかる。彼女の著作において「重荷」という

言葉は、過去の人間の行為によってもたらされた現実との和解に本質的に関わっているのである。(66)

3

アーレントにとっての世界との和解が、共通世界との和解という側面、そして人間の行為によって生じた現実との和解という側面からとらえられること、また後者の意味の和解を考える上では、とくに全体主義を可能にした世界との和解がアーレントにとって重要であることを見てきた。最後に、世界との和解が、個人の人生で起こった出来事との和解であるという側面についても考えてみよう。この意味での和解については、『暗い時代の人々』に収められているデンマーク生まれの女流作家、イサク・ディネセン（一八八五—一九六二）に関するエッセイのなかで語られている。ディネセンは一九一四年にアフリカにわたり、広大な農園を経営したが、そこで出会った恋人を飛行機事故で失い、またアフリカでの生活も失い、悲しい思い出をたずさえデンマークに戻ることとなる女性である。アーレントは、アフリカでの生活と恋人を失った悲しみが彼女を作家にし、彼女に第二の人生を歩ませたと考える。ディネセン論が示す和解とは、一言でいえば、いかなる試練をもたらすものであろうとも、人生が与えるものを受けいれることである。私たち人間は皆、自らの人生のなかで喜ばしい出来事、悲しい出来事を含むさまざまな出来事に遭遇するが、それらの出来事と向きあい、それらをあるがままに受け容れることが自分の生きる世界との和解であるということである。

アーレントがディネセンの人生、そして彼女の物語哲学について語ることをつうじて示すのは、このような意味での世界との和解が、物語によって可能になるということである。「真理と政治」のなかでアーレントが「物語作家——歴史家ないし小説家——の政治的機能は、物事をあるがままに受容することを教えることである」と述べているのを先に見たが、ディネセン論でも「物事をあるがままに受容すること」が物語によって可能となることが強調されている。ディネセンにとって物語を語ることとは、自分の人生のなかで身に起こったことを、想像力のなかで反復することである。

物語を始めるにあたって彼女が必要としたものは、人生と世界がすべてであり、それもほぼいかなる種類の世界あるいは環境でもよかったのである。世界は物語に、すなわち事件や出来事や奇妙な突発事に満ちており、それらはただ語られることを待っているからである。そしてそれが通常語られないままでいる理由は、イサク・ディネセンによれば、想像力の欠如による——ともかくも起こったことを想像し、想像力のなかで反復することができさえすれば、物語があらわれるのを見ることになろうし、それらの物語を語り、また繰り返し語る《Je me les raconte et reraconte》ための忍耐力さえ持ちあわせていれば、それを上手に語ることができるようになるであろうから。(67)

このように人生が与えるもの、自分が生きる世界で遭遇する出来事を想像力のなかで反復すること、すなわち物語ることを通して受けいれることで、私たちは「十分に生きているという意味で生きる」

ことができるとアーレントは述べている。ここでは、想像力が物語を語る上で重要な役割を果たすことが示唆されている。

アーレントはまた「物語を語ることの報酬は、手放すことができるようになる（to be able to let go）ことである」とも書いている。(68) 私たちはしばしば人生で起こった過去の出来事にとらわれたり執着したりして身動きできなくなることがあるが、物語を語ることをつうじて、その出来事を受容し、手放すことができるということだろう。このことは「あらゆる悲しみは、それを物語に変えるかそれについての物語を語ることで、耐えられるものとなる」という（アーレントの引用する）ディネセンの言葉につながる。(69) この言葉は『人間の条件』のなかでも引用されているが、ここで悲しみが耐えられるものになるとは、悲しみが消えることではなく、悲しみを受けいれ、それへの執着を手放すことである。なぜ物語を語ることで悲しみを受けいれることができるようになるかについては、物語が「それ以外の仕方では単なる出来事の耐え難い継起にすぎないものの意味をあらわにする」からだと書き、アーレントは出来事の意味を見出すことの重要性を強調する。そして、ディネセンの愛を救い、アフリカでの生活と恋人を失うという不幸が見舞ってから彼女の生を救ったのは、物語を語ることを通して自分が遭遇してきた出来事の意味を見いだすことができるようになったことだと考える。(70)

このことはまさにディネセンの『アフリカの日々』第四部の「人生の軌跡」に描かれたコウノトリの話が表現していることである。この本の語り手は、子供の頃聞いた、眼の前で線が描かれ、刻々とかわっていく一種の動画のような話について語る。

小さなまるい家があって、小さなまるい窓があって、小さい三角の庭のあるお家に、ひとりの男が住んでいました。

家の近くに池があって、魚がたくさんおりました。

ある晩のこととてもやかましい音がして、男の人は目をさまし、いったいなにがおこったのかと、暗闇のなかを出かけました。池のあるほうに行きました。

ここで話し手は、地図の上で軍隊の動きを示すように、その男がたどった道の線を引きはじめる。

男はまず南のほうへ行きました。すると道のまんなかの大きな石につまずきました。もうすこし行くと、溝におっこちて、そこから這いあがり、やれやれ、なんとか助かった。

おかしいな。どうやら道をまちがえた。男は北へ駆けもどる。すると、なーんだ。やっぱりあの音は、南からきこえるではありませんか。そこでまたもや、南に向かって行きました。道のまんなかで大きな石につまずき、それからすこし行くと、溝におっこちて、這いあがり、またもうひとつの溝におっこちて、這いあがり、またまた三つ目の溝におっこちて、這いあがり、やれやれ、どうやら助かった。

もの音は池のはずれでしているらしい。もう、今度はそれがよくわかりました。池まで走っていってみると、水止めに大きな穴があいていて、そこからどんどん水が流れ

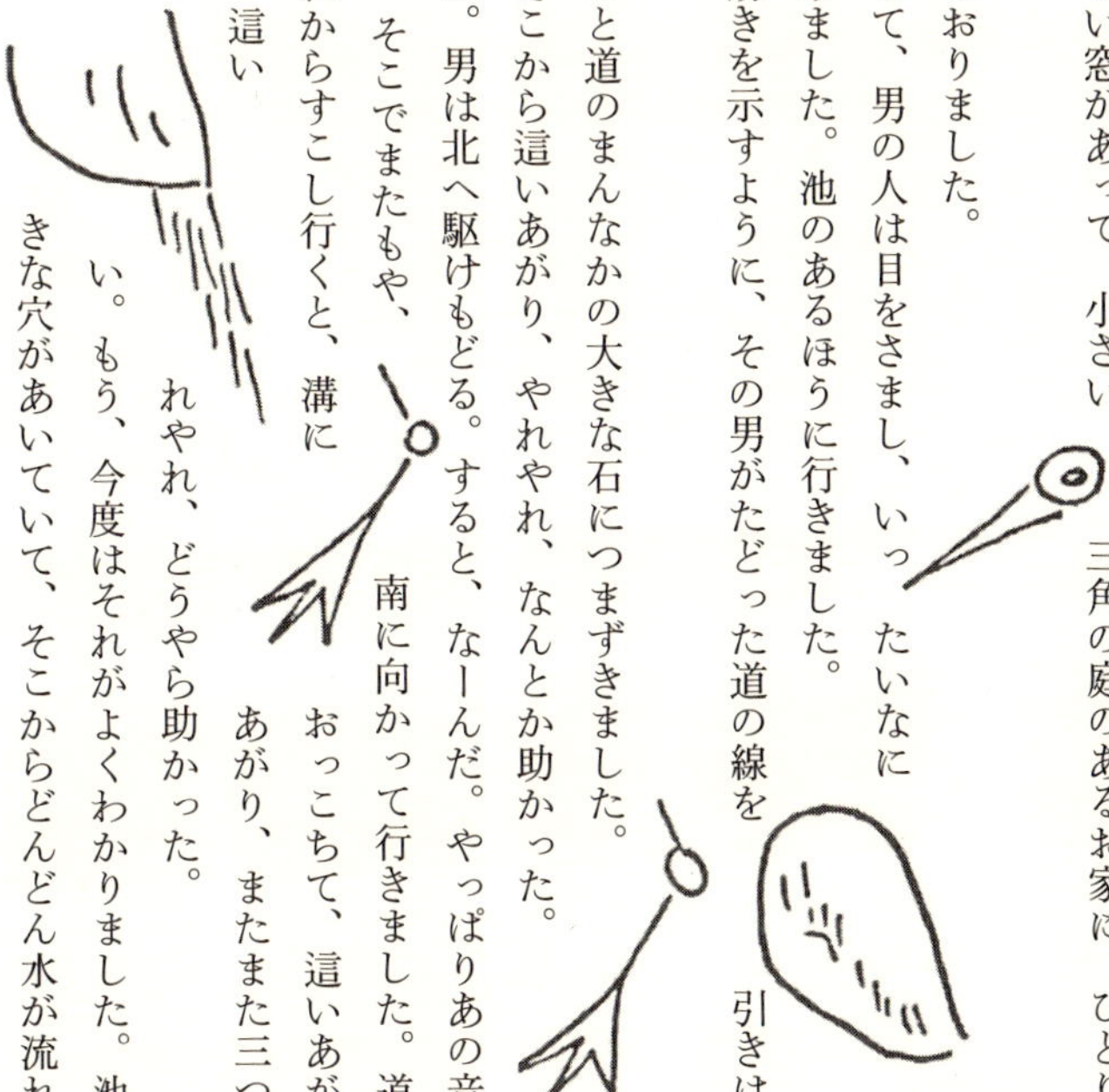

出し、魚も一緒に流れています。男の人は穴をせきとめにかかり、その仕事が終ると、やれやれと言って、家に帰って寝ました。

さて、つぎの朝、この男の人が小さなまるい窓から外をみると――と、ここでこの物語は、最大級の劇的効果をあげて終りにかかる――その人はなにを見たのでしょう？――ほら、コウノトリ！

この物語について語った後、『アフリカの日々』の語り手は次のように語る。「この物語を話してもらったことがあり、つらいときにその記憶をよみがえらせるのはありがたいことである。物語の主人公は手ひどくあざむかれ、おまけに道の途中にはさまざまな邪魔ものがあった。この人は思ったにちがいない、「なんというめぐりあわせ、なんという不運だろう」と。自分にふりかかるつらい体験には、いったいどんな意味があるのかと、この人はあやしんだにちがいない。それがコウノトリだとは、知るよしもなかったのだ」。「この土壇場、いま私が陥っている暗い穴、これはどんな猛鳥の爪にあたるのだろうか。私の人生の軌跡が終ったとき、私はきっとコウノトリを見るのだろう。それとも、誰かほかの人たちがその鳥のかたちを見ることになるかもしれない」(71)。このコウノトリの話が示すように、物語は、私たちの記憶のなかになんの連関もなくばらばらに存在する出来事をつなぎ、一つの意味あるかたちを見せてくれる。比喩的に言えば、コウノトリのかたちを見ることにより、私たちは自

らの人生を受容することができるようになると言える。

さらに、アーレントは人生で起こったことと和解することを、「運命を愛する」ことと言い換えている。「人々を真に区別しうる一線は、「自分の運命を愛して」いられるか、それとも「日々の相場表で［…］他人が成功と認めるものを成功として受けいれる」かというところである。「彼らが、運命の前でおののいているとしても無理はない」。彼女［ディネセン］のすべての物語はまさしく「運命の逸話」であり、繰り返し繰り返し、終局において人間はどのように判断する力があるかを語っている」。ここで「運命」という語は、自分の人生で起こった出来事が想像力のなかで反復されるうちに運命になることを意味する。人生で起こった過去の出来事を想像力のなかで反復し、物語として語り、それらを運命として引き受け、愛することが、個人の人生で起こった過去の出来事との和解をもたらす。実際、アーレントは「物語を語るということは、定義するという誤りを犯すことなしに物事の意義を明らかにし、まさにあるがままに存在する物事の承認と和解とをもたらす」と記している(72)。

4

これまで見てきたように、アーレントにとっての世界との和解とは、私たちが生きている世界に根をおろし、その世界の中で安らおうとすることである。そしてそれは共通世界との和解、人間の行為によって生じた現実との和解、個人の人生で起こった過去の出来事との和解という側面を含む。本書はアーレントの著作の読解を通して、彼女の著作が示す世界との和解のさまざまな側面を示そうとするものである。ただ、このテーマに沿ってアーレント思想を体系的、あるいは時系列的にまとめたものではないし、また各章の内容はたがいにつながり重なりあう部分があることもお断りしておきたい。

そしてこの本では、これまで前景化して語られることのなかったアーレントの言語、思考、構想力、文学についての理解が、いかに彼女の世界との和解のこころみに密接につながっているかを示したい。

第I部では、アーレントの理解する意味での言語が世界との和解を可能にすることについて考察する。ここでの世界との和解は、共通世界との和解、とくに無世界性の経験、あるいは語りえぬものの経験と、他者と共存する共通世界との和解に関わる。

第1章では、無世界性を生きる者が言語を信頼することを通して世界と和解することについて考えたい。ここではアーレントの初期の著作『ラーエル・ファルンハーゲン』を読みながら、この伝記が、ユダヤ女性に生まれついたという「恥辱」に苦しみ、社会から締め出されたラーエルが、言語を信頼することを通して、自らの生を世界、歴史へと結びつけていく過程を描いていることについて考察する。

第2章では『精神の生活』のメタファー論の考察を通して、アーレントが思考を共通世界とを和解させるメタファーの働きに着目したことについて考える。彼女は、私たちが思考するとき、それは世界からの退却のなかで行われると考えるが、ここでは、思考が無世界性に閉じこもるのではなく、複数性にもとづいた共通世界と和解していくことを可能にするメタファーの働きについて彼女がどのように考えていたかを探りたい。

第Ⅱ部では、アーレントの模索していた思考の可能性が世界との和解のこころみにいかに結びついているかを考える。第3章は思考の空間的次元、第4章は思考の時間的次元に関わる。

第3章は、アーレントが、ヤスパースから受け継いだ対話を通して空間を創造する思考の可能性を、自らの思想のなかで発展させていったことについて見ていく。彼女は都市の広場を歩き回り対話を行ったソクラテスをモデルにして、空間を創造する思考の可能性を追求した。この思考は、友人同士が世界や世界の事物に関する共通の話題について繰り返し語り合うことにより、共通世界が確立されるのを支える思考であり、その意味において共通世界に関わり続ける思考である。

第4章は、共通世界の外で行われる思考の次元、アーレントが『過去と未来の間』序と『精神の生活』で考察している、過去と未来の間の裂け目で起こる思考の時間的次元に焦点をあてる。この思考は私たちの日常生活における今の継起ではなく、「無時間の今」とアーレントが呼ぶ時間の裂け目で生じ、過去を想起し、未来を予期する思考である。ここでは、アーレントの考察を通して、そのような思考がいかに私たちが世界の現実を理解し、世界に根をおろす助けとなるか、いかに全体主義支配に見られたような社会の皮相浅薄さに対抗し、私たちの存在に深さをもたらすものであるかについて見ていく。

第Ⅲ部では、アーレントによる構想力の理解に目を向け、彼女が私たちのもつ構想力のうちに、世界に根をおろしその中で安らおうとすることを可能にする働きを見出していたことについて考える。

第5章では、アーレントの考える構想力が、私たちが共通世界の中でまわりの現実との接点を築き、自らの方向を定めることを可能にする能力であることを見ていく。ここではとくに、構想力が理解と判断という私たちの精神活動を基礎づけるものであると考えられていることを示したい。

第6章は、構想力の「脱感覚化の働き」についてのアーレントの考察を読みながら、この働きが私たちの共通世界との和解を助けるものであることを見ていく。とくに構想力の「脱感覚化の働き」が、自己の利害ではなく、世界の利害の側に立って判断を行う精神、他者に開かれた精神を基礎づけると示されていることに着目する。ここでの問いは、いかに構想力が私たちに主観的・私的条件から解放された公平性にもとづく判断を形成する観点をもたらすかという、第5章の問いにつながる。

第Ⅳ部第7章では、アーレントにとっての文学が世界と和解する思考の一つのあり方としてとらえられるという見方を提示する。文学は、彼女の人生や思想と切り離せないものであった。アーレントが文学のうちに、世界を理解すること、世界からふさわしい距離を保つこと、世界を受容しその中で安らおうとすること、無世界性から世界の現実へ帰還することという、和解の複数の側面を見出していたことを確認する。

アーレントは晩年、次のような言葉を残している。

私たちに思考させるものとは何か。ヘーゲルの答え。和解。何との和解か。あるがままに存在する物事との和解。しかし、これは世界の中で自分を確立することによって私たちが絶えずやっていること

である。なぜそれを思考において反復するのか。(73)

この問いはアーレントにとっての和解が、単に世界の現状を容認し、維持することを意味するのではなく、世界の現実を「私たちに与えられた重荷」として担うことを意味することにつながっているだろう。彼女が語っているレッシングの態度のように、世界に対して義務を負っていると感じ続けること、世界の利害の側に立ち、世界の中のあらゆる物事に批判的に関わり続けることに関わるだろう。そのためには、現実の中で生じたさまざまな出来事を理解することが必要となってくる。世界と和解し根をおろすとはいっても、それは私たちが単に世界の中に自分にとっての好都合な場所、あるいは自分が安寧に暮らせる場所を見いだし、自己と世界を調和させようとすることではない。それは根無し草になる危険に陥ることなく、他者との世界の共有に支えられた現実の感覚を維持することであり、共通世界を理解し、愛し、気遣うことに関わっている。なぜ私たちは思考することにおいて世界との和解をこころみるのだろうか。本書がこの問いについて考えるきっかけとなれば幸いである。

注

(1) 香山リカ・上野千鶴子・嶋根克己『「生きづらさ」の時代』専修大学出版局、二〇一〇年、第一—三章参照。

（2）小玉重夫『難民と市民の間で』現代書館、二〇一三年、一九八―二〇〇頁。小玉は、人々が「「社会とのつながり」への強迫観念から少しでも自由になり、「難民性」と「市民性」の間で双方のバランスをとりながら生きていく」ことの重要性を主張している。「市民」とは、アーレントの構想する異質性の共存する世界を生きる者であり、世間、「空気を読む公共性」とは異なる公共性の担い手である。小玉は「難民性」と「市民性」を同時に引き受けながら生きていく条件を考える上で、『人間の条件』が私たちに示唆を与える重要な著作であるとし、『全体主義の起原』との関連で『人間の条件』について論じている。

（3）これまで和解の概念はアーレント思想の主要テーマとして考察されることがあまりなかったが、以下のテキストでは和解について論じられている。Roger Berkowitz, "Bearing Logs on Our Shoulders: Reconciliation, Non-Reconciliation, and the Building of a Common World," *Theory & Event*, Volume 14, Issue 1, 2011. 亀喜信『ハンナ・アレント――伝えることの人間学』世界思想社、二〇一〇年。バーコヴィッツは、主に『思索日記』冒頭の一九五〇年六月の記述にもとづいて、アーレントにとっての和解を過去について判断する行為であるととらえ、議論を進めている。亀喜は、アーレントの著作における和解と赦しの関係の変遷や、「注視者という外部の視点、歴史家という回顧的視点」と「世界と和解する」という営みとのつながりについて論じている。

（4）ハンナ・アーレント『アーレント政治思想集成2』齋藤純一・山田正行・矢野久美子訳、みすず書房、二〇〇二年、一二二頁（Hannah Arendt, *Essays in Understanding 1930–1954*, New York: Harcourt Brace & Co., 1994, p. 308）。

（5）ハンナ・アーレント『思索日記Ⅰ　1950–1953』青木隆嘉訳、法政大学出版局、二〇〇六年、四一三頁（Hannah Arendt, *Denktagebuch 1950 bis 1973*, hrsg. von Ursula Ludz und Ingeborg Nordmann, Piper Verlag, 2002, S. 332）。

（6）ハンナ・アーレント『全体主義の起原3』大久保和郎、大島かおり訳、みすず書房、一九八一年、六―四〇頁（Hannah Arendt, *The Origins of Totalitarianism*, New York: Harcourt, Brace & Company, 1973, pp. 305–326）。

（7）前掲『思索日記Ⅰ　1950–1953』、四一三頁（*op. cit.*, S. 332）。

（8）前掲『アーレント政治思想集成2』、一二二頁（*op. cit.*, pp. 307–308）。

（9）同前、一二三頁（*ibid.*, p. 308）。

（10）ハンナ・アーレント『アーレント政治思想集成1』齋藤純一・山田正行・矢野久美子訳、みすず書房、二〇〇二年、四―五頁（Hannah Arendt, *Essays in Understanding 1930–1954*, p. 3）。

（11）ジェローム・コーン「編者序文」、同前、ix頁（*ibid.*, p. x）。

（12）ウルズラ・ルッツ編『アーレント＝ハイデガー往復書簡 1925–1975』大島かおり・木田元訳、みすず書房、二〇〇三年、八七頁（*Hannah Arendt / Martin Heidegger: Briefe 1925 bis 1975 und andere Zeugnisse*, hrsg. von Ursula Ludz, Vittorio Klostermann, 1998, S 109）、前掲『思索日記Ⅰ　1950–1953』、一〇頁（*op. cit.*, S. 908）参照。

（13）ハンナ・アーレント『人間の条件』志水速雄訳、筑摩書房、一九九四年、八二頁（Hannah Arendt, *The Human Condition*, Chicago: University of Chicago Press, 1958, p. 55）。彼女にとって「世界」は共通世界を意味する。それは人間の作った物の世界、そしてその人工的な世界を舞台とし、行為と言論を通して複数の人々のあいだで成り立つ公的空間であり、死すべき人間の一生を超えて存続していくという意味で永続性をもつ。同前、七八―七九、八二頁（*ibid.*, pp. 52, 55）。

（14）前掲『思索日記Ⅰ　1950–1953』、四〇四―四〇五頁（*op. cit.*, S. 315–316）。

（15）千葉眞「訳者解説」、ハンナ・アーレント『アウグスティヌスの愛の概念』千葉眞訳、みすず書房、二〇〇二年、二四九―二五〇頁。

(16) 同前、二四八頁。

(17) ハンナ・アーレント『暗い時代の人間性について』仲正昌樹訳、情況出版、二〇〇二年、三四頁（Hannah Arendt, *Men in Dark Times*, New York: Harcourt Brace Jovanovich, 1968, p. 17）。

(18) 同前、二二頁（*ibid*., p. 11）。

(19) 同前、九頁（*ibid*., p. 5）。

(20) 同前、一五頁（*ibid*., pp. 7–8）。

(21) 同前、四八―四九頁（*ibid*., p. 24）。

(22) 同前、六〇頁（*ibid*., p. 30）。

(23) ハンナ・アーレント『政治の約束』高橋勇夫訳、筑摩書房、二〇〇八年、四五―四七頁（Hannah Arendt, *The Promise of Politics*, New York: Schocken Books, 2005, pp. 16–18）。

(24) 前掲『思索日記Ⅰ　1950–1953』、四〇四頁（*op. cit*., S. 315–316）。

(25) ハンナ・アーレント『思索日記Ⅱ　1953–1973』青木隆嘉訳、法政大学出版局、二〇〇六年、三―四頁（Hannah Arendt, *Denktagebuch 1950 bis 1973*, S. 451）。

(26) 前掲『アーレント政治思想集成２』、一三五頁（*op. cit*., p. 318）。

(27) 前掲『思索日記Ⅰ　1950–1953』、四二六頁（*op. cit*., S. 335）。

(28) 同前、五―一〇頁（*op. cit*., S. 3–8）。

(29) 前掲『アーレント政治思想集成２』、一四〇頁（*op. cit*., pp. 321–322）。

(30) 同前、一四一頁（*ibid*., p. 322）。

(31) 前掲『思索日記Ⅰ　1950–1953』、四二二頁（*op. cit*., S. 331）。

(32) 前掲『アーレント政治思想集成2』、一四二頁（*op. cit.*, p. 323）。

(33) ハンナ・アーレント『過去と未来の間』引田隆也・斉藤純一訳、みすず書房、一九九四年、三五七―三五八頁（Hannah Arendt, *Between Past and Future*, Harmondsworth: Penguin, 1993, pp. 261–262）。

(34) 同前、七頁（*ibid.*, p. 8）。

(35) 同前、五七頁（*ibid.*, p. 45）。

(36) 前掲『思索日記Ⅰ 1950–1953』、四二七―四二八頁（*op. cit.*, S. 337）。

(37) 複数性はアーレント思想の核心であると言えるが、複数性とは、彼女にとって、「人間の条件」であり、「地球上に生き世界に住むのが一人の人間（Man）ではなく、複数の人間（men）であるという事実」を指す。また複数性はあらゆる政治生活の条件であり、私たち人間の行為、言論が成り立つ基本条件である。前掲『人間の条件』、二〇―二一頁（*op. cit.*, pp. 7–8）。

(38) 前掲『思索日記Ⅱ 1953–1973』、三一七頁（*op. cit.*, S. 692–693）。

(39) 前掲『アーレント政治思想集成2』、一二三頁（*op. cit.*, p. 308）。

(40) 同前、一二二―一二三頁（*ibid.*, p. 308）。しかし、アーレントは一九五三年一月の『思索日記』のメモでは和解と赦しをはっきりと区別していない。「行為における不確実性の要素は、プラトン以来、行動や思考と対立させて行為の信用を下落させるのに役立ったが、その要素は人間とは何か、各個人は何であるかについての無知にもとづき、個人がいなくなって初めて何者であったかが分かるという事情にもとづいている。行為が（政治においては和解と称される）相互の赦しなしには不可能であるのはこのためである。イエスの場合のように、相互の赦しは自分の行っていることが何かを知るよしもないことの認識にもとづいている」。前掲『思索日記Ⅰ 1950–1953』、三九〇頁（*op. cit.*, S. 303–304）。またアーレントは一九五三年二月の『思索日記』のメモでも、「取り返せないことの自動運動を中断する」点において、赦し、同情、和解が共通しているという考えを示している。同前、四〇〇頁（*ibid.*, S. 312）。アーレントにおける和解と赦しの関係については、亀喜信前掲『ハンナ・アレント――伝えることの人間学』第一章第三節「赦しと約束」参照。

（41）　ハンナ・アーレント『全体主義の起原1』大久保和郎訳、みすず書房、一九八一年、xvii頁（Hannah Arendt, *Elemente und Ursprünge totaler Herrschaft*, München: Piper, 1986, S. 16）。

（42）　前掲『人間の条件』、三七一―三七七頁（*op. cit.*, pp. 236-241）。アーレントにおける赦しについては、金慧「アーレントにおける「ゆるし」の概念をめぐって」『理想』No.690、二〇一三年、七四―八三頁、小山花子『観察の政治思想――アーレントと判断力』東信堂、二〇一三年、第五章「許し」参照。アーレントは『人間の条件』第三三節で、赦しの代替物（alternative）として罰をあげ、赦しと罰は「干渉がなければ際限なく続くなにかを終わらせようとする点で共通している」という考えを示す。また「人間は、自分の罰することのできないものは赦すことができず、明らかに赦すことができないものは罰することができない。これは、人間事象の領域におけるきわめて重要な構造的要素である」と述べる（前掲『人間の条件』、三七七頁。*op. cit.*, p. 241）。ジャック・デリダは「世紀と赦し」というインタビューのなかで、この赦しという人間的な可能性を法に即して罰する可能性の相関項とみなすアーレントの考えに対して留保を示す。「裁くこと、罰することが、したがって秤量することができるところでしか赦せないのだとすれば、その場合には、ある権力を、ある力を、ある主権を前提することになります」。この留保は、デリダが思考しようとしているのは「赦しの「純粋性」」であり、「権力なき、無条件的だが主権なき赦し」であることからくる。彼は「赦しがあるのはただ赦しえないものがあるところでのみ」であり、赦しとは「ただ赦しえないものを赦す」ことであると考える。そしてこのような意味での赦しはその「無条件的純粋性」を奪われると崩壊してしまうが、同時に「諸条件の次元と、悔悟や変化など、赦しが歴史に書きこまれるようにする事柄の数々と、法律、政治、生活そのものと切り離すことができない」と述べる。この二つの極、すなわち、「無条件性の極と、条件性の極」は互いに還元不可能であるが、それらは切り離せない関係にある。インタビュアーの「あなたは、すると、［…］純粋な赦しと、和解の実際的なプロセスで作用しているある社会の現実との間で、いつまでも引き裂かれているのでしょうか？」という問いに対し、彼は「そうです、［…］私はどこまでも「引き裂かれた［＝分有された partagé］」ままです。しかし、どちらかに決めることは、できもしないし、したいとも思わないし、するべきだとも思いません」と答えている。ジャック・デリダ「世紀と赦し」鵜飼哲訳、『現代思想』vol.28-13、二〇〇〇年、八九―一〇九頁（Jacques Derrida, *Foi et Savoir suivi de Le Siècle et le Pardon*, Paris: Éditions du Seuil, 2001, p. 101-133）。鵜飼哲・高橋哲哉「和解の政治学」、同前、四六―六八頁参照。

（43）前掲『アーレント政治思想集成1』、二〇―二一頁（*op. cit.*, pp. 13-14）。

（44）前掲『思索日記 I 1950-1953』、九頁（*op. cit.*, S. 17）。

（45）前掲『全体主義の起原3』、二六六頁（*op. cit.*, p. 459）。

（46）同前、二六七頁（*ibid.*, p. 459）。

（47）L・ケーラー／H・ザーナー編『アーレント＝ヤスパース往復書簡 1926-1969 1』大島かおり訳、みすず書房、二〇〇四年、一九二頁（*Hannah Arendt / Karl Jaspers: Briefwechsel 1926-1969*, hrsg. von Lotte Köhler und Hans Saner, Piper, 1985, S. 202）。リチャード・J・バーンスタイン『根源悪の系譜』阿部ふく子・後藤正英・齋藤直樹・菅原潤・田口茂訳、法政大学出版局、二〇一三年、三一七―三一八頁（Richard J. Bernstein, *Radical Evil*, Cambridge: Polity Press, 2002, p. 207）に引用されている。

（48）前掲『全体主義の起原3』、二六五頁（*op. cit.*, pp. 458-459）。強制収容所に関する考察は、同前、二三〇―二六七頁（*ibid.*, pp. 437-459）参照。

(49) 前掲『根源悪の系譜』、三四五頁（*op. cit.*, p. 218）。アーレントによる根源悪の理解については、同前、第八章「アーレント——根源悪と悪の陳腐さ」三二四—三五五頁（*ibid.*, pp. 205–224）参照。

(50) 同前、三三六—三三七頁（*ibid.*, p. 213）。

(51) 前掲『アーレント＝ヤスパース往復書簡 1926–1969　1』、七九—八〇頁（*op. cit.*, S. 106）。前掲『根源悪の系譜』、三四〇頁（*op. cit.*, p. 215）に引用されている。

(52) ハンナ・アーレント『イェルサレムのアイヒマン——悪の陳腐さについての報告』大久保和郎訳、二一三頁（Hannah Arendt, *Eichmann in Jerusalem: A Report on the Banality of Evil*, London: Penguin, 2006, p. 276）。Hostis Humani Generis は「人類の敵」を意味するラテン語の法律用語である。

(53) 同前、二二一頁（*ibid.*, pp. 287–288）。

(54) 同前、三八頁（*ibid.*, p. 49）。

(55) 前掲『アーレント政治思想集成2』、一四三頁（*op. cit.*, p. 324）。

(56) 前掲『根源悪の系譜』、一三、三五四—三五五頁（*op. cit.*, pp. 6, 224）。

(57) 前掲『アーレント政治思想集成1』、一八二頁（*op. cit.*, p. 134）。

(58) ロバート・イーグルストン『ホロコーストとポストモダン』田尻芳樹・太田晋訳、みすず書房、二〇一三年、三頁（Robert Eaglestone, *The Holocaust and the Postmodern*, Oxford: Oxford University Press, 2004, p. 2）。

(59) 前掲『アーレント政治思想集成2』、一四三頁（*op. cit.*, p. 324）。

(60) 同前、一二五頁（*ibid.*, pp. 309–310）。

(61) 同前、一四〇頁（*ibid.*, p. 321）。『全体主義の起原』のなかでも根源悪に関して、アーレントは同じことを述べている。「私たちがあらゆる尺度をぶちこわしてしまうような途方もない現実のなかで直面する現象を理解しようとしても、拠りどころとすべきものは実際ないのである」。前掲『全体主義の起原3』、二六六頁（*op. cit.*, p. 459）。

（62）前掲『アーレント政治思想集成2』、一二三―一二四頁（*op. cit.*, pp. 308–309）。

（63）同前、一三三―一三四頁（*ibid.*, pp. 316–317）。

（64）「編者あとがき」、前掲『思索日記Ⅱ　1953–1973』、四八二頁（*op. cit.*, S. 828）。

（65）前掲 *The Origins of Totalitarianism*, p. viii.

（66）重荷のメタファーの背後には、ヘルダーリンの詩（「ムネーモシュネー」）の言葉、「[…] そして多くを／肩にのしかかる／薪の重荷のように／負いつづけなければならぬ [...]」があると考えられる。先に述べたように、アーレントはヨーロッパ旅行中に果たしたハイデガーとの再会の際、彼と和解、報復についての会話を交わした。アーレントの帰国後、ハイデガーはアーレントに手紙を送り（一九五〇年五月六日）、そのなかでヘルダーリンの詩の「薪の重荷」という言葉に言及している。『思索日記』一九五〇年六月の記述のなかで、アーレントは「和解する者は、他者の重荷を進んでともに担うのだ」と述べ、「重荷」という言葉を使って和解についての考察を行っている。この考察は、ハイデガーとの会話、その後の熟考から生まれたと考えられる。前掲『アーレント＝ハイデガー往復書簡 1925–1975』、八三、二五四頁（*op. cit.*, S. 105, 292）。『思索日記』における編者の注、前掲『思索日記Ⅰ　1950–1953』、五―六、一〇頁（*op. cit.*, S. 3–4, 908）参照。また、アーレントにおける和解概念とヘルダーリンの詩の言葉「薪の重荷」の関係については、前掲 Roger Berkowitz, "Bearing Logs on Our Shoulders: Reconciliation, Non-Reconciliation, and the Building of a Common World" 参照。

（67）ハンナ・アーレント『暗い時代の人々』安部斉訳、河出書房新社、一九九五年、一二二頁（前掲 *Men in Dark Times*, p. 97）。

（68） 同前、一二二頁（*ibid.*, p. 97）。

（69） ゴットリーブによると、この言葉をディネセンの著作のうちに見出すことはできない。この言葉のもとになっているのは、おそらく *The New York Times Review*（November 3, 1957）に掲載されたディネセンの電話インタビューのなかでの言葉である。ディネセンはインタビューで次のように述べている。「友人の一人が私のことについて語り、私があらゆる悲しみはそれを物語に変えるかそれについての物語を語ることで耐えられるものとなると考えていると言ったが、それはおそらく完全にまちがいとは言えない」。Hannah Arendt, *Reflections on Literature and Culture*, Ed. Susannah Young-ah Gottlieb, Stanford: Stanford University Press, 2007, p. 346.

（70） 前掲『暗い時代の人々』、一三一頁（*op. cit.*, p. 104）。

（71） イサク・ディネセン／エイモス・チュツオーラ『アフリカの日々／やし酒飲み』横山貞子／土屋哲訳、河出書房新社、二〇〇八年、二六四―二六六頁（Karen Blixen, *Out of Africa*, London: Penguin Books, 2001, pp. 213–215）。

（72） 前掲『暗い時代の人々』、一三二頁（*op. cit.*, pp. 104–105）。

（73） 前掲『思索日記Ⅱ　1953–1973』、四一八頁（*op. cit.*, S. 782）。

第I部　言語

第1章　言語を信頼する——『ラーエル・ファルンハーゲン』をめぐって

無世界性を生きる者は、言語を通してどのように世界と和解できるのだろうか。本章ではまず、アーレントが若い時に書いた伝記作品『ラーエル・ファルンハーゲン——ドイツ・ロマン派のあるユダヤ女性の伝記』を取りあげてみたい。この伝記から読みとれるのは、ユダヤ女性に生まれついたという「恥辱」に苦しみ、社会から締め出され、歴史をもたず、無世界性から脱け出すことのできなかったラーエルが、結婚や同化ではなく、言語を信頼することを通して、自らの生を世界、歴史へと結びつけていく過程である。また、無世界性を生きる者が、言語を信頼することを通して、世界と折り合い、和解していく可能性である。アーレントが『ラーエル・ファルンハーゲン』という伝記を書いたという事実が、彼女の言語観に照らすとどのような意味をもつのかについても考えたい。それは、「あらゆる人間のうちにある人間的なものにたいして信頼を抱くこと」と深く関わるのである。

1　『ラーエル・ファルンハーゲン』執筆の背景

アーレントには、『全体主義の起原』や『人間の条件』のように、理論や概念を中心に論じる著作がある一方で、『ラーエル・ファルンハーゲン』、「隠された伝統」、『暗い時代の人々』のように、ある時代や場所を生きた人間の生が発する光を描くように、伝記的な語りを通してある個人の特異性、その「正体」(who) を浮かび上がらせ、それを人々のあいだで共有可能なものにしようとする著作がある。

例えば『暗い時代の人々』は、レッシング、ルクセンブルク、ヤスパース、ブロッホ、ベンヤミン、ブレヒトなどについての評伝を集めた著作であるが、その「はじめに」で、アーレントは人々の生がともす光について次のように述べている。

最も暗い時代においてさえ、人は何かしら光明を期待する権利を持つこと、こうした光明は理論や概念からというよりはむしろ何人かの人々が、彼らの人生と仕事において、ほとんどあらゆる環境のもとでともす不確かでちらちらとゆれる、多くは弱い光から生じること、またその光は地上で彼らに与えられたわずかな時間を超えて輝くであろうということ——こうした確信が、ここに描かれた人物像の暗黙の背景をなしている(1)。

「暗い時代」とは、二〇世紀という残虐で酷薄な時代をそのまま指すわけではない。むしろ、公的領域において空話や無駄話が圧倒的な力をもち、あらゆる真実が覆い隠される時代、公的領域が人間的事象に投げかける光が消されてしまう時代を表す。公的領域が投げかける光とは、各人が「自分が何者であるか」を示すことができる、「現われの空間」が設定されることをつうじて生じる光である。(2)アーレントは、そのような「暗い時代」に生きる私たちに光明をもたらすのは、理論や概念というよりは、人々の生がともす「不確かでちらちらとゆれる」弱い光であるという。また、彼らの生、言葉が発する光は、「あとから生まれるひとびと」に向かって投げかけられているという確信をもっており、『暗い時代の人々』はその確信にもとづいたものであると述べる。彼女はこの著作で、伝記的な語りを通してこのような光を描くことで、その光をそれぞれの人々の死を超えて保存しようとしているのである。『暗い時代の人々』と同様に、『ラーエル・ファルンハーゲン』でもアーレントは、あるユダヤ人女性の人生が放つ光を描いている。一九二〇年代末から一九三〇年代という時代の暗さが急激に増していく時期を生きていたアーレントは、なんとかしてその「不確かでちらちらとゆれる光」を保とうとした。その光のイメージは、『人間の条件』でモデルとして出てくるギリシアの英雄による偉業や言論が発する輝きにみちた光のイメージとは異なる。しかし、アーレントにとっては、偉大で卓越した生の光だけでなく、ラーエルのつまずきや迷いだらけの曖昧な生が発する光も大切なものであり、言語を通して、後世に残していかなければならない光であった。アーレントにとって、それは新しい力や展望が生まれる可能性を潜在的に秘める光であった。

『ラーエル・ファルンハーゲン』は、これまでユダヤ人問題や反ユダヤ主義との関連でとらえられてきた。実際アーレント自身、一九五二年のヤスパース宛の手紙で、この伝記は「シオニズムの同化批判の立場」(非ユダヤ人社会へのユダヤ人の同化に対する批判の立場)から書かれたものであると述べており、自分の意図は、「彼女〔ラーエル〕とともに、彼女自身がやったやり方で、もっと先まで議論を尽くしてみること、〔…〕言い換えれば、成り上がり者根性をたえずパーリア(賤民)の基準をもって測り、それを正すこと」だったとつけ加えている。(3) またアーレントは、ハイネ、アレイヘム、ラザール、カフカ、チャップリンとともに、ラーエルを「隠された伝統」、すなわち「成り上がり者になろうとせず、「意識的パーリア」の立場を好んだユダヤ人少数派の伝統」のうちに含めている。(4) そういう意味では、この伝記を、ユダヤ人の「隠された伝統」をその忘却から救済しようとするアーレントの試みのうちに位置づけることができよう。(5) ここでは、このような解釈に加えて、この伝記がアーレントの言語観を理解するうえで重要な位置を占めるものであるという見方を提示してみたい。(6)

アーレントは、一九二八年、ヤスパースの指導のもと『アウグスティヌスにおける愛の概念』で博士号を取得し、そのあとまもなくベルリンで、ラーエル・ファルンハーゲンの伝記の執筆にとりかかった。アーレントは最初の十一章を、一九三三年にベルリンを離れてパリに亡命する前に執筆している。そして末尾の二章をパリで、一九三八年夏に完成させている。この伝記が実際に出版されたのは、英訳版が一九五七年、ドイツ語版が一九五九年である。

アーレントは、一九二〇年代なかばに友人のアンネ・メンデルスゾーンを通してラーエル・ファルンハーゲンの名を知った。アンネは偶然、ラーエルの書簡集を入手し、その書簡集から読み取ったラーエルの生き方についてアーレントに興奮して語った。アーレントはそのときはラーエルに興味を示さなかったが、のちに大学での勉強を終え、ドイツ・ロマン主義に関する研究の準備をする過程でラーエルの手紙や日記に出会い感銘を受け、アンネから書簡集を譲り受ける。(7) アーレントは、すでに公刊されていたラーエルの夫ファルンハーゲンが選択し校閲したラーエルの書簡集だけでなく、プロイセン国立図書館にある未公刊の資料も用いて、ラーエル・ファルンハーゲンの伝記の執筆にとりかかった。

言うまでもなく、この伝記の大半が執筆された一九三〇年代初めは、ドイツで反ユダヤ主義の風潮やナチスの影響力が次第に強くなっていった時期である。アーレントはこの時期、時事的な問題に強い関心を寄せはじめ、その思考は着実により政治的かつ歴史的になっていく。彼女はベルリンで、クルト・ブルーメンフェルトと彼のシオニストの仲間たちと親しくつきあうようになり、同化主義にたいする批判を強めていった。また一九三〇年代初めは、彼女が二九年に結婚していた若いユダヤ人の哲学者、ギュンター・シュテルン（アンダース）とアーレントのあいだの精神的通じあいの欠如が明らかになってくる時期でもあった。シュテルンが一九三三年二月に国会議事堂が放火された数日後にパリへと逃れたあと、アーレントとシオニストたちとの関わりはますます強くなる。アーレントはユダヤ人として政治的に目覚め、行動するようになっていく。同年春には、「ドイツ・シオニスト機構」の仲間から、プロイセン国立図書館にある反ユダヤ主義活動の広がりを示す資料を集める仕事を頼まれ、数週間その仕事に携わる。しかしそのあと、逮捕され警察に連行されてしまう。運よく釈放されたが、その後彼女は母マルタとともにドイツを離れ、プラハ、ジュネーヴを経由して、一九三三年秋にパリにたどり着く。(8)

パリに到着後、アーレントはシュテルンと合流したものの、二人の絆が修復されることはなかった。彼女のそこでの関心はもっぱらユダヤ人問題に向けられ、パレスチナに移住するユダヤ人の若者たちにパレスチナでの生活の準備をさせるユダヤ人組織や、反ファシスト活動家に法的援助を与える組織、パリの難民を援助するユダヤ人組織などで働く。この時期、アーレントの思想のなかで、政治的に目覚めたパーリアと社会的な野心をもつ成り上がり者との区別はますます明確なものとなっていく。一九三六年春には二番目の夫となるハインリヒ・ブリュッヒャーに出会う。その後の十年間、アーレントはユダヤ人問題に関わり続けたが、理論家ではなく実践家であったブリュッヒャーから「革命的実践」にたいする感覚を学び、ユダヤ人問題に偏っていた彼女の政治的・歴史的関心はそれ以外のものにも開かれていった。パリではしだいに反ユダヤ主義が蔓延し、ユダヤ人移民のあいだで恐怖が増大していた。(9) このような第二次世界大戦勃発前のベルリン、パリの切迫した歴史的状況の真っただなかで、『ラーエル・ファルンハーゲン』は執筆された。

執筆に取り組んでいた一九三六年にアーレントは、伝記の主人公であるラーエル・ファルンハーゲン（一七七一—一八三三）のことを、「ほぼ百年も前に死んだのに、私のもっとも親しい友人」[10]と呼んでいる。それでは、この時期のアーレントの心をつかんだラーエル・ファルンハーゲンとは、いったいどのような人物だったのだろうか。

ラーエルはベルリンの裕福なユダヤ人の家に生まれた女性で、十八世紀末から十九世紀初めにかけてのベルリンのサロンの中心人物であった。ラーエルの初期の屋根裏部屋でのサロンは、当時のベルリンの有名な俳優たちや、フンボルト兄弟、シュレーゲル、ブレンターノ、シュライアマハーなどを含むロマン主義時代の有名な作家・文筆家たちを引き寄せた。ファルンハーゲン夫妻の後期のサロンは、ベルリンのゲーテ崇拝の中心となる。一般的には、ラーエルはサロンの中心人物、同化ユダヤ人、ドイツ・ロマン主義時代の有名な女性として知られるが、近年は彼女の書き残した膨大な数の書簡、日記、アフォリズムなどの著作に焦点があてられるようになり、重要な女性文筆家として認められるようになってきた[11]。

アーレントがラーエルを「ほぼ百年も前に死んだのに、私のもっとも親しい友人」とみなしたということは、アーレントが自分とラーエルが多くのものを共有していると考えたことを意味している。アーレントはラーエルのうちに「人々にたいする強い関心や真に情熱的な性質と合わさった独創的で、害されていない、自由な知性[12]」を見出しているが、このような「自由な知性」が二人を結びつけていたものだろう。また、この本の執筆時期にアーレントが日々経験していた歴史的状況、アーレントのユダヤ人問題への関わりを考慮すると、二人の女性はユダヤ人として世界と関わっていく際に遭遇する困難を共有していたと考えられる。『ラーエル・ファルンハーゲン』は、百年以上の時を超えて、鋭敏な知性と感受性、ユダヤ人として生きる運命を共有していた二人が交わした対話がかたちとなった著作なのである。

2　言語の役割

『ラーエル・ファルンハーゲン』を読むと、ラーエルとアーレントのあいだでさまざまな問題が共有されていたことがわかるが、言語の問題もそのひとつである。同書の第六章では、いかにラーエルがゲーテの作品に出会うことによって言語を信頼するようになったかについて語り、言語の本質的な役割は保存にあるという考えが提示されている。のちに詳しく見るが、アーレントによると、ラーエルはゲーテのおかげで自分が人生で遭遇したことが普遍性において語られうること、そしてその普遍性のなかに彼女の個性が保存され、彼女の死後も残っていくことを信じることができるようになった。ラーエルはゲーテから、「言語の役目は保存にあり、言葉で表現されたものは、死すべき人間よりもっと長く世界にとどまることができる」ということを学ぶ[13]。この説明のなかでアーレントは、言語で表現されたものは、個人の死を超えて永続性を獲得し、世界にとどまることができることを強調する。彼女の考える言語の役割は、ある人間が人生のなかで出会ったことをその個別性を保持しつつ、歴史に組み込み、それを未来へ、あとから来る者へと運んでいくことである。

言葉によって表現されたものが永続を定められているという考えは、アーレントの言語観の核心をなすものであり、晩年に至るまで根本的には変わっていない。『思索日記』における一九五一年のノートには次のような言葉が記されている。

無機物や有機体といった他のあらゆる種類の存在者にたいする人類独特の特徴は、人間という種族はすべての人間の素質としての**記憶**のうちに、少なくともひとりの人間の生成・消滅のうちで、つまりひとりの人間の一生のうちで浮き沈みするものに持続を確保できることにあるように思われる。しかし、この記憶ないし持続は、消え失せたものへの記憶を実現できる**言葉**がなければ、全く架空のものにすぎない。言葉によって突如として、全人類が、存在する限り、知られるもののうちで最も持続するもの、いわば他のすべての存在者が救われる存在の中心となるのだ。(14)

晩年、親友であったメアリー・マッカーシーに宛てた手紙のなかでもアーレントは同じ考えを述べている。一九六九年八月の手紙のなかで彼女は、人間と動物の違いは話すこと（speech）にあるが、話すことは、ある目的の伝達のためだけにあるのではないと述べている（蜂の「言語」やダンス、鳥の鳴き声はこの情報伝達のレベルにあると考えている）。そして「言葉というものは、定義上、生命に限定された目的を超えて生きのび（survive）、少なくとも種がつづくあいだは世界の一部となるものです」と付け加えている。(15)一九七一年五月のマッカーシー宛の手紙では、『ニューヨーク・タイムズ・ブック・レヴュー』に載った『アメリカの鳥』の書評に付随するインタビュー記事「メアリー・マッカーシーは語る」での一節に触れ、次のように書いている。

> インタヴューにもどりましょう——私は言語について語った一節が大好きです。人にメッセージを伝え、人間が経験したすべてのものを言葉《ヴァーバル》のレベルで貯える言語について。あなたは述べておられる、言葉のレベルと。ほかにどんなレベルがあるというのでしょう? 経験はそれが語られてはじめて現われます。語られなければそれはいわば非存在なのです(16)。

ここでも、言葉が人間のはかない経験を保存する役割をもつことが述べられている。言葉によって語られることによってはじめて人間の経験は人々のあいだに現われ、生命に限定された目的を超えて、世界の一部となり生きのびるのである。このような役割を持つ言語を信頼することが、アーレント思想の基底部分をなしている。

では、このような言語観は、『ラーエル・ファルンハーゲン』という著作にどのようなかたちで現われているだろうか。まず、アーレントの語りによって浮かび上がるラーエルの生の軌跡をたどりながら、言語の力を信頼することがいかにラーエルの生にとって決定的に重要であったかを見てみたい。さらに、アーレントが『ラーエル・ファルンハーゲン』という伝記を書いたことが、彼女の言語観に照らすとどのような意味をもつのかについて考えてみたい。

3 「自分と世界という難問」

「私はけっしてラーエルについての本を書こうとしたのではない。[…] 私の関心はただ、ラーエルの生涯の物語を、もし彼女自身が語ったとしたらこうであろうように私の言葉で語ることにあった」と、『ラーエル・ファルンハーゲン』の「はじめに」には記されている。(17) この伝記でアーレントはラーエル自身の言葉を引用しながら、彼女とさまざまな個人との関係を描くことを通して、ラーエルと世界との関係がどのように変遷していったかを示そうとしている。ユダヤ女性に生まれついたがゆえに世界の中に足場をもつことができず、無世界性のうちに生きていたラーエルにとって、自分と世界との関係はその生のすべてを賭けて決着をつけなければならない難問であった。そのような難問を抱えるラーエルが人生で出会う人々は、彼女にとっては特定の一個人というよりはむしろ、彼女と世界とを媒介する者であった。

アーレントは、若い時のラーエルを次のように描いている。

世界の中で人が生きることができるのは、そこに足場をもっているとき、拠って立つ場、帰属する場をもっているときである。だがラーエルのように、世界がそういう場をほとんど用意しておいてくれなかった場合、外部から境界線が設定されていないために、その人間は無に等しい者（nichts）となる。個々の具体的なこと、慣習、関係、しきたりのすべては、そのような者にとっては茫漠として見通しがたく、総体としては行く手に立ちふさがるだけの定かならぬ世界一般と化してしまう[18]。

ラーエルにとって、無世界性の経験は、茫漠とした不明確さとの見通しのないたたかいであった。「世界と人生の漠とした不明確さは一般性へと転じていく。彼女を邪魔立てするのは個々の除去可能な障害物ではなく、いっさいのもの、世界それ自体なのだ[19]」。

しばらくしてラーエルはこのような無世界性の経験を終わりにし、「自分と世界という難問」に決着をつけようとしはじめる。アーレントは、ラーエルがフィンケンシュタイン伯爵との結婚による社会的同化をつうじてユダヤ人であることから脱け出し、世界の中に入っていこうとしたのだととらえる。結婚による同化の意志をもつラーエルにとって、フィンケンシュタインは一個人ではなく、世界の代表であった。「フィンケンシュタインの場合、彼女は一個人とかかわりあったのではなく、この男をつうじて世界全体にかかわりあったのだ。[…]フィンケンシュタインは、彼女が締め出されているすべてのものの代表としてやってきた[20]」。彼との婚約は四年間続くが、この婚約は破棄され、ラーエルは結婚による同化の試みに失敗する。「彼女の人生はほんの一瞬、個人として差異化された運命へ流れこみそうになり、世界と人生がもう少しのところで特定化されかけ、彼女は暫時、もはや一般性にさらされてはいないかに見えたのだが、またたちまちにしてもとの場所へ突き戻されたのだった[21]」。世界に自分を組み入れようとしたラーエルの意志は拒まれ、このことが彼女の人生に不幸の傷痕を刻む。

　アーレントによると、このあとラーエルは石と化して生きつづけようと考え、自らの特定の恥辱については沈黙しようとする。このころ、イェーガー街のラーエルの屋根裏部屋は、当時の有名な作家や文筆家を引き寄せていた。彼女のサロンは、社会の埒外にあったユダヤ人サロンの慣習や通例からも外れたところに位置していた。石のように無感覚になったラーエルは、彼女自身が一つの磁場となり、サロンを訪れる者に魔力を及ぼすことになる。

　このようなラーエルであったが、一八〇〇年にベルリンを逃れてパリに赴く。アーレントは、ラーエルがそこで出会った年下の商人ボーケルマンに導かれて「美しい世界」に身をゆだね、世界を楽しみ味わうことを学んだと語る。彼のおかげでラーエルは、「世界を愛すべきものだと思えるようになった。彼は楽しむことを教えてくれた。たとえ完全に受け身でも世界に近づくことはできる、いまそこにある事物のリアリティに身をゆだねて、呑み込まれるままにしていればいいのだ、と」[22]。このように世界を享受することで、ラーエルは一片のリアリティに接しうるようになり、これまで執着していたものを断念することができるようになった。

　彼女はパリからベルリンにもどるが、そこでは世界の外に立ち、この世のありとあらゆることの収蔵庫であろうとする。つまりそれは、他の人々のさまざまな生の舞台、大地、地盤であろうとすることを意味した。「彼女自身は現実の外に立ちつつも、現実的なものを味わいたいと望み、自分の立つ土台はなくとも、多くの人々の物語と運命のための地盤を提供したい」と思ったのである[23]。このころ、現実的な情勢につねに適応して現実への接点を見いだすことに成功したゲンツ、そしてスペイン人の美男子のウルキホと知り合う。ラーエルはウルキホに首ったけとなり、美の魔力を彼女におよぼしつづける彼のうちに避難所をもとめたが、拒まれることとなる。

ウルキホと別れたあと、ラーエルは先に述べたようにゲーテの言葉に出会う。ゲーテは、彼女がばらばらに切り離していた人生の断片を、健全なやり方でつなげてくれた。彼の言葉を導き手として、ラーエルは、自分の人生をみずからが語りかけるべき世界へと結びつけ、ドイツの歴史へ入っていこうとする。その後ラーエルは一八一〇年にラーエル・レーヴィンからラーエル・ローベルトに改名し、四年後にはキリスト教の洗礼を受け、洗礼名をフリーデリーケとする。一八〇六年、ナポレオン軍によるベルリン占領により、ユダヤ人がそのもとで生きることのできたフリードリヒ二世の時代がおわり、ラーエルのサロンはその破局の犠牲となる。このような情勢はラーエルを孤立させ、人々から孤立してしまうことを恐れたラーエルはしだいに愛国的になっていく。彼女はフィヒテの思想をつうじて同化し、なんとかして彼女にとっての世界である新しい交際の場に同化しようとするが、その試みは失敗する。アーレントはラーエルのそのような状況について、「ラーエルはどんなに努力しても社会との結びつきを見いだせず、彼女の同化志向は人間のいない真空の空間に宙づりになっている以上、人々のなかの一人になることはできな」かったと語っている。(24)

一八〇八年春、ラーエルは一四歳年下のアウグスト・ファルンハーゲンと出会う。アーレントはラーエルがファルンハーゲンに送った言葉、「あなたの心のなかの、わたしを理解し愛してくださるその部分に、わたしが生きて根づいていくのを感じます」を引用し、ラーエルにとってファルンハーゲンは彼女の人生の理解者であったと説明する。[25] 最初は「路傍の乞食」であったファルンハーゲンをラーエルは自分の人生の理解者へと作り上げていき、彼に自分の人生をゆだねようとする。彼女はそれが人々の間で理解され、保存されるためには、特定の輪郭をもったある特定の人間の物語となることが必要だと考えていたため、彼女が彼にゆだねようとしたのは輪郭の不明瞭なところがない「人間的で理解可能な人生の物語」であった。しかしその一方でラーエルは、人間世界を嫌悪しているマルヴィッツという若い貴族の学生と同盟関係のような友情を結ぶ。マルヴィッツは一個のまるごとの存在としてラーエルに接した最初の人であり、ラーエルは彼にファルンハーゲンには話さなかった夜の夢について語った。一時的に、ラーエルは彼ならば彼女の死後、世界に自分の人生を比類ないものとして伝えてくれるかもしれないと期待するが、しかし彼はラーエルを世界の中に組み込んでくれる人ではなかった。ラーエルはマルヴィッツと訣別し、一八一〇年、ファルンハーゲンと結婚する。アーレントはファルンハーゲンを、ラーエルに残された唯一の世界への通路、ユダヤ人として孤立した状況からの唯一の「個人的な脱出路」として描いている。ファルンハーゲンは出世し、ラーエルはプロイセン代理公使夫人という地位を得ることとなる。ラーエルは結婚を通して同化し、成り上がり者となったのである。しかしここでアーレントは、ラーエルは成り上がり者になってもパーリア的特性を失うことがなかったとみる。晩年、ラーエルはユダヤ性を完全に振り棄てることの不可能性、そしてまた成り上がり者として生きることの欺瞞を感じ、パーリアとして生きるほうが成り上がり者よりもはるかに真実の生を送ることができるという考えに至る。人生の最期にラーエルは自らのユダヤ性を受けいれ、ユダヤ人の歴史に自らを結びつけ、死の床で次のように語ったと伝えられている。「わたしの生涯のかくも長いあいだの最大の恥辱、もっともにがい苦しみと不幸であったこと、ユダヤ女に生まれついたことを、いまのわたしはけっして手放したくありません[26]」。

このように『ラーエル・ファルンハーゲン』は、いかに一人のユダヤ人女性が「自分と世界という難問」に決着をつけようとしたか、そして、そのような難問を抱えるラーエルと世界との関係がどのように変化したかを描いている。この伝記が浮き彫りにする「自分と世界という難問」は、とりわけユダヤ人問題や女性の問題に関わるが、この問いはそれらの問題に限定されるのではなく、さまざまな状況のなかで無世界性を生きる者がいかに世界に関わっていくかという問題にもつながっている。

アーレントは、ラーエルが自らの人生すべてを賭けてこの難問に真摯に向き合い、最期までその問いとともに生きつづけたことに強い関心を示している。この伝記の後に付された「ラーエルの手紙および日記より」にもラーエルの次のような言葉を含む手紙が掲載されている。「結局のところ人間とは一つの問いでなくてなんでしょう！　問うために、ただ問うためにのみ、正直に大胆な問いを発し、そして謙虚に答えを待つために、人はここにいる。大胆に問うことをせず、自分をうれしがらせるような答えを出すことが、あらゆる過誤の深い原因です[27]」。アーレントがラーエルに興味をもったのは、ラーエルが簡単に得られる答えのうちに落ち着き安らぐことなしに、言わば「自分と世界という難問」そのものを最期まで生きつづけたからだと言えるだろう。アーレントは一九五二年のヤスパース究の手紙で、「ラーエルが「興味ぶかい」のは、彼女がじつにナイーヴに、そしてまたじつに偏見にしばられずに、パーリアと成り上がり者のちょうど中間に立っているからなのです[28]」と書いている。この言葉が示すように、ラーエルは完全に同化した存在、あるいは完全にパーリアとして生きる存在ではなく、パーリアと成り上がり者のあいだで揺れる曖昧な存在としてとらえられているのである。

実際、『ラーエル・ファルンハーゲン』でアーレントは、ラーエルが人生のさまざまな局面において、二つの次元のはざまで生きていたことを強調している。例えば、「昼と夜」と題された第八章を見てみよう。この章は他のすべての章とちがい年代表示がなく、幕間劇のような特異な章であり、アーレントはここでラーエルの日記や手紙から彼女の言葉、特に夢について語られた言葉を引用しながら、ラーエルが昼と夜の二重の生を生きていたことについて語っている。昼は、人生はかくあるものだ、人生は理解可能なのだと私たちに教え、私たちが生きつづけ歩み続けることの一様で一義的なパターンを作りだしていく。それは人生が、特定の輪郭をもった、他の人とも共有可能な歴史／物語となる次元である。それにたいして、夜は昼の次元から締め出された、沈黙のうちに隠されているもの、語りえないもの、理解不能なもの、茫漠たる不特定なものの次元である。ラーエルにとって、この漠とした沈黙のうちに隠されているものこそ本質的であったが、それは他の人には関係のないものであった。執拗に反復される夜の夢は、その具象性でもって、昼にとって代わり、昼に害を及ぼし、破壊しようとする。また夜は、昼の明白な現実性を繰り返し疑問にさらす。「夜と夢は、昼が嘘でごまかすか語らずに隠していることを、あばいて確証し再現する。夢はどんなこともしりごみせずにやってのけ、むきだしの現象を突きつけ、それらがどんなに理解不可能だろうとおかまいなしだ」[29]。昼が疑問にさらされると、あらゆることが曖昧さを帯びるようになる。このように昼と夜の関係を描き出したあとで、アーレントはこの章を次のように締めくくっている。

ただ一つきりの世界がわたしたちに誕生から死にいたるまで同伴し、わたしたちの環境をなしているのだが、もしひとたびこの意識が曇り、この確かさが揺らぎだすと、昼と夜のあわいの薄明のようにどちらともつかぬ曖昧さがおのずと入り込んでくる。どんな人間によっても神によっても取り去ってもらうことのできないあの恥辱は、昼においては一つの固定観念になっている。その先へ出ること、同化すること、歴史を学ぶことは、夜においては滑稽で絶望的な賭けである。これほどの裂け目が口を開いていては、そこから脱出できる不変の道は曖昧さだけなのだ。曖昧さは、両極のどちらにも本気にならずに、両方の混じりあった薄明のなかで、諦観と新しい力を生み出すからである。[30]

ここでアーレントは、ラーエルの生においては昼の確かさが揺らぎ、彼女が昼と夜のあわいの薄明の曖昧さのうちに生きていたこと、そしてその薄明の曖昧さこそが、彼女にとっては同化の不可能性がもたらす絶望の経験からの脱出路であったことを述べている。また両極のどちらにも本気にならず、どっちつかずの曖昧さにとどまることのうちに、「新しい力を生み出す」可能性があることを示唆している。

アーレントが提示する構図のなかで、ラーエルにとって自分の人生の理解者であったファルンハーゲンは、昼に属する人物であった。ラーエルは彼には、秘密や闇や隠蔽の翳り、輪郭を不明瞭にするような夜の不気味な特定しがたさや薄明の両義性については、一切語らなかった。なぜなら、「人間を理解するというのは、その人を特定の輪郭、特定の相貌をもつ特定の人間として理解すること」にほかならず、そのような理解をぶち壊したくなければ、曖昧で不明瞭なものは隠しておかなければならなかったからである。[31] しかし、ラーエルの生から夜が完全に取り去られることはなく、彼女は夜ごとに反復する夢に突きもどされる。ファルンハーゲンとは対照的に、ラーエルはマルヴィッツには夜や夢のことについて語っている。彼には一切の留保を捨ててすべてを語り、決して明確ではない、昼であったり、夜であったり、その両方の不分明の何かであったりする自分の存在の奥底を見せている。

また、先にも述べたように、アーレントはラーエルを成り上がり者でもパーリアでもないどっちつかずの生を送った者として描いている。アーレントによると、ファルンハーゲンとの結婚を通じてラーエルは同化し成り上がり者となったが、成り上がり者になったことに幸せを感じられず、パーリア的特性、「真のリアリティ」への感覚を失うことがなかった。ラーエルは、外面的にはパーリアだった元の自分にもどろうとはしなかったが、内面では成り上がり者のあり方に意識的に反逆し、自分自身の生を生き、「真のリアリティ」への感覚や「一つの橋、一本の樹、ある遠出、匂い、微笑」へと寄せる深い人間的な愛を保とうとした。この内面の生をラーエルと共有したのが、ラーエルが賛嘆しつづけたパウリーネ・ヴィーゼルという女性であった。[32] さらに、アーレントは成り上がり者とパーリアのはざまで生きることは、彼女の生を矛盾にみちたものにしたと語る。例えば、ラーエルは改名し、キリスト教の洗礼を受け、外面的な自らの地位に即して生き、自らのユダヤ人の出自を完全に抹消し、女友達にも同様のことをするように勧める。しかしその一方で、同じ女友達に「ユダヤ人としての生まれを恥じてはいけません。あなたが生まれによってその不幸と欠点をもっと的確に知っている民族を、「おまえにはまだユダヤ人らしいところがある！」と言われたくないがために捨ててはいけません」と警告したりする。[33] このようなどっちつかずの曖昧さによって、ラーエルの同化の試みは挫折してしまう。しかし、ラーエルが成り上がり者となってもパーリア的特性を失わずにいたことは、彼女にある展望をひらいたとアーレントは述べている。その展望とは、「社会から追放されているがゆえにパーリアがもちうるのとおなじ、生を全体として眺める展望」、生において「すべてが関連しあっている」ことを知りうるという展望である。それは、社会的成功の道を拒否し、「みじめな立場」にとどまっているからこそ得られる展望なのである。[34] このように、アーレントの語りは「自分と世界という難問」に向きあい続けたゆえに、パーリアと成り上がり者のあいだで揺れ動く生涯を送ることとなったラーエルの生、そしてそのような中間的存在のうちにひらかれる新たな展望の可能性を示すのである。

4　「言葉を信頼するようになる大いなる機会」

ではアーレントがそうした中間的存在のうちにひらかれる新たな展望や新たな力の可能性について述べるとき、それはラーエルの生のどのような側面に関わっているのだろうか。この問いについてのヒントは、アーレントの述べるラーエルと言語との関係のうちにあるように思われる。

アーレントは「はじめに」で次のように述べている。

彼女にとってだいじだったのは、人生に自分をむきだしに曝すこと、そうすることで「傘なしに悪天候のなかにいるように」、人生がじかに彼女に降りかかるようにすることだった（「なにをしています？　なんにも。生をわたしに雨と降りそそがせているのです」）。そして性格特性や意見［…］を防護幕に使って、ある程度自分を守ろうとしないということだった。だから当然に、選ぶことも行動することもできない。［…］彼女に残されているのは、［…］出来事を言語化することだった。これは、自己省察においておのれと他者とにたいし、自分自身の物語を繰りかえし語りきかせることで達成される。そうすればそれは運命となる。(35)

アーレントが強調しているのは、どんな種類の防護幕もフィルターももたずに、人生の出来事に自らをじかに曝していたラーエルに唯一残されていたのは、自分が遭遇する出来事を言語化すること、すなわち自分が経験したことを日記や手紙のなかで物語として記述し、自己省察を行い、その物語を自他に語ってきかせることだったという点である。このような意味で、ラーエルの話す言葉はつねに彼女自身がじかに生きた人生の出来事にもとづくものであった。ラーエル自身も次のような言葉を残している。「わたしたちの言葉は、わたしたちの生きられた人生です。わたしは自分の言葉を自分で発明しました、つまりほかの人たちのようにすでに出来あがっている言い回しを使うことができなかったのです。そのためわたしの言葉はよろけたり、つまずいたりして、あらゆる面で欠点だらけですが、でもつねにほんものです(36)」。ラーエルにとって、「人生に自分をむきだしに曝すこと」と、その人生の出来事を言語化することとは、切り離すことのできない関係にあった。この視点から『ラーエル・ファルンハーゲン』を見ると、アーレントがラーエルとゲーテとの出会い、そしてラーエルとハインリヒ・ハイネとの出会いについて語っているところが重要性をおびてくる。

アーレントによると、ラーエルは、フィンケンシュタインとの関係が終わったあと、自分が経験した出来事の真実やその出来事についての発見を周りの人々に伝えようとしたが、彼女の言葉はそれを聞く人々の心には届かず、彼らの理解と共感を得ることはなかった。というのは、この当時のラーエルは、自分は歴史的に生成してきた世界を超える存在、世界の彼岸にいる存在であると考えており、「異郷から来た少女」（シラー）であって、彼女の内面の吐露など、聞く者にとっては何の重要性もなかったからである。彼女が語ることは、「伝達されず、伝達不可能なもの、だれにも語られず、誰の印象にも残らないもの、時代の意識のどんな片隅にも入り込めず無意味に忘却の暗い混沌に沈んでゆくもの」にすぎず、「反復を運命づけられている」ものであった。[37] このように人生のなかで遭遇したことを語る言葉を見いだせなかったラーエルであるが、ウルキホと別れたあとは、みずからの歴史を積み木遊びにして、人生の出来事、世界、事物の相互の関連をばらばらにする遊びにのめりこむ。そして、集めた断片を組み合わせ、伝達可能な一つの物語を作り上げることができるようになる。彼女は「彼岸に立つ」ことを断念し、この物語をもって周囲の世界に語りかけようとする。ラーエルは、自分と似た境遇をもつレベッカ・フリートレンダーという女性に一五八通の手紙を書き送っているが、彼女に自分の人生の物語を語ることで、二人のあいだに連帯感が生まれる。また自分の経験を物語ることを通して処世の知恵を得る。しかし、強固な伝統や「人々の世界の中に彼女の逗留を保証してくれるような場」をもっていなかったラーエルは、「歴史＝物語への道」、すなわち「それだけが彼女の人生を根拠として開かれている道」を歩もうとしても、ただ方向も定まらぬまま、その反復のなかにとらえられたままになっていた。フリートレンダーとの連帯感や処世の知恵は、自分を世界とその歴史に組みこみたいと考えるラーエルにとって、歴史的存在を十分に確保してくれるものではなかった。

アーレントは、このような状況のなかでラーエルが「仲介者」としてのゲーテの言葉（とくに『ヴィルヘルム・マイスター』と『ファウスト』序曲のそれ）に出会ったことに着目し、次のように語っている。「もしも彼女が心酔してその言葉をまねて語れるような「仲介者」を発見していなかったなら、彼女の伝達の試みは先の見通しがなく、方向が定まらないままに終わっていただろう」[38]。「彼［ゲーテ］がいなかったら、自分の人生を外からばかり見て、おどろおどろしいその輪郭にしか目がいかなかっただろう。自分の人生を、自分が語りかけるべき世界と結びつけることができなかっただろう」[39]。「恥辱」に苦しみ、歴史をもたず、破壊的なものになすすべもなく曝されるのみであったラーエルだが、ゲーテの言葉に導かれることによって、言語を信頼し、歴史を信頼することを学んでいくのである。

ラーエルが信頼する一人の人間を見いだしたことは、彼女の人生での大いなる僥倖だった。歴史を信頼し、言葉を信頼するようになる大いなる機会だった。彼女個人の出会ったことは、改竄なしに、普遍性において語られうると信じることができた。まさしく、この普遍性のなかに彼女の個別性そのものは失われずに保存されていて、のちのちまで残るべく定められているのだ、と。「わたしの友はこんどもまたわたしに代わって語ってくれました」と、彼女は『ファウスト』の序曲を読んだときに言っている。彼女の知識、彼女の苦しみ、彼女の喜びは彼女とともに死ぬだろう。だがこれらの詩句は死ぬことがない。それらは彼女をもいっしょに死を超えて運んでいってくれるだろう[40]。

アーレントはかくして、個人の出会ったことをその個別性そのものを失わずに普遍性において語る言語の力、また個人の出会ったことを保存し、個人の死を超えて世界にとどまり、それをあとから来る者に運んでいく言語の力をラーエルが信頼するようになったと語る。言語を信頼することは、同時に歴史を信頼することである。ラーエルは人生が物語として語られることによって、「愛、不安、希望、幸福、不幸は、たんに空恐ろしいだけのものではなく、ある特定の箇所で、ある特定の過去から、ある特定の未来に向けて、人間の理解しうるなにごとかを意味している」[41]ことが明らかになるのだと学ぶ。すなわち、人生における幸福や不幸などのあらゆる出来事は、過去から未来に向かう人生という歴史においてそれぞれに意味をもち、たがいに関連しあうものであり、個人の生も歴史的世界に位置づけられるものであることを学ぶのである。

アーレントはゲーテのことを、ラーエルにとっての「仲介者」、「伝統の代わり」、「同伴者」、「案内者」、「導き手」、「保証人」、「師」、「友」と呼んでいる。ゲーテは「仲介者」として、彼女と言語のあいだ、また彼女と世界のあいだを仲介し、「たんなる出来事に声もなく呪縛されている状態」からラーエルを救い出し、語りうる言葉を提供し、彼女が世界にたいして語ることができるようにした。また「導き手」として彼女をドイツの歴史のなかに導いていった。しかし、アーレントがラーエルとゲーテの関係が両義的なものであったことを示唆している点も見落としてはならないだろう[42]。ラーエルはゲーテのおかげで、言語を信頼し、自らの経験を語り、それを世界に結びつけ、歴史へ組みこむことを学ぶ一方で、彼女の出自であるユダヤ性を否定する方向に向かう。アーレントは、外部世界の可能性について幻想を抱いたラーエルの胸中を次のように想像している。「生きたいのなら、自分を人に認めさせ、自分をどうぞ見てくださいと示すことを学ばなければならない。[…]独創性を断念して、みんなのうちの一人にならなくてはいけない。もっとましな社会的地位を得るための準備をととのえなくてはいけない。「恥ずべき生まれ」の彼女は、このままでは人々に受けいれてもらえないのだから」。ラーエルは「剝き出しのユダヤ人性を、いわば服で覆い」、「外面的に別のひとに」なろうと考えるようになる(43)。実際、彼女は一八一〇年に改名し、その四年後、洗礼を受けたのだった。

他方、アーレントはラーエルにとってハインリッヒ・ハイネとの出会いも重要であったと考える。真に歴史的な意味で「彼女の魂の像」を救出したのはハイネだけだったとし、ハイネをラーエルの言葉の「後継者」として捉えるのである。ハイネは一八二一年にラーエルのサロンに初めて訪れて以来、ラーエルと親交をもつようになる人物であるが、彼は自らのユダヤ性を肯定し、「ユダヤ人とその市民的平等のために心を燃やす」と約束した。アーレントはこの約束があったから、ラーエルは安らかに死んでゆくことができたと考える。ラーエルは死の前に、ハイネに自らの魂の言葉、「老いた傷だらけの心臓からでた言葉」を託す。その言葉は「一つの破産の歴史と反逆する心という遺産」、すなわち成り上がり者とパーリアとのあいだの曖昧さのゆえにおちいった同化の試みの行き詰まり、そして成り上がり者の生き方に意識的に反逆するパーリアの心と不可分のものであった。ラーエルは、ハイネに「わたしの老いた傷だらけの心臓から溢れでた言葉《テクスト》は、あなたの言葉でありつづけねばならないでしょう」と書いている(44)。ラーエルは人生の終わりに、ハイネという「後継者」を通して、成り上がり者とパーリアのはざまを生きた自分の人生の言葉が、ハイネの言葉の普遍性のうちに保存され、彼女の死後も世界のうちに残っていくことを信じるのである。

このように『ラーエル・ファルンハーゲン』は、結婚やその他の同化の試みをつうじて世界と関係を結ぼうとして挫折したラーエルが、真の意味で世界との関係を見出す過程について語る。この過程は、ひとりの人間、とくに社会から締め出され無世界性のうちに生きる人間が、自らの生を歴史へと結びつけていくことの意義を明らかにする。アーレントは、一九三〇年のヤスパース宛の手紙で、この本の試みは、「ユダヤ人であるという地盤に実存のある種の可能性が育ちうること」を示すことであったと書いている。

私が試みたのは、ラーエルの実存をユダヤ性として「根拠づける」ことではありません——少なくともそれを意識してはいないのです。この講演はたんに予備的な仕事にすぎず、ユダヤ人であるという地盤に(auf dem Boden des Judeseins)実存のある種の可能性が育ちうることを示そうとして、それを当面のところ仮に運命性と呼んでおきました。この運命性は、まさに根無し草であるという事実から(auf dem Grund einer Bodenlosigkeit)生じ、ユダヤ性からの離脱においてのみあらわれるのです(45)。

マルティーヌ・レイボヴィッチは、アーレントにとっての課題は「経験的なものを廃棄して、それを根拠づける客観的ならざる出自《オリジン》に向かうことではなく、特殊な状況を起点としつつ、いかにしてある新たな実存の経験が到来したかを理解すること」だったと述べているが(46)、たしかにアーレントの関心は、ラーエルの特殊な生のうちに現われる新たな実存の可能性を示すことのうちにある。彼女は、ラーエルが立っている「ユダヤ人であるという地盤」のうちに、すなわち土地の不在という地盤のうちに生じ、ユダヤ性からの決別においてのみ育ちうる新たな「実存のある種の可能性」を見出し、それを示そうとしている。ところで、アーレントはユダヤ性が自分を政治・歴史の方に向かわせていることをつねに認めていた[47]。しかし、彼女にとってユダヤ性は「ひとつの本質」ではなく、「ひとつの経験を、世界への開示を特異化しはするが、ひとつのユダヤ思想を引き起こすもの」ではないとレイボヴィッチは指摘する[48]。ユダヤ人としての経験にたいする彼女の関心は、二重の運動によって特徴づけられるものであった。「ユダヤ人としての経験は、ユダヤ的観点だけからも非‐ユダヤ的観点だけからもとらえられるものではなく、つねにこれら二つの交差点において捉えられるのだ[49]」。ラーエルのユダヤ人としての特殊な経験のうちにアーレントが見出す「実存のある種の可能性」は、ユダヤ的／非ユダヤ的観点にかかわらずすべての人間に開かれた存在のあり方を示している。それは、無世界性を生きる者が世界と折り合い、和解していく可能性であるととらえることができる。

5　伝記作家としてのアーレント

アーレントの語るラーエルの生の軌跡をたどりながら、言語を信頼することがいかにラーエルの生にとって決定的に重要であったかを見てきた。では、アーレントがこの伝記を書いたということ自体は、彼女の言語観に照らすと、どのような意味をもつのだろうか。またこの伝記は彼女にとってどのような試みだったのだろうか。

『ラーエル・ファルンハーゲン』は、アーレントがラーエルの人生をひとつの「範例」として描こうとしたことを示している。一九三〇年のヤスパース宛の手紙でアーレントは次のように語っている。

ラーエルの場合、私が彼女を客観化することの根底にはすでに一つの自己客観化があって、それは省察的、つまりあとから省みての客観化ではなくて、はじめから彼女にある独特な「体験」様式《モードゥス》、彼女の経験の様式なのです。これらのこと——運命、剝き出しに曝されていること、人生の意味するところ——すべてはそもそもなんなのか。それを私は抽象的に言うことはできません（いまも書きながらそう感じています）。せいぜいのところ、例をつうじて説明するのならできるかもしれない。だからこそ私は伝記を書こうとしているのです。解釈がこの場合にもつ意味は、そもそも反復という意味なのです(50)。

アーレントにとってこの伝記は、ラーエル自身による自己客観化と一体となった、彼女に「独特な「体験」様式《モードゥス》、彼女の経験の様式」、あるいは「運命、剝き出しに曝されていること、人生の意味するところ」を、抽象的にではなく、具体例をつうじて説明する試みであった。言いかえると、この試みは、ラーエルの人生を、アーレントが『カント政治哲学の講義』で説明している意味での「範例」として提示するということである。「範例」とは、人が特殊なもののうちになんらかの「普遍的なもの」を知覚することができるようなイメージである。「範例はそのまさに特殊性において、他の仕方では明らかにしえぬような普遍性を顕わにする特殊なものであり、またあり続ける」[51]と述べられているように、「範例」はその特殊性を保持しつつ普遍性を開示する性質をもつ。アーレントは、このような意味での「範例」としてラーエルの人生を世界に差し出そうとしたのだが、この試みを可能にするのは哲学の抽象的な言語ではなく、伝記であると考えた。伝記のみが、個人的な特殊性を保持しながら、その普遍性を開示することができる。哲学の抽象的な言語は、普遍性に到達する際に、特殊性を切りはなしてしまう[52]。ラーエルの人生を範例として描くアーレントの試みは、こうした彼女の言語観を反映している。言語は個別的なものを、その個別的なものを保存しながら普遍性において語る力をもつのであり、『ラーエル・ファルンハーゲン』はまさにこの言語観を体現していると言えるだろう。

またこの伝記は、もともとは触知できないものであるラーエルの「正体」(who)を、触知可能な(tangible)ものに転化する試みであると考えられる。この試みはのちに『人間の条件』やその他の著作で物語論として表される考えを反映するものである。アーレントは物語について次のように書いている。「他人と異なる唯一の「正体」は、もともとは触知できない(intangible)ものであるが、行為(action)と言論(speech)を通じてそれを事後的に触知できるものにすることができる唯一の媒体、それが真の物語なのである。その人がだれであり、だれであったかということがわかるのは、ただその人自身が主人公である物語——その人の伝記——を知る場合だけである」[53]。アーレントが描き出したラーエルの「正体」は、パーリアと成り上がり者のあいだの中間を生きる存在、「自分と世界という難問」を生涯を賭けて生きる存在であった。それは矛盾にみちた曖昧で不明瞭なものであり、明確な輪郭をもったわかりやすい生き方ではない。放っておくと消え去ってしまうような、言語にしがたい、あいだで揺れ動く不確かな生、そしてそこに潜む「実存のある種の可能性」を『ラーエル・ファルンハーゲン』は、公の場で見られ、聞かれるものに転化し、触知できるものにしようとした。これは言いかえると、ラーエルの生の現われがリアリティを獲得するということである。アーレントは『人間の条件』で、物語がある個人の「内奥の生活の最も大きな力、たとえば、魂の情熱、精神の思想、感覚の喜びのようなもの」を「公的な現われに適合するように一つの形に」転形し、そこからリアリティが生まれることを可能にすると述べる[54]が、この考えも『ラーエル・ファルンハーゲン』ですでに実践されていると言えるだろう。

『ラーエル・ファルンハーゲン』が、人々のあいだにあり、人々が共有する永続性をもつ物として世界の一部となるという点も重要である。ラーエルの人生および彼女に固有の人格は、書物という人間の作った物となり、ラーエルの死後も、伝記作家アーレントの死後も生き残り、世界にとどまる。これは、言語で表現されたもの、とりわけ文字になったものが個人の死を超えて永続性を獲得し、世界にとどまることができるとアーレントが信じていることを示すものである。また、この伝記の存在自体が、アーレントがのちに『人間の条件』で述べる「物化」についての考えを具現化している。アーレントは「物化」について次のように考察している。

行為と言論と思考は、それ自体ではなにも「生産」せず、生まず、生命そのものと同じように空虚である。それらが、世界の物（worldly things）となり、偉業、事実、出来事、思想あるいは観念の様式になるためには、まず見られ、聞かれ、記憶され、次いで変形され、いわば物化されて（reified as it were, into things）、詩の言葉、書かれたページや印刷された本、絵画や彫刻、あらゆる種類の記録、文書、記念碑など、要するに物にならなければならない。人間事象の事実的世界全体は、まず第一に、それを見、聞き、記憶する他人が存在し、第二に、触知できないものを触知できる物に変形することによって、はじめてリアリティを得、持続する存在となる。記憶されなかったとしたらどうだろう。また、［…］物化が行われないとしたらどうだろう。そのとき行為と言論と思考の生きた活動力は、それぞれの過程が終わると同時にリアリティを失い、まるで存在しなかったかのように消滅するだろう。行為と言論と思考がとにかく世界に残るために経なければならぬ物化（materialization）は、ある意味で、支払わなければならぬ代償である。[55]

行為と言論は、世界に残るためには物に変形されなければならない。そして、この物化のために不可欠であるのが、〈工作人〉（*homo faber*）、「芸術家、詩人、歴史編纂者、記念碑建設者、作家の助力」である。[56]ここで、生きた活動力が物になることは、それが永続性を獲得することを意味する。というのは、物の本質的特徴は、「人々の生命と行為のたえず変化する運動に持ちこたえそれを超えて存続する」という安定性、耐久的な永続性、あるいは不死性であるからである。アーレントは物世界（thing-world）を「死すべき存在である人間の不死の住家」と呼んでいる。[57]また、行為や言論のはかない出来事が物化されることは、それが人々を結びつけ同時に分離させるような介在者（in-between）のような存在となることだととらえる。アーレントは「ちょうど、テーブルがその周りに坐っている人々の真中（between）に位置しているように、事物の世界はそれを共有している人々の真中（between）にある」と考え、事物の世界が「すべての介在者（in-between）と同じように、人々を結びつけると同時に人々を分離させている」と述べている。[58] このような観点から考えると、アーレント自身が、物語作家、あるいは〈工作人〉となり、『ラーエル・ファルンハーゲン』を執筆することで、伝記作品という物を作ったと言えるだろう。それは、永続性をもち、ラーエルの生のリアリティをそのうちに保存し、後世にまで世界に残る物である。また、アーレントによる伝記は、人々のあいだに在る物として、人々をつなぐと同時に分離させる物として世界に存在する。

このように、『ラーエル・ファルンハーゲン』は、アーレントが後の著作で示す言語論や物語論を反映するものととらえることができる。またこの伝記の存在自体が、アーレントが物語に対してもっていた信頼を示している。この信頼は歴史にたいする信頼と密接に結びつくものである。「歴史の概念」というテキストで彼女は、歴史の使命とは、「忘却がもたらす虚しさから人間の行いを救済することにある」というヘロドトスの歴史観について次のように考察している。[59]

> 言葉、行い、出来事、つまりその存在をもっぱら人間に負う事柄を歴史の主題にしたのは、ヘロドトスであった。［…］語られる言葉、すべての行為や行いは、それらが現実となった瞬間を超えて存続

> することは不可能であり、記憶の助けがなければ、まったく跡形をとどめず消え去ってしまう。詩人や歴史叙述家［…］の使命は、永続的なものを記憶から作り出すことにある。彼らは、プラークシス（πρᾶξις）とレクシス（λέξις）、行為と言論を、制作《ポイエーシス》によって最後には文字へと移し換えることにより、この使命を果たすのである。[60]

歴史の使命とは、人間の行為と言論を、すなわち、生物学的生命（ゾーエー）の循環運動を断ち切る直線的な運動の軌跡を描くビオスの出来事を、制作によって文字へと移し換えることによって記憶し、忘却から救済することである。アーレントの歴史観はこのような古代ギリシア由来の歴史観にもとづくが[61]、このような忘却がもたらす虚しさから人間の言葉や行いを救済するような歴史の力にたいする信頼も、『ラーエル・ファルンハーゲン』執筆の根底にあるだろう。

*

最後に、『ラーエル・ファルンハーゲン』に示された言語への信頼の重要性についてもう少し見ておきたい。アーレントの関心は、言語を用いて私たちが具体的に何をすべきかというよりはむしろ、私たちが世界の中で生きていくうえで、言語のどのような力を信頼することが大切かということにあるだろう。まずおさえておきたいのは、アーレントが信頼していた言語の力とは、人間のあらゆる経験を伝えることができる力ではない点である。アーレントは人間のすべての経験が言語によって語りうるものだと信じていたわけではない。彼女は語りえないものが人間の経験のうちに存在することを認めていた。例えば、『ラーエル・ファルンハーゲン』第八章は、ラーエルが経験した夜の次元、すなわち沈黙のうちに隠されているもの、語りえないもの、理解不能なもの、茫漠たる不特定なものの次元についての語りを含む。また『人間の条件』では、身体的痛みの経験を「最も私的で最も伝えることがむずかしい」経験と述べ、それが言語化しえない経験であると考えている。(62) このように彼女は、人間のあらゆる経験を伝えるという点では、言語に限界があることを認識していた。

私たちが信頼をおくべきだとアーレントが考えていた言語の力とは、ある人の固有の人格、または「正体」(who)が公的領域に現われることを可能にする力である。そして公的領域に現われるその人の「正体」を、人間の一生を超えて保存する力である。ここでの言語は、ラーエルの言葉がそうであったように、ある人の生きられた人生と一体となった言葉である。それはすでに出来上がっている言い回しや決まり文句ではない。このことは、アーレントが決まり文句を繰り返すことを厳しく批判していたこととつながる。「何が残った? 母語が残った」では、彼女はまわりの亡命者たちが母語を忘れ、決まり文句を次から次へと用いて流暢に外国語を話し、母語のうちにあった生産力を失ってしまったことを批判している。(63) また『イェルサレムのアイヒマン』では、アイヒマンの思考の欠落と決まり文句の関係を指摘し、いかにアイヒマンが自分の死の直前に至るまで決まり文句を次から次へと使い、決まり文句という鎧によって現実に直面することから常に逃れ、現実を思考することを避けてきたかについて説明している。(64) アーレントにとって言語とは、生きられた人生、現実、思考、創造の源と不可分のものなのだ。

言語の力を信頼することの根底にあるのはしたがって、「人間を信頼すること」、「あらゆる人間のうちにある人間的なものにたいして信頼を抱くこと」である。(65) これは自己、他者、世界を信頼することだとも言いかえられるだろう。「自分の思考相手である自分自身への信頼」、「自分を信頼してくれ、こちらからも信頼することができる同輩たち」への信頼、「世界へのあの根本的な信頼」である。(66)『ラーエル・ファルンハーゲン』が示しているのは、このような「あらゆる人間のうちにある人間的なものにたいする信頼」によってはじめて、私たちは無世界性から脱出し、世界と和解し、世界と関係を結ぶことができるということだろう。これはまさにアーレントがガウスによるインタビューの最後に述べていること、すなわち、このような信頼においてのみ「自分の生ならびに人格を「公的領域への冒険」に委ねること」が可能になるということである。アーレントは次のように説明している。

公的領域への冒険の意味するところは、私にははっきりしています。一つの人格をもった存在者として、公的な領域の光に自分をさらすことです。私の持論では、公的領域においては自意識的な現われ方をしたり、自意識的に行為したりすべきではないのですが、そのような私でも、あらゆる行為においてはそのひと固有の人格というものが、他のいかなる営みにおいても見られないような仕方で現われるということは心得ています。この場合には、話すことも行為の一形態だと言えるでしょう。それが第一点です。第二の冒険は、私たちが何かを始めるということです。関係性の網の目のなかに、私たちが自分自身の糸を紡いでいくということです。それがどのような結果を生むかは、私たちにはけっしてわかりません。［略］そしてここで、この冒険は人間を信頼することにおいてのみ可能であると申し上げておきたいと思います。つまり、なかなかそれとしてイメージを結ぶことは難しいけれども、根本的な意味であらゆる人間のうちにある人間的なものにたいして信頼を抱くことです。そうでなければ冒険は不可能です(67)。

注

（1）ハンナ・アーレント『暗い時代の人々』安部斉訳、河出書房新社、一九九五年、四頁（Hannah Arendt, *Men in Dark Times*, New York: Harcourt Brace Jovanovich, 1968, p. ix)。

（2）同前、二―三頁（*ibid.*, pp. viii- ix)。

（3）L・ケーラー／H・ザーナー編『アーレント＝ヤスパース往復書簡 1926–1969　1』大島かおり訳、みすず書房、二〇〇四年、二二九、二三三頁（*Hannah Arendt/Karl Jaspers: Briefwechsel 1926–1969*, hrsg. von Lotte Köhler und Hans Saner, Piper, 1985, S. 233, 236)。また、ガウスによるインタビューのなかでアーレントは『ラーエル・ファルンハーゲン』に言及しながら、「ユダヤ人問題は、その仕事においてももちろん大きな役割を果たしています。私は、当時もそれを「理解しなければならない」という意志のもとに書いていました」と述べている。ハンナ・アーレント『アーレント政治思想集成1』齋藤純一・山田正行・矢野久美子訳、みすず書房、二〇〇二年、一八頁（Hannah Arendt, *Essays in Understanding 1930–1954*, New York: Harcourt Brace & Co., 1994, p. 12)。

（4）ハンナ・アーレント『パーリアとしてのユダヤ人』寺島俊穂・藤原隆裕宜訳、未來社、一九八九年、二九頁（Hannah Arendt, *The Jewish Writings*, Ed. Jerome Kohn and Ron H. Feldman, New York: Schocken Books, 2007, p. 274）。同化ユダヤ人の問題、成り上がり者、パーリアの概念については、例えば、同前、九―七六頁（*ibid*., pp. 264–297）、ハンナ・アーレント『全体主義の起原1』大久保和郎訳、みすず書房、一九八一年、一〇一―一七一頁（Hannah Arendt, *The Origins of Totalitarianism*, New York: Harcourt, Brace & Company, 1973, pp. 54–88）参照。

（5）前掲『パーリアとしてのユダヤ人』、三二―七六頁（*op. cit*., pp. 275–297）参照。

（6）アーレントの『ラーエル・ファルンハーゲン』を分析した文献には以下のものがあるが、アーレントの言語観との関わりのなかで『ラーエル・ファルンハーゲン』を論じたものはない。Dagmar Barnouw, *Visible Spaces: Hannah Arendt and the German-Jewish Experience*, Baltimore: Johns Hopkins University Press, 1990, pp. 30–71, セイラ・ベンハビブ「パーリアと彼女の影――ハンナ・アーレントによるラーエル・ファルンハーゲンの伝記」、ボニー・ホーニッグ編『ハンナ・アーレントとフェミニズム』岡野八代・志水紀代子訳、未來社、二〇〇一年、一二六―一五五頁（Seyla Benhabib, "The Pariah and Her Shadow: Hannah Arendt's Biography of Rahel Varnhagen" in *Feminist Interpretations of Hannah Arendt*, Ed. Bonnie Honig, University Park: The Pennsylvania State University Press, pp. 83–104), Liliane Weissberg, "Hannah Arendt, Rahel Varnhagen, and the Writing of (Auto)biography." Introduction. *Rahel Varnhagen: The Life of a Jewess*. By Hannah Arendt. Ed. Liliane Weissberg. Trans. Richard and Clara Winston. Baltimore: Johns Hopkins University Press, 1997, pp. 3–69, Heidi Thomann Tewarson, *Rahel Levin Varnhagen: The Life and Work of a German Jewish Intellectual*, Lincoln: University of Nebraska Press, 1998, pp. 1–15, 221–222, マルティーヌ・レイボヴィッチ『ユダヤ女ハンナ・アーレント――経験・政治・歴史』合

田正人訳、法政大学出版局、二〇〇八年、九一八一頁（Martine Leibovich, *Hannah Arendt, une Juive: Expérience, politique et histoire*, Paris: Desclée de Brouwer, 1998, p. 27–96）、ジュリア・クリステヴァ『ハンナ・アーレント――〈生〉は一つのナラティヴである』松葉祥一・椎名亮輔・勝賀瀬恵子訳、作品社、二〇〇六年、七〇―九五頁（Julia Kristeva, *Le génie féminin, tome 1: Hannah Arendt*, Paris: Gallimard, 1999, p. 86–119）、Martine Leibovich, "Arendt's *Rahel Varnhagen*: A New Kind of Narration in the Impasses of German-Jewish Assimilation and *Existenzphilosophie*." *Social Research* 74. 3 (2007): 903-922.

これらの文献のなかでは、テワーソンが『ラーエル・ファルンハーゲン』批判を行っている。彼女はアーレントがラーエルのユダヤ性、そして彼女が経験した同化の困難な側面のみに焦点をあて、ラーエルという人物の他の特徴にほとんど光をあてていないと論じる。ヤスパースもアーレント宛の手紙のなかで『ラーエル・ファルンハーゲン』を批判している。前掲『アーレント＝ヤスパース往復書簡 1926–1969 1』、一一―一二、二二三―二二八、二三七―二三九、二五六―二五七頁（*op. cit.*, S. 46–47, 228–232, 240–241, 256–257）参照。例えば、ヤスパースは一九五二年の手紙で「今日ならあなたはきっとラーエルをもっと公正に描けるだろうと思います。なかんずく、ラーエルをユダヤ人問題の視点からだけ見ずに、ラーエル自身の意図と彼女の現実に寄り添い、その人生にユダヤ人問題が大きな役割を演じたがけっしてそれだけではなかった人間として見ることによってです」と述べている。同前二二三―二二四頁（*ibid.*, S. 229）。

（7）エリザベス・ヤング＝ブルーエル『ハンナ・アーレント伝』荒川幾男・原一子・本間直子・宮内寿子訳、晶文社、一九九九年、九九―一〇〇頁（Elisabeth Young-Bruehl, *Hannah Arendt: For Love of the World*, New Haven: Yale University Press, 2004, p. 56）。

（8） 同前、一二六—一六七頁（*ibid.*, pp. 77–110）。

（9） 同前、一七〇—二一六頁（*ibid.*, pp. 113–148）。

（10） 一九三六年七月七日付のアーレントからブリュッヒャー宛の書簡（米国議会図書館所蔵）。同前、一〇〇頁（*ibid.*, p. 56）。

（11） ラーエル・ファルンハーゲン研究におけるラーエル像の変遷については、Heidi Thomann Tewarson, *Rahel Levin Varnhagen*, pp. 5–8 参照。

（12） *The Origins of Totalitarianism*, p. 59.

（13） ハンナ・アーレント『ラーエル・ファルンハーゲン——ドイツ・ロマン派のあるユダヤ女性の伝記』大島かおり訳、みすず書房、一九九九年、一一九頁（Hannah Arendt, *Rahel Varnhagen: Lebensgeschichte einer deutschen Jüdin aus der Romantik*, Piper, 2008, S. 126）。

（14） ハンナ・アーレント『思索日記Ⅰ 1950–1953』青木隆嘉訳、法政大学出版局、二〇〇六年、一三八頁（Hannah Arendt, *Denktagebuch 1950 bis 1973*, hrsg. von Ursula Ludz und Ingeborg, Piper Verlag, 2002, S. 104）。言語の保存の役割に関する言及は、『思索日記』中の他のノートにも見出される。例えば、同前、三七一—三七二頁（*ibid.*, S. 289）、また『思索日記Ⅱ 1953–1973』青木隆嘉訳、法政大学出版局、二〇〇六年、三九一頁（*ibid.*, S. 756）。

（15） キャロル・ブライトマン編『アーレント＝マッカーシー往復書簡——知的生活のスカウトたち』佐藤佐智子訳、法政大学出版局、一九九九年、四三五頁（Carol Brightman, ed. *Between Friends: The Correspondence of Hannah Arendt and Mary McCarthy 1949–1975*, New York: Harcourt Brace, 1995, p. 243）。

（16） 同前、五二〇頁（*ibid.*, p. 294）。

（17） 前掲『ラーエル・ファルンハーゲン』、三頁（*op. cit.*, S. 12）。

(18) 同前、一九頁（*ibid.*, S. 28）。
(19) 同前、二〇頁（*ibid.*, S. 29）。
(20) 同前、四九頁（*ibid.*, S. 56）。
(21) 同前、五七頁（*ibid.*, S. 64）。
(22) 同前、八〇頁（*ibid.*, S. 87）。
(23) 同前、八六頁（*ibid.*, S. 93）。
(24) 同前、一三九頁（*ibid.*, S. 144）。
(25) 同前、一六四頁（*ibid.*, S. 168）。
(26) 同前、九頁（*ibid.*, S. 17）。
(27) 同前、二九一頁（*ibid.*, S. 291）。
(28) 前掲『アーレント＝ヤスパース往復書簡 1926–1969　1』、二三二頁（*op. cit.*, S. 236）。
(29) 前掲『ラーエル・ファルンハーゲン』、一四九頁（*op. cit.*, S. 154）。
(30) 同前、一四九―一五〇頁（*ibid.*, S. 155）。
(31) 同前、一六五頁（*ibid.*, S. 168）。
(32) 同前、二一九頁（*ibid.*, S. 219）。
(33) 同前、二三一頁（*ibid.*, S. 233）。
(34) 同前、二二四頁（*ibid.*, S. 224–225）。
(35) 同前、四頁（*ibid.*, S. 12）。
(36) 同前、二四三頁（*ibid.*, S. 245）。
(37) 同前、一一〇頁（*ibid.*, S. 117）。

(38) 同前、一一六頁（*ibid.*, S. 123）。

(39) 同前、一一八頁（*ibid.*, S. 125）。

(40) 同前、一一九頁（*ibid.*, S. 126）。

(41) 同前、一一八頁（*ibid.*, S. 125）。

(42) レイボヴィッチもラーエルとゲーテの関係の両義性を指摘している。前掲『ユダヤ女ハンナ・アーレント』、三五—三六頁（*op. cit.*, p. 52）。

(43) 前掲『ラーエル・ファルンハーゲン』、一二五—一二六頁（*op. cit.*, S. 131）。

(44) 同前、二三五—二三六頁（*ibid.*, S. 237–238）。「意識的パーリア」としてのハイネについては、前掲『パーリアとしてのユダヤ人』、三六—四七頁（*op. cit.*, pp. 277–283）参照。

(45) 前掲『アーレント＝ヤスパース往復書簡 1926–1969　1』、一二—一三頁（*op. cit.*, S. 47）。ここでの「講演」とはラーエル・ファルンハーゲンについての講演のことである。アーレントはヤスパースにこの講演の原稿を送り、ヤスパースは彼女にこの原稿についての彼の意見を送っている。同前、一一頁（*ibid.*, S. 46）。

(46) 前掲『ユダヤ女ハンナ・アーレント』、一三頁（*op. cit.*, p. 30）。

(47) 同前、一—三頁（*ibid.*, p. 19–21）。

(48) 同前、五—六頁（*ibid.*, p. 23）。

(49) 同前、五頁（*ibid.*, p. 23）。

(50) 前掲『アーレント＝ヤスパース往復書簡 1926–1969　1』、一三頁（*op. cit.*, S. 48）。

(51) ハンナ・アーレント『カント政治哲学の講義』浜田義文監訳、法政大学出版局、一九八七年、一一九頁（Hannah Arendt, *Lectures on Kant's Political Philosophy*, Chicago: The University of Chicago Press,

1982, p. 77)。

(52) クリステヴァも、カント的な意味における「範例」となったラーエルの人生について考察している。彼女は「「範例」になったラーエルの人生は、アーレントの政治思想の真の実験場に変わる」、また、「彼女は、ラーエルを介して、自分自身の心理的苦悩の乗り越えと同時に、経験に根ざした政治思想の練り上げへと向かったのである。したがって、結局のところこの本は、[…]彼女の政治思想の真の歴史＝物語であるように思える」と述べている。前掲『ハンナ・アーレント』、七二―七七頁（*op. cit.*, p. 88-96）参照。

(53) ハンナ・アーレント『人間の条件』志水速雄訳、筑摩書房、一九九四年、三〇二頁（Hannah Arendt, *The Human Condition*, Chicago: University of Chicago Press, 1958, p. 186)。

(54) 同前、七五頁（*ibid*., p. 50）。

(55) 同前、一四九―一五〇頁（*ibid*., p. 95）。

(56) 同前、二七三頁（*ibid*., p. 173）。

(57) 同前、二六四、二七二頁（*ibid*., pp. 168, 173）。

(58) 同前、七八―七九頁（*ibid*., p. 52）。

(59) ハンナ・アーレント『過去と未来の間』引田隆也・齋藤純一訳、みすず書房、一九九四年、五一―五二頁（Hannah Arendt, *Between Past and Future*, Harmondsworth: Penguin, 1993, pp. 41-42)。

(60) 同前、五六頁（*ibid*., pp. 44-45）。

(61) 同前、五二―五三頁（*ibid*., p. 42）。アーレントは人間の可死性に対するギリシア人の考え方について次のように述べている。「一個の生命は、なるほど生物学的生命から生まれる。しかし、それは生から死までのはっきりとした生涯の物語をもっている。人間の可死性はこの事実にある。いいかえれば、この個体の生命は、その運動が直線を辿るということによって、他のすべてのものと異なっている。その直線運動は、いわば、生物学的生命の円環運動を切断している」。前掲『人間の条件』三四頁（*op. cit.*, p. 19)。アーレントの歴史観については、木前利秋『メタ構想力——ヴィーコ・マルクス・アーレント』未來社、二〇〇八年、二八四—三一〇頁参照。

(62) 前掲『人間の条件』、七六頁（*op. cit.*, pp. 50–51)。

(63) 前掲『アーレント政治思想集成1』、一九—二〇頁（*op. cit.*, p. 13)。

(64) ハンナ・アーレント『イェルサレムのアイヒマン——悪の陳腐さについての報告』大久保和郎訳、三八—四三頁（Hannah Arendt, *Eichmann in Jerusalem: A Report on the Banality of Evil*, London: Penguin, 2006, pp. 49–55)。

(65) 前掲『アーレント政治思想集成1』、三四頁（*op. cit.*, p. 23)。

(66) ハンナ・アーレント『全体主義の起原3』大久保和郎・大島かおり訳、みすず書房、一九八一年、三三二頁（*The Origins of Totalitarianism*, p. 477)。

(67) 前掲『アーレント政治思想集成1』、三三—三四頁（*op. cit.*, pp. 22–23)、前掲『暗い時代の人々』、九二—九五頁（*op. cit.*, pp. 72–74）参照。

第2章　世界の複数性にもどる

人間の思考は、世界からの退却の次元で行われる――アーレントはそう考える。しかし、彼女は私たちが思考の無世界性に閉じこもるのではなく、そこから脱出し、共通世界に関わり、自らの思考と共通世界とを和解させることとの重要性を説く。この章では、『精神の生活』のメタファー論について考察するが、彼女が着目するメタファーは、私たちの思考が共通世界と和解するのを可能にする働きをもっている。それでは、アーレントが説明するメタファー本来の機能とはどのようなものだろうか。アーレントがメタファー論のなかで、いかにハイデガーの思索に抗するかたちで、世界の複数性にもとづいた、共通感覚との結びつきを維持する思考を可能にするメタファーの働きを浮きぼりにしているかを、本章では見ていくことにしよう。

1　アーレントにとっての「真珠」

D・R・ヴィラは『アレントとハイデガー』で、アーレントの政治行為論について述べている。彼によれば、伝統を継承する精神を失った時代として現代を描いている『過去と未来の間』の序文や「伝統と近代」といったテキストなどから、私たちはアーレントの企てを伝統的概念や区別の回復をめざすものと考えがちであるが、そうすることでアーレントの試みの独創的な核心を見失ってしまうという。[1] むしろアーレントの試みの本質は、伝統的概念やカテゴリーの復権や伝統の復活ではなく、「死せる伝統のさまざまな物象化を脱構築し克服する」試みである。実際、アーレント自身、伝統の物象化について、「伝統が生ける力を失うにつれ、また伝統の始まりの記憶が薄れるにつれて、使い古された観念やカテゴリーの強制力はかえって猛威をふるうように思われることがある」と述べている。[2]

ヴィラはこのアーレントの試みを、ベンヤミン、ハイデガーに共通する「破壊」であるとみる。[3] ここでいう「破壊」とは、単なる否定ではなく、ベンヤミン論でアーレントが彼に認める「破壊」、すなわち、「現在の自己満足を揺るがす不思議な根源的経験に近づくためのもの」である。言いかえると、「破壊」とは、「死せる伝統のさまざまな物象化を脱構築し克服」し、伝統の始まりの記憶を取り戻すことである。それは伝統的概念からその「起源にあった精神を新たに取り出す」ために、あるいは、それらの「根底にあった現象のリアリティ」に達するために、[4] 硬直した構造や文脈を解体することであるだろう。

この「破壊」の概念は、ベンヤミン論でアーレントが述べている「真珠採り」の思考と不可分である。アーレントは、『暗い時代の人々』に収められたベンヤミン論の第三節「真珠採り」の銘句として、シェイクスピアの『テンペスト』第一幕第二場から、以下の引用をしている。「父は五ひろの海深く横たわり、／骨からは珊瑚が作られ、／目は真珠にかわった。／なきがらはさらに朽ちることなく／海神の力により／ゆたかでふしぎなものとなった」。[5] この一節を拠りどころに、アーレントは次のように語る。

この思考を養うものは現在だが、この思考が働くのは苦労して過去から採集される「思想の断片」による。この思考も過去の深淵を掘り下げる。それは海底に降りて海の底を掘って照らし出すのでなく、真珠採りのように、海底の豊かなものや不思議なもの、真珠や珊瑚を採って海面まで運ぶのだが、――それは過去を昔のまま甦らせるためでも、消え去った時代を再生させるためでもない。この思考を導く一つの信念がある。その信念によると、生あるものは時とともに破滅するが、衰退過程は同時に結晶過程でもあり、生きていたものが沈んで溶け込む海底には、「大きな変化を受けながら」新しい結晶体となって生き残っているものがある。それらはいつか降りてきて生あるものの世界へ運び上げてくれる真珠採りをひたすら待ち望むかのように――「思想の断片」、「豊かで不思議なもの」、さらには永遠の根源現象（*Urphänomen*）として――自然の働きを超えて生き残っているのだ。[6]

この「真珠採り」の思考を、アーレントはベンヤミンの過去へのアプローチとみなす。この思考は、海底に降りて真珠や珊瑚を採り、海面まで運ぶ「真珠採り」のように、過去の深淵を掘り下げ、過去という海底で新しい結晶体となって生き残っている「思想の断片」を拾い集め、それを生あるものの世界へと運び上げる。「豊かで不思議なもの」とは、海底で、腐朽の過程を越えて生き残っている永遠の根源現象である。ここで重要なのは、「真珠採り」の思考が、「破壊」の力によって可能になることである。アーレントによると、「破壊」の力とは、「現在から「心の平和」、すなわち現状に満足する精神なき平和を奪い去る不思議な力」であり、ベンヤミンはそれを引用文のうちに発見する。ベンヤミンにとって引用文とは、「保存しようとする力ではなく浄化し、文脈から引き離し、破壊しようとする力」である。またそれは「「思想の断片」であり、「超越的な力」をもって提示されたものの流れを中断し、同時に引用文自体のなかに提示されたものを集約するという二重の役割を果たす」[7]。このようにアーレントは、ベンヤミンが引用文の「破壊力」を用いて、伝統の物象化作用を暴力的に打ち砕き、過去という海底の「豊かで不思議なもの」、真珠や珊瑚を救出しようとしたと考える。

アーレントによると、この「真珠採り」の思考は、「海神の力によって真珠や珊瑚に変えられた海底の生きた目や生きた骨に対する素晴らしい感覚」にもとづいており、この感覚はベンヤミンとハイデガーが共通にもっていたものであった。それは「新しい思想の「致命的衝撃」によってそれら「生きた目や生きた骨」を解釈し、その文脈に暴力を加えることによってのみ現在へと引き上げ、救出することができる」ような感覚である。(8)「真珠採り」の思考はかくして、石化した文脈に暴力を加えることで、「生きた目や生きた骨」を海底から生あるものの世界へと運び上げ、救出する。

ベンヤミンの「破壊」のうちにアーレントが見いだす「真珠採り」の思考は、彼女自身の行為論の企てのうちにも見いだすことができる。ヴィラは、アーレントの政治行為論の試み、「伝統に対して公然と反抗するようなやり方で、行為を考え直そう」(9)とする試みのうちに、ベンヤミンとハイデガーに共通する「破壊」を認める。ここでハイデガーにおける「破壊」とは、『存在と時間』第六節における存在論の歴史の破壊（*Destruktion*）を指す。それは、「伝統は伝えられてきたものを自明のものとして、古来のカテゴリーや概念のそれなりに正しい創作の根源たる、「源泉」に至る通路をふさいでしまう(10)」とハイデガーが考える伝統の作用の破壊であり、「伝統の死後硬直によって引き起こされた思考力の喪失への一つの応答」であった。(11)

アーレントがベンヤミンに見出す「真珠採り」の思考は、実際に彼女自身が自らの著作のなかで実践している思考でもあるだろう。行為論だけでなく、『過去と未来の間』に収められたエッセイも、この「真珠採り」の思考の実践を含む。この著作では、自由と正義、権威と理性、責任と徳、権力と栄光などの政治の伝統的概念のみでなく、歴史、伝統、宗教、文化の起源にあった根源現象、「現象のリアリティ」を取り出し、その起源にあった精神の真髄からそれらの概念について考察している。

さらに、この章で考察するアーレントのメタファー論にも、「真珠採り」の思考の実践がみとめられる。ではまず、過去という海底からアーレントが引き上げてくる「真珠」、すなわち、ホメロス的な意味でのメタファー本来の機能とはどのようなものなのかを見てみよう。

アーレントは主に『精神の生活』の「言語とメタファー」、「メタファーと言い表しえないもの」のなかで、メタファーについて論じている。(12) 彼女によると、言語は不可視のものを扱う思考が現象世界に現われるための唯一の媒体ではあるのだが、決してその機能を十分に果たせるものではない。そこで、その欠陥を補うものとして、メタファーが存在する。(13) そして、メタファー本来の機能とは、まず、「精神における非感覚的経験に光をあてるために、精神を感覚的な世界の方に振り向かせる（turning the mind back to the sensory world）」働きである。メタファーは、たしかに言語によって思考あるいは哲学に与えられた「最高の贈り物」であるが、もともとは、哲学的というよりは詩的なものであったとアーレントは語る。そして、メタファーの発見者である古代ギリシアの詩人、ホメロスにとってのメタファーを、海底から引き上げてくる。ホメロスにとってのメタファーの機能とは、「どんな言語においてもそれを表現する言葉が存在しない精神の非感覚的経験に光をあてるために、精神を感覚的な世界の方に振り向かせる」というものである。例えば、アーレントは、ホメロスが『イリアス』のなかで、「人間の魂に恐れや悲しみが引き裂くように激しく襲ってくること」を、「海上でいくつかの方向から風が一緒になって急襲する」のに喩えていることに言及している。ここで「悲しみや恐れが人間の心にどのような作用を及ぼすか」ということは、「現象の世界に現われる経験」ではなく、「精神における非感覚的経験」である。しかし、それを、嵐という感覚的な世界で経験される現象に喩えることによって、そのような非感覚的経験に光を当てることができる。ここには、嵐のことを考えれば悲しみと恐れについて想像できるが、その逆は成り立たないという、メタファーにおける関係の不可逆性（これは、現象の世界の絶対的優位性を示すものである）が認められるが、それはメタファーの重要な特徴であるとされる。[14]

次に、メタファー本来の働きとは、一つの領域から別の領域へ「移すこと」（"carrying over"）――*metapherein*――の運動により、内面の不可視の精神活動と現象の世界との深淵に「橋を架ける」、あるいは、両者を「結びつける」ことであると述べられている。アーレントは、日常的な表現の中の象徴的な表現（figurative expression）とメタファーとの区別を通して、メタファーの本来の役割を浮き彫りにしている。例えば、「象牙のように白い」やテーブルの「足」という象徴的な表現においては、語の意味の「転移」（transference）は「同じ領域の内部で、可視的なものの「ゲヌス［類］」の内部で」生じる。[15]それに対してメタファーは、一つの領域から別の領域へ「移す」運動である。「メタファーは、一見不可能のように見える、純粋な他の類への移行（*metabasis eis allo genos*）、「移すこと」――*metapherein*――を成し遂げる。その移行は、一つの実存的状態から別の実存的状態へ、すなわち、思考している状態から諸現象のなかに現れる一現象である状態への移行（transition）であり、類比によってのみ可能となる」。[16]このメタファーの「移す」働きを、アーレントは次のように、「深淵に橋を架ける」働き、「結びつける」働きとして描いている。「内面の不可視の精神活動と現象の世界との深淵に橋を架ける働きをするメタファーは、たしかに、言語によって思考に、したがってまた哲学に与えられた最高の贈り物（the greatest gift）である」[17]。「メタファーの役割は――可視的なものを不可視のものと結びつけ、既知のものを不可知のものと結びつけるなど（のように）――結びつけることである」[18]。そしてアーレントは、この互いに相容れない領域を結びつける「最高の贈り物」としてのメタファーが、人間に生来、与えられていることを示唆する[19]。

三番目に、メタファー本来の機能とは、不可視のものを扱う思考と共通感覚を和解させる働きであり、思考、不可視のもの、非感覚的経験に対して、リアリティを確立する働きであると説明されている。互いに相容れない領域を結びつけることは、言いかえると、それらを和解させるということである。メタファーが担う役割とは、精神における非感覚的経験と感覚的経験、あるいは、不可視のものを扱う思考と共通感覚とを和解させるという、不可能に近い役割である[20]。アーレントにとってメタファーとは、思考する者が感じる複数性のコンテクストのなかで、「話したいという衝動」（an urge to speak）に対して言語が与える「贈り物」であるとされる。ここで、「話したいという衝動」とは、「そのままでは現象世界の部分とならないであろうようなもの」を、他者と共有する現象世界の中で示そうという欲求である。その意味で、この衝動とは思考が共通感覚と折り合おうとする動き、すなわち世界と和解しようとする動きである。アーレントはそれゆえ、人間が思考する者として「話したいという衝動」をもつのは、彼が思考する者であるからではなく、複数性において存在しているからであると主張する。

人間が思考する存在だからではなく、人間が複数の人びとの中でのみ存在するからこそ、人間の理性も伝達を欲するのであり、それが奪われれば迷ってしまいかねない。というのも、カントが気づいたように、理性というのは、実は、「自らを孤立させるのではなく、伝達するのに適している」からである。このような声のない話（soundless speech）の機能は、［…］日常の現象の中で感覚に与えられるどんなものとも折り合っていくことなのである。(21)

言いかえると、思考する者の「話したいという衝動」は、思考が、真理の探求ではなく、複数性の領域のなかで開示される意味の探求にもとづくことを示している。

メタファーが思考と共通感覚とを和解させる働きは、同時に、メタファーが不可視のもの、非感覚的経験である思考に対して、リアリティを確立する働きであるともいえよう。アーレントはカントの『判断力批判』に依拠しながら、次のように述べる。「メタファーは「抽象的で」イメージを欠いた思考に対して、現象の世界から取ってきた直観を提供する。それによって、「私たちの概念のリアリティを確立し」、そうして精神活動の前提条件である現象世界からの退却を解体する」(22)。このようなメタファーの働きは、私たちの共通感覚にもとづいている。

『精神の生活』でのアーレントの説明によると、共通感覚とは、五感を統合する根源的な内的感覚であり、私的な感覚にすぎないものを共通世界にふさわしいものに適合させる能力である。すなわち、共通世界のなかで、多種多様な複数の立場やパースペクティヴにもかかわらず、すべての人が同一の対象に関わっているというリアリティを保証する感覚である。[23] 私的な感覚にすぎないものを共通世界にふさわしいものに適合させるという役割をもつのが共通感覚であるが、アーレントはそれを、『カント政治哲学の講義』のなかで「共同体感覚」として取り上げ、その可能性を展開している。カントにとっての共通感覚とは、社交性（sociability）を本質とする人間特有の能力であり、それによって人間は動物や神々から区別される。そして、まさにこの感覚に伝達や言語の可能性がもとづいており、「人間の人間性」が現われると考えられている。[24]

ここで重要なのは、共通感覚が、多種多様な複数の立場やパースペクティヴにもかかわらず、すべての人が同一の対象に関わっているというリアリティを保証する感覚であるということである。アーレントによれば、「共通世界の条件のもとでリアリティを保証するのは、世界を構成する人びとすべての「共通の本性」ではなく、むしろなによりもまず、立場の相違やそれに伴う多様な遠近法の相違にもかかわらず、すべての人がいつも同一の対象に係わっているという事実である」。[25] このことから、非感覚的経験に対してリアリティを確立するメタファーの働きとは、非感覚的経験に光を当てる言葉を、すべての人が関わることのできる「同一の対象」として共通世界に差し出すことであると理解することができるだろう。実際、アーレントは、「言葉は直接に世界の中にあり、世界に向けられるものであって、私たちだけに関係づけられたならば破滅する」と記している。[26] また、「話すこと」は「思考」とは異なり、本質的に両者に共通の対象について他者と話すことであると強調する。

他者との話はすべて常にすでに両者に共通のものについての（*über*）話であり、それゆえ事柄にもとづき事柄そのものに入り込んだ話ではない。思考と話すこととの違いは、まさにこういうことだ。すなわち、思考はある事柄を自分自身と徹底的に語ることであり、話すことは「について（*über*）」話すことなのだ。どちらも語ることである！　「について」を避けようとすれば、他者を自分の思考へと強制することになる。［…］「について」という形なしには、対話は成り立たない。「について」のうちには、私たちが世界を共通に有していること、私たちが一緒に地球に住んでいることが示されている。(27)

メタファーとは、このような意味での「話すこと」をつうじて、思考、不可視のもの、非感覚的経験を、人びとが共有する「について」の言葉に変換し、世界に差し出す。ここで「話すこと」、すなわち、言葉を用いて「他の人びとと何かについて話す」、あるいは「語り合う」ことは行為であって、暴力のうちなる沈黙に対立する。(28)『イリアス』の例にもどると、嵐のメタファーは、恐れや悲しみの精神の非感覚的経験を、感覚的な世界で経験される現象を表現する言葉に変換し、それを世界に差し出すことによって、その世界に生きる複数の人びとがその言葉を共有し、それ「について」語り合えるようにすると理解できる。

これらの互いに不可分である三つの働きとしてアーレントが特徴づけるメタファー本来の意味は、

人間の内にある世界に「始まり」をもたらそうとする創始的行為の「衝動」、あるいは、自発性の契機と不可分である。アーレントがメタファーの考察によって取り出そうとするのは、先に見た思考する者の「話したいという衝動」とみなすことができるが、それは、創始的行為の瞬間、自発性の契機である。ここでの「話す」ことは、『人間の条件』で説明されている言論と行為との関連で考えることができるだろう。言論と行為によって私たちは、自らを世界に挿入する、すなわち再び誕生するのであり、この誕生により、世界に「始まり」、「なにか新しいユニークなもの」、「予期されないこと」をもたらすのである。[29] メタファーが自らを捧げる「話したいという衝動」とは、世界に「始まり」をもたらそうという衝動に結びついている。

　また、アーレントが取り出すメタファーは、すべて運動として描かれているが、このことは、メタファー本来の機能が、硬直化していない創造的運動に関わることを表している。アーレントは『人間の条件』で、行為者と言論者の「正体」(who) の「開示」(disclosure) と、「行為や言論の生きた流れ (the living flux of acting and speaking)」とが解きがたく結びついており、その流れとは、アリストテレスが『詩学』で述べる模倣《ミメーシス》（ドラマのみがふさわしい模倣《ミメーシス》の芸術であると考えられる）によってのみ表現されると説明している。[30] メタファー論でアーレントが模倣《ミメーシス》のことを念頭においていたとは言い難いが、「驚くべきまったく新しい誕生の流れにつながる」[31] メタファーの創造的運動が、世界に新しくもたらされたユニークなものの「開示」の契機を孕むと考えていたのではないだろうか。

2　メタファーに内在する危険

これまでメタファーの肯定的な側面を見てきたが、アーレントがメタファーに内在する危険についても指摘していることを忘れてはならないだろう。アーレントは、言語のもつ欠陥――すなわち、言語は不可視のものが現象世界に現われるための唯一の媒体ではあるが、決してその機能を十分に果たせるものではないこと――を補うものとしてメタファーが存在すると考えるが、そのようなメタファーは危険を孕むものだと述べている。(32) アーレントの考える危険は、メタファーが伝統の硬直化を助長する、あるいは可能にする性質をもつということにある。先にみたように、ハイデガーは「伝統は伝えられてきたものを自明のものとして、古来のカテゴリーや概念のそれなりに正しい創作の根源たる、「源泉」に至る通路をふさいでしまう」と述べていた。アーレントが示唆しているのは、とりわけ形而上学の伝統のなかで、伝統によって伝えられるものが私たちにとって自明のものとなっていること、また、伝統的カテゴリーや概念の源泉に至る通路がふさがれていることにメタファーが関わっているという事実である。

まず、アーレントは、メタファーが私たちに抗いえない自明性をもたらすがゆえに、私たちがそれに注意を向け、それについて検証することをしなくなってしまうと指摘している。メタファーは「感覚経験の疑問の余地のない証拠に訴えることによって、不可抗的な証拠」となる。例えば、メタファーが科学的推論のなかで使われる場合には、検証や反証の必要がある仮説にもっともらしい証拠を作り出してしまう。[33] アーレントは、一つの例としてハンス・ブルーメンベルクの『隠喩学《メタフォロロギー》のパラダイム』に依拠しながら、精神分析学の意識に関する理論における氷山のメタファーについて述べている。この理論は意識を氷山の頂点とみなし、無意識の固まりがその下に漂流していると説明するものだが、その氷山のメタファーの圧倒的な効果により、私たちはこの理論を議論や立証を必要としないものとして受けとってしまう。このような仕方でメタファーを使う思考の危険は、それが「頭の上での構築物で、現実の経験を少しも必要としていない」ということにあるとアーレントは述べる。[34]

このメタファーを使う思考の危険は似《え》非《せ》科学のみではなく、西洋哲学の伝統における形而上学的思考のうちにも見いだせるとアーレントは主張する。「過去の偉大な哲学者や形而上学者の思想体系は似非科学の頭の上の構築物と不愉快なまでに似ている」。[35] そして、彼女は、メタファーの危険を暴露することによって、形而上学の二世界論を問題化していく。アーレントによると、形而上学の伝統を本質的に特徴づけるのは、プラトンの『第七書簡』に示されているように、テオーリアとロゴスとの間、すなわち、見ることと言葉を使っての推論との間の対立、その非両立性であり、その長い歴史のなかで、後者は前者に達するための単なる手段でしかないと考えられてきた。[36] この伝統において「真理」とは、定義上「言い表しえないもの」(the ineffable) であり、テオーリアをつうじて魂に「見られる」ものである。「真理」自体は、決して言葉の及ばないものであり、言葉は「真理」に達するために「ちょっとした誘導」(『ピレボス』) を行う二次的な存在でしかない。つまり、「言い表しえないもの」は、言語活動の外部に「真理」として位置づけられる。このような形而上学の二世界論は、強力な自明性をもたらす視覚のメタファーの経験にもとづくものであったとアーレントは語る。

形而上学［…］が「必然の力によって人間に強制」［…］してくる真理を発見することができたのは、私たちが視覚経験においてよく知っているのと同じ矛盾を受けつけない性質（the same imperviousness to contradiction）に頼っているからである。というのは、言説は、ソクラテス・プラトン風の対話的なものであろうと、定着している規則を使って承認済の前提から結論を引き出すような論理的なものであろうと、弁論的・説得的なものであろうと、可視的な証拠の端的な疑問の余地のない確実さには比肩しようがないからである。(37)

視覚のメタファーの優位は、形而上学の言説に深く根づいたものであり、あまりにも自明であるために気がつかない事柄であるかのように、私たちはほとんどそれについての考察をしない。(38) 形而上学の伝統における二世界論の自明性を可能にしているのは、その伝統における視覚のメタファーの優位、すなわち、メタファーのもたらす逆らいがたい自明性なのである。

言いかえると、アーレントは形而上学の描く二世界論とは実は妄想であり、現実の経験とは遊離したところで描かれた「頭の上での構築物」である可能性を示唆している。実際、アーレントはメタファーの本来的な働き、すなわち、思考と現象の世界を一つに結びつける働きを示すことにより、精神の世界と身体の世界、あるいは、思考の世界と感覚経験の世界の分離を提唱する形而上学の二世界論を解体しようとする。

もし思考の言語が本質的にメタファー的だとすれば、いつでも私たちを現象の世界に引き戻すであろう身体の欲求や仲間とはまったく別に、現象の世界は思考に入りこんでくるということになる。思考している間、いかに私たちが遠くにあるものに近づき、手もとにあるものから不在になっているとしても、思考する自我は決してまるごと現象世界から離れてしまいはしない。先に述べたように、二世界論というのはけっして恣意的な偶然のものではないが、形而上学的な妄想なのである。[…]メタファーとして使われることに自らを委ねる言語のおかげで、私たちは思考することができるようになる、すなわち、非‐感覚的なものごとに連絡がつくようになるのである。というのも、それによって感覚経験を移すこと（*metapherein*）ができるからである。メタファーがそれらを一つに結びつける（unite）のだから二世界があるのではない[39]。

形而上学が唱えるように現象の世界と思考の世界という二つの別々の世界があるのではなく、現象の世界と思考はメタファーを介して一つに結びつけられている[40]。そのため、思考する精神が世界との直接の接触を失ってしまうような場合でも、その精神はメタファーを用いて思考していることで、決して完全に現象の世界から離れることはない。メタファーは「精神が世界にしっかりしがみついているための糸」なのである。[41]言いかえると、思考とは常に言葉のなかで営まれるものであるため、現象の世界は常に思考に入り込んでいる。このように論じることで、アーレントは形而上学の二世界論を解体しようとする。形而上学の伝統が強力な自明性をうみだすメタファーの性質によって可能になっていることを指摘することで、そのこと自体がこれまでの伝統のうちで忘却されていることを示唆するのである。

さらにアーレントは、形而上学の伝統が硬直し、伝統的カテゴリーや概念の源泉に至る通路がふさがれている結果にメタファーが関与していることを指摘する。彼女は形而上学を成り立たせているすべての哲学用語が、「凍結した類比」(frozen analogy) としてのメタファーであると述べる。私たちにとっては、哲学用語におけるメタファーはメタファーとして現われることのない自明のもの、すなわち、「凍結した類比」となっているが、「その本当の意味が明らかになるのは、もともとの文脈にその言葉を溶かしこんだときであり、それは当初それを使った哲学者の精神の中では生き生きとしたものだったに違いなかったろう」とアーレントは述べる。[42]彼女は、プラトンが哲学に導入した「魂」(プシュケー) と「観念」(エイドス) という用語を例に挙げ、それらの用語の基礎をなす類比を明らかにする。「魂」(プシュケー) とは、もともと日常の言語では、死んでいく者が吐き出す「生命の息」であった。滅びうる身体に属する、感覚を超越した知をもつ魂の不滅を論じるプラトンの「魂」の理論の源泉には、次の類比が存在する。「生命の息が、それが離れていく身体、すなわち死体に対してもつような関係を、魂はこれから生命ある身体に対して持つと考えられる」。これと同様に、「観念」

（エイドス）とは、日常の言語では、「職人が仕事を始める前に、精神が頭に描く形ないしは青写真」であり、この図は「製作過程においてもまた製作物にも残って、くりかえし原型として使われるイメージ」である。そして、プラトンのイデア論の源泉には、次の類比がある。「職人の精神におけるイメージが、製作の過程で彼の手を指揮し、物がうまくできたかどうかの尺度となるように、現象世界の中でのあらゆる物質的・感覚的所与は、イデアの天空にある不可視な型に関係づけられ、また、それに応じて評価される」(43)。このように、これらの例が示しているのは、もともとはその源泉において、哲学的用語は現実の経験にもとづく類比から生み出されたにもかかわらず、伝統の忘却作用によって、その源泉での生き生きとした類比が凍結されコード化されて、創作的思考に至る通路がふさがれてしまっている、ということである。

このように、アーレントの指摘するメタファーに内在する危険は、メタファーはつねに現実の経験との関わりのなかで生み出されるにもかかわらず、使われているうちにその源泉での現実的経験との関わりが忘却され、硬直化し、コード化されてしまうことに存する。とりわけ形而上学の伝統の硬直を可能にしているメタファーには、現実の経験からの遊離が生じる。このような危険の指摘を通して、アーレントは私たちが前節で見たメタファー本来の働きに立ち戻ることとの重要性を示している。メタファーは、思考における非感覚的経験と現象の世界における現実の経験という相容れない二つの領域を結びつける役割、言いかえると、思考を共通世界と和解させる役割をもつ。そのようなメタファー本来の和解の動きに立ち戻ることが、アーレントにとって重要であった。

3　アーレントのメタファー論とハイデガーの存在論

これまで見てきたメタファー論を、彼女とハイデガーの思想的関係に位置づけるとどうなるだろうか。アーレントの政治思想の企てを存在論の次元でとらえるヴィラ、クリステヴァ、小野の見方をもとに、アーレント思想におけるメタファー論の意義について考えてみよう。

ヴィラは、アーレントの試みを、本来的開示性と非本来的開示性の区別の「空間化」、あるいは「外面化」ととらえる。『アレントとハイデガー』第四章「アレント政治理論のハイデガー的根源」は、ハイデガーの本来的開示性と非本来的開示性の区別をアーレントがいかに自らの政治理論に活用したかについて考察している。ハイデガーの本来的開示性と非本来的開示性の区別は、超越と日常性のあいだのダイナミックスにもとづいており、そこでは「「根拠」に支えられた安全な日常を求める傾向に対して、開示し露呈させようとする本来的な試みが対置されている」。ハイデガーは、本来的開示性は、自らの無根拠性、可死性に直面する「内面的転回」をつうじて達成されると考える。ヴィラの考えでは、アーレントは、この自己への「内面的転回」には抵抗するが、本来的開示性と非本来的開示性の区別は受け入れ、それを「空間化し、あるいは外面化して、――闘争的政治の舞台である――公的領域こそ本来的開示性に格好の場所、そこでこそ現存在の「現」が顕わになる領域だと考える」(44)。アーレントによるハイデガーの活用の仕方は、「彼の思想をねじ曲げ、置き換え（displace）、解釈し直すきわめて闘争的なやり方」であるとヴィラは言う。[45] ここで、アーレントの政治理論にとって重要なのは、本来的開示性が具体的な形で顕わになるのが、自己ではなく、複数性の領域においてだということである。本来的開示が起こる出来事をハイデガーが個人的現象とするのに対して、アーレントは、それを「外面化」し、その相互主観的側面を強調し、「根拠抜きの」自由を公的領域に位置づける。[46]

ここでのハイデガーの本来的開示性は、ヴィラによると、「新しい事柄の露呈は、完全に隠されたものにもとづいて起こることはなく、仮象という在り方での露呈から始まる」（『存在と時間』第四四節）[47]という言葉が示すように、「ありふれたものに新しい生命を吹き込むような活動や理解の在り方」を意味する。[48] それは、「与えられているがまだ「漠然とした」ものを取り上げる一種のやり方であり、生活世界の内部に現われるがコード化され物象化され隠語化されて、意味することを止めてしまっているものの内容や可能性を、創造的に活用すること」である。与えられているものを無視するのではなく、新しい生命をもった独自のものにするために、真剣に受け止めることに関わる。[49]

アーレントの政治行為論は、このような意味での本来的開示が起こる場所、「日常性からの解放と新しいものの意外な露呈による啓示である出来事[50]」の場所として、「現われの空間」を提示する。この開示の空間である公的領域においてはじめて、人間の開示の能力が発揮され、言論と行為によって行為者の「誰」（who）が本来的に開示される。このように、アーレントはハイデガーの自己への回帰を批判し、「ハイデガーに残っている主観主義や人間事象の領域に対する哲学者らしい嫌悪を回避して」、本来的開示性と非本来的開示性の区別を空間化、あるいは外面化することにより「変形」させる。本来的開示は、彼女の思想においては、政治的行為という複数性の領域で行われる活動と同一視されるのである。[51] さらにヴィラは、アーレントにとっての人間活動の序列（例えば、仕事の世界や工作人の活動と、公的領域での政治的行為の間の序列）も、ハイデガーの本来的開示性と非本来的開示性の区別に基礎づけられるものであり、人間活動の序列もハイデガーの区別を空間化するアーレントの試みとみなすことができると考える。[52]

アーレントの試みがハイデガー思想とどのような関係にあるのかという問いに関して、クリステヴァもヴィラと非常に近い見方をしている。クリステヴァは、『人間の条件』における「私たちは何か」（What are we ?）に対する「私たちは誰か」（Who are we ?）という問い以前に、ハイデガーの「現存在とは誰か」という問いがあったと述べる。ハイデガーでは、世界内における不安によって現存在にその可死性が最も固有な存在可能性として開示される本来的開示が、アーレントの「誰であるか」と「何であるか」の区別を基礎づける。クリステヴァは、アーレントが、彼のその孤独な省察に方向転換を施し、「「誰」の開示的な行為や言論を、世界の複数性の中に根づかせる」と考えるのである。[53]「自らの存在へと開示するものである「誰」の過剰を手放すことなく、逆にこの超越を他者との行為や言論の中に置こうとする」[54]。さらに、クリステヴァは「いわば人間の多様性と、人間の物語の無限の時間性のなかに散りばめられた「誰」は、ダイナミックな現在性（actualité dynamique）として、物象化や対象化のあらゆる試みに対立する現実態（*energeia*）として、自らを示す」と述べ、「仕事」、

「労働」と区別される「行為」においてのみ開示される「誰」が現実態としてあらゆる物象化や対象化をも逃れることを強調する(55)。このように、クリステヴァはアーレントの試みを、ハイデガーの現存在の本来的開示における「誰」の過剰を世界の複数性のなかに根づかせることとみなす。

ヴィラの見方、クリステヴァの見方は、小野の見方にも呼応するだろう。小野によれば、「アーレントの政治哲学は、『全体主義の起原』から『精神の生活』に至るまで一貫して、ハイデガーやヤスパースの哲学と同様に、存在を忘却した〝乏しい時代〟にあって存在を探し求める企て」であり、彼女にとって政治とは、「人間が相互に言葉を通して、自らの存在を現われさせ、そこに共通の土壌《ボーデン》としての世界を確保する営み」であった。すなわち、アーレントの政治哲学を「政治とは常に他者と相渉る営みであるという平凡な事実を閉却しがちな存在論の哲学を、政治の次元において再考察する企て」として理解するのである(56)。

このような、いわば、ハイデガー存在論の方向転換をつうじた「再生」ととらえることのできるアーレントの政治思想の試みにつながるものとして、彼女のメタファー論をとらえることができる。アーレントはメタファー本来の機能について説明する際、ハイデガー的な「存在の開示」に直接言及しているわけではないが、彼女がメタファーを「内面の不可視の精神活動と現象の世界との深淵に橋を架ける働き」であるとか、「可視的なものを不可視のものと結びつけ、既知のものを不可知のものと結びつける」働きであると述べるとき、「内面の不可視の精神活動」をハイデガー的な「存在の開示」の経験であると解釈することもできる。その解釈からすれば、アーレントが「真珠採り」の思考のなかで過去という海底から引き上げてくるメタファーとは、ハイデガー的な「本来的開示性」の契機をもち、「存在の開示」を世界の複数性に結びつけ、そのなかに移し、「存在の開示」に対してリアリティを確立する働きをもつものであると考えられる。メタファーは、この意味では、「コード化され物象化され隠語化されて、意味することを止めてしまっているものの内容や可能性を、創造的に活用すること」に関わる。

同時に、アーレントのメタファー論は暗にハイデガーの思索に向けられた批判としても読むことができるだろう。[57] 例えば、メタファー論と近い時期（一九六九年八月）に書かれた『思索日記』の中の断片でアーレントは、哲学者たちの誤りは「ハイデガーが考えるように、形而上学の誤りではなくて、思索というものの誤り」であると述べ、『思索の事柄へ』を読みながら、ハイデガーにとっての「思索の事柄」は「伝達する発言を事柄自身が拒絶するような事柄」であり、彼が思索（＝存在の理解）を自らの住処とし、世界から「静寂の場所」へ退却してしまったと批判する。「ハイデガー。彼が巻き込まれた嵐は世紀の嵐ではなかった。彼がその嵐に一度だけ巻き込まれたのは、おそらく彼自身のところでは無風状態だったからだろう。ハイデガーの思索における世界からの退却。ハイデガーの「静寂の場所」[…]」。また、同じ断片には「ハイデガーで登場するのは和解ではなく、与えられたものとしての有限なものへの適応である。有限性（制約された在り方）が所有として開示される出来事」と記されており、ハイデガーの思索における世界との和解の欠如、すなわち、彼の思索が、日常の現象のなかで感覚的に与えられるものと折り合っていこうとするものではないことを批判している。[58] アーレントはこのように、ハイデガーの思索が複数の人びとが住む領域の外部、すなわち、世界からの退却のなかで行われることを批判し、自らは人間の複数性にもとづく共通感覚との結びつきを維持する思考の可能性を探求する。(59) そしてこの文脈において、そのような思考を可能にするものとしてのメタファーを持ち出してくるのである。アーレントは、メタファーが非感覚的経験に対してリアリティを確立し、「精神活動の前提条件である現象世界からの退却を解体する」ことを強調したが、この解釈は、思考と複数性を結びつけるメタファーの役割を論じることで、ハイデガーの思索を「解体」しようとしたと言える。アーレントは、「自己自身とのみ語ることは思考ではない」。思考においては複数性が姿を現すのであって、それがすべての思考の政治的側面である(60)」と記しているが、メタファーとは、まさに彼女が「思考の政治的側面」とみなす「思考において複数性が姿を現すこと」を可能にする働きであった。このように、アーレントの議論はハイデガーの思索に対する批判の上に成り立っており、ハイデガーの思索に抗するかたちで、人間の複数性における共通感覚との結びつきを維持する思考、すなわち「思考の政治的側面」を可能にするメタファーの働きを浮き彫りにしている。この意味で、メタファー論は彼女の「思考の政治的側面」の追求を基礎づける意義をもつのである。

＊

最後に、アーレントの言語思想においても、メタファー論がきわめて重要な考察として位置づけられ、その核心と密接につながっていることを簡単にみておきたい。彼女の思索の軌跡を見ると、言語のどのような形態や側面に強調が置かれるかについては、思索の時期によって違いがある。例えば『人間の条件』では、活動的生の文脈で実践的な観点から、言論や物語（story）についての考察がなされる。晩年の『精神の生活』になると、言論と物語についての考察は背後に退き、人間の複数性のなかでの共通感覚との結びつきを維持する思考の可能性を追求する文脈で、メタファーとしての言語が着目される。こうした変遷はあるが、アーレントの言語思想を最初から最後まで貫いているのは、「［他者との間で交わされる］言葉（speech）こそ、人間を政治的存在にする当のものである」(61)という考えである。このことは次の言葉にも示されている。

> アリストテレスが人間をロゴスをもつ動物《ゾーン・ロゴーン・エコーン》とポリスの動物《ゾーン・ポリティコーン》とよんだとき、彼は人間について二つの定義を与えるつもりはなかった。それが忘れられていることが少なくない。人間の自由な＝自発的な共同生活だからこそ人間的である市民として生きる《ポリテウエイン》ということは、アリストテレスにとっては、本質的には語ることであり、話し合うことであった。——そして、野蛮な相互理解や発言ではなく「理性的な」相互理解や発言である真実の会話が存在しうるのは、ポリスという条件のもとにおいてであった。(62)

ここでは、人間が「ロゴスをもつ動物《ゾーン・ロゴーン・エコーン》」であるという定義と、人間が「ポリスの動物《ゾーン・ポリティコーン》」であるという定義が、決して別々の定義ではないことが強調されている。アーレントは、言葉こそが人間を政治的存在にすると考えているのである。この言語思想の核心をなす考えは、言いかえると、言葉とは他者との間で交わされるものであり、「存在の開示」が世界の複数性のなかでそのリアリティを確立することを可能にするものだということであろう。このようにアーレントのメタファー論が示す言語のあり方は、彼女の言語思想の核心に触れている。

『人間の条件』での言論と物語についての考察も、アーレントのメタファー論が示している観点からとらえることができるだろう。アーレントにとって、言論の本質とは、他人とは異なる行為者の唯一のアイデンティティ、すなわち「正体」(who)を暴露する(disclose)という点にある。「人びとは行為と言論において、自分が誰であるかを示し、そのユニークな人格的アイデンティティを積極的に明らかにし、こうして人間世界にその姿を現わす」。その人が「何」(what)(「その人が示したり隠したりできるその人の特質、天分、能力、欠陥」)であるかではなく、その人が「誰」であるか、あるいはその人の「正体」を暴露するのである[63]。そして、この暴露は常に他者との共同性のなかで起こる。「この言論と行為の暴露的特質は、人びとが、他者のためにとか他者に対立してある場合ではなく、他者とともに(*with* others)ある場合、つまり純粋に人間的共同性におかれている場合、前面に出てくる[64]」。言いかえると、行為と言論は、「人びとに向けられているものであるから、人びとの間で進行する」のであり、言論による「正体」の暴露は、「常にすでに存在している「人間関係の」網の目の中で行われる[65]」。そしてアーレントは、行為者の「正体」を暴露する行為と言論の過程が、客観的なリアリティをもつと考える。行為に結びついた言論の過程というのは、物の世界のように結果や最終生産物をあとに残さず、触知できない(intangible)ものであるにもかかわらず、「人びとの間にあって、人びとを関係づけ、人びとを結びつける何者かを形成する」「介在者」（in-between）となる。この意味において、「私たちが共通して眼に見ている物の世界と同じリアリティをもっている」とアーレントは考え、このリアリティを「人間関係の網の目」と呼ぶ。[66] さらに、彼女はこのリアリティを「現われの空間」とも呼んでいる。人びとが共に行為し、共に語る言葉によって、その過程に参加する人びとの間に、「私が他人の眼に現われ、他人が私の眼に現われる」政治的空間が開かれるのである。[67] かくして、アーレントの言論についての考察は、言論が行為者の「正体」を暴露するものであり、その暴露が複数性の領域で生じることを強調するのだが、ここには言語による「存在の開示」という、メタファー論にも見出すことができる視点を見いだすことができる。

言論とともにその重要性が強調される物語の考察にも、メタファー論に通じる視点が見いだせる。アーレントにとって物語は、行為と言論の結果である。「物語というのは、行為の束の間の瞬間が過ぎ去った途端に始まり、その時になって、物語は物語となる」。[68] そして、この行為と言論の結果としての物語は、行為者の「正体」を暴露するだけでなく、もともとは「触知できない」ものであるその「正体」を事後的に「触知できる」ものにする媒体として存在する。[69] このことは、言いかえると、物語のおかげで、行為者の行ったことが事後的に「意味」を獲得するということである。[70]「真理と政治」では、物語のうちで「個々の事実はその偶然性を失い、人間にとって理解可能な何らかの意味を獲得する」と述べられている。[71] このような意味でとらえられる物語は、常に「人間関係の網の目」のなかで生み出されるものであり、複数の人びとの間で共有されるものである。[72] あるいは、そこで共有される物語によって「人間関係の網の目」は維持される。このように、物語は事後的に行為者の「正体」を暴露し、不死化しうる唯一の媒体であると考えられている。それは、複数性のなかで共有される個別的なものにかかわる知である知慮（プロネーシス）と結びついており、「最も直接的に共有された活動」なのである。(73)

アーレントが言語について考察する際にとりあげる言論、物語、メタファーは、それぞれ異なる性質をもつものであり、同次元で語ることはできない。しかしながら、言葉とは、他者との間で交わされるものであり、「存在の開示」を自己ではなく、世界の複数性のなかに移し、そのリアリティを確立することを可能にするものであるという点で、あるいは、言葉こそが人間を政治的存在にするという点で、これらは密接につながっていると考えることができるだろう。

アーレントは『精神の生活』において、ギリシア哲学では人間はヌース（魂）とロゴス（言葉＝論理）の複合体であり、ヌースが人間が永続的なもの、神的なものに関与するのを可能にする活動であるのに対して、ロゴスは人事の領域で生じ、単なる「限りある思考」である臆見（dogmata）に適用される活動であると説明している。そして「ヌースと区別された意味でのロゴスは神的なものではない」と述べている。(74) クリステヴァはこの箇所に言及しながら、「まさにこの非‐神的なもの、政治的生へと精神の生を広げる生きた言葉（parole vive）こそ、アーレントが身を捧げたものなのだ」と語る。(75) この「政治的生へと精神の生を広げる生きた言葉」には、私たちが見てきたメタファー、言論、物語が含まれると考えてよいだろう。また、そのような言葉こそ「真珠採り」としてのアーレントが過去という海底から運び上げてきた「豊かで不思議なもの」である「生きた目や骨」、すなわち「真珠」なのである。

注

（1）デーナ・リチャード・ヴィラ『アレントとハイデガー――政治的なものの運命』青木隆嘉訳、法政大学出版局、二〇〇四年、一二―一三頁（Dana R. Villa, *Arendt and Heidegger: The Fate of the Political*, Princeton: Princeton University Press, 1996, pp. 8–9）。
（2）ハンナ・アーレント『過去と未来の間』引田隆也・齋藤純一訳、みすず書房、一九九四年、三二頁（Hannah Arendt, *Between Past and Future*, Harmondsworth: Penguin, 1993, p. 26）。
（3）前掲『アレントとハイデガー』、一三―一四頁（*op. cit.*, pp. 9–10）。
（4）前掲『過去と未来の間』、一七頁（*op. cit.*, p. 15）。
（5）ハンナ・アーレント『暗い時代の人々』阿部斉訳、河出書房新社、一九九五年、二三二―二三三頁（Hannah Arendt, *Men in Dark Times*, New York: Harcourt Brace Jovanovich, 1968, p. 193）。
（6）同前、二四七―二四八頁（*ibid.*, pp. 205–206）。この箇所は、前掲『アレントとハイデガー』、一三―一四頁（*op. cit.*, p. 9）に引用されている。ここでの訳文は『アレントとハイデガー』における引用にもとづく。
（7）前掲『暗い時代の人々』、二三三頁（*op. cit.*, pp. 193–194）。
（8）同前、二四二頁（*ibid.*, p. 201）。海神の力によって真珠や珊瑚に変えられた「生きた目や生きた骨」という表現は、『テンペスト』第一幕第二場にもとづいている。

（9）前掲『アレントとハイデガー』、一二二頁（*op. cit.*, p. 8）。

（10）ハイデガー『存在と時間Ⅰ』原佑・渡邊二郎訳、中央公論社、二〇〇三年、五六―五七頁（Martin Heidegger, *Sein und Zeit*, Max Niemeyer Verlag, 1993, S. 21）　ここでの訳文は前掲『アレントとハイデガー』、一四頁の引用にもとづく。

（11）同前、一四頁（*ibid.*, p. 9）。同じ著書の違う箇所では、ヴィラは、アーレントの「真珠採り」をハイデガーの「破壊」から区別し、ベンヤミンの精神と共通するものとみなしている。「アーレントの歴史観には結局、〈存在史〉よりも、むしろヴァルター・ベンヤミンの「断片的歴史」と共通するところがある。「歴史の天使」によって残骸の中に置かれた――純粋に始まる行為の契機という――隠された宝を求めるアーレントの探求の特徴になっているのは、ハイデガーではなくベンヤミンの精神である」。同前、四四三頁（*ibid.*, p. 267）。

（12）小野は、ヤスパースが『真理について』（一九四七年）の第二部で展開している言語論において言葉の隠喩的性格について述べていることを指摘し、ヤスパースの言語論がアーレントの言葉についての考察に影響を与えた可能性を示唆している。小野紀明『現象学と政治――二十世紀ドイツ精神史研究』行人社、一九九四年、三八〇―三八二頁。

（13）ハンナ・アーレント『精神の生活　上』佐藤和夫訳、岩波書店、一九九四年、一三一頁（Hannah Arendt, *The Life of the Mind*, Vol. I, New York: Harcourt Brace & Company, 1978, p. 112）。

（14）同前、一二四―一二五、一二八頁（*ibid.*, pp. 106–7, p. 109）。

（15）同前、一二五頁（*ibid.*, p. 107）。

（16）同前、一二一頁（*ibid.*, p. 103）。

(17) 同前、一二三頁（*ibid.*, p. 105）。

(18) ハンナ・アーレント『思索日記II 1953–1973』青木隆嘉訳、法政大学出版局、二〇〇六年、三五八頁（Hannah Arendt, *Denktagebuch 1950 bis 1973*, hrsg. von Ursula Ludz und Ingeborg, Piper Verlag, 2002, S. 729）。

(19) 前掲『精神の生活　上』、一二七頁（*op. cit.*, p. 109）。

(20) ジュリア・クリステヴァ『ハンナ・アーレント――〈生〉は一つのナラティヴである』松葉祥一・椎名亮輔・勝賀瀬恵子訳、作品社、二〇〇六年、一一〇頁（Julia Kristeva, *Le génie féminin, tome 1: Hannah Arendt*, Paris: Gallimard, 1999, p. 141）参照。

(21) 前掲『精神の生活　上』、一一七頁（*op. cit.*, pp. 99–100）。

(22) 同前、一二一頁（*ibid.*, p. 103）。

(23) 同前、五九―六一頁（*ibid.*, pp. 50–51）。アーレントによる共通感覚の理解については、第5章参照。

(24) ハンナ・アーレント『カント政治哲学の講義』浜田義文監訳、法政大学出版局、一九八七年、一〇七頁（Hannah Arendt, *Lectures on Kant's Political Philosophy*, Chicago: The University of Chicago Press, 1982, p. 70）。

(25) ハンナ・アーレント『人間の条件』志水速雄訳、筑摩書房、一九九四年、八六頁（Hannah Arendt, *The Human Condition*, Chicago: University of Chicago Press, 1958, pp. 57–58）。

(26) ハンナ・アーレント『思索日記I 1950–1953』青木隆嘉訳、法政大学出版局、二〇〇六年、五四一頁（*Denktagebuch 1950 bis 1973*, S. 426）。

(27) 同前、二七七頁（*ibid.*, S. 213–214）。

(28) 同前、四三二、四三七頁（*ibid.*, S. 340, 345）。

(29) 前掲『人間の条件』、二八八—二八九頁（*op. cit.*, pp. 176–178）。
(30) 同前、三〇三頁（*ibid.*, p. 18）。
(31) 前掲『ハンナ・アーレント——〈生〉は一つのナラティヴである』、一一〇頁（*op. cit.*, p. 142）。
(32) 前掲『精神の生活　上』、一三一頁（*op. cit.*, p. 112）。
(33) 同前、一三一頁（*ibid.*, p. 112）。
(34) 同前、一三二頁（*ibid.*, p. 113）。
(35) 同前、一三二頁（*ibid.*, p. 113）。
(36) 同前、一三七—一三八頁（*ibid.*, p. 118）。
(37) 同前、一三九—四〇頁（*ibid.*, p. 120）。
(38) 同前、一二九頁（*ibid.*, p. 110）。
(39) 同前、一二八頁（*ibid.*, p. 110）。
(40) 前掲『思索日記Ⅱ　1953–1973』、四〇九頁（*op. cit.*, S. 773）参照。
(41) 前掲『精神の生活　上』、一二七頁（*op. cit.*, p. 109）。
(42) 同前、一二二頁（*ibid.*, p. 104）。
(43) 同前、一二二頁（*ibid.*, p. 104）。
(44) 前掲『アレントとハイデガー』、二一六頁（*op. cit.*, p. 130）。
(45) 同前、二一頁（*ibid.*, p. 13）。
(46) 同前、二三四—二三五頁（*ibid.*, p. 141）。
(47) ハイデガー『存在と時間Ⅱ』原佑・渡邊二郎訳、中央公論新社、二〇〇三年、二二〇頁（*Sein und Zeit*, S. 222）。ここでの訳文は『アレントとハイデガー』、二一九頁の引用にもとづく。

(48) 同前、二一九頁（*ibid.*, p. 132）。

(49) 同前、二二六頁（*ibid.*, pp. 135–136）。

(50) 同前、二三〇—二三一頁（*ibid.*, pp. 138–139）。

(51) 同前、二三三頁（*ibid.*, p. 140）。

(52) 同前、二二七頁（*ibid.*, p. 136）。

(53) 前掲『ハンナ・アーレント——〈生〉は一つのナラティヴである』、二四二—三頁（*op. cit.*, p. 276）。

(54) 同前、二四四頁（*ibid.*, p. 278）。

(55) 同前、二四四頁（*ibid.*, p. 278–279）。

(56) 前掲『現象学と政治』、四三三—四三四頁。

(57) 直接、アーレントがハイデガーについて論じた論考には、以下のものがある。ハンナ・アーレント「実存哲学とは何か」齋藤純一訳、『アーレント政治思想集成1』みすず書房、二〇〇二年、二二一—二五五頁（Hannah Arendt, "What is Existential Philosophy?" in *Essays in Understanding 1930–1954*, New York: Harcourt Brace & Co., 1994, pp. 163–187）、ハンナ・アーレント「近年のヨーロッパ哲学思想における政治への関心」齋藤純一訳、『アーレント政治思想集成2』みすず書房、二〇〇二年、二七八—三〇四頁（Hannah Arendt, "Concern with Politics in Recent European Philosophical Thought" in *Essays in Understanding 1930–1954*, pp. 428–447）、Hannah Arendt, "Martin Heidegger at Eighty" in *Heidegger and Modern Philosophy: Critical Essays*, ed. Michael Murray. New Haven: Yale University Press, 1978, pp. 293-303, ハンナ・アーレント『精神の生活　下』佐藤和夫訳、岩波書店、一九九四年、二〇六—二三二頁（Hannah Arendt, *The Life of the Mind*, Vol. II, New York: Harcourt Brace & Company, 1978, pp. 172–194）。これらの論考に示されるアーレントとハイデガーの思想的関係については、川崎修『ハンナ・ア

レントと現代思想——アレント論集Ⅱ』岩波書店、二〇一〇年、二一—八六頁、前掲『アレントとハイデガー』、三八一—三九九頁（*op. cit.*, pp. 230-240）参照。

（58）前掲『思索日記Ⅱ』、三四九—三五四頁（*op. cit.*, S. 723-726）。ここで述べられていることは、"Martin Heidegger at Eighty" のなかでのハイデガー批判に通じるものである。前掲 "Martin Heidegger at Eighty" in *Heidegger and Modern Philosophy*, pp. 301-303 参照。

（59）川崎は、「複数の個人が相互に行為しあう場（つまりアレントの術語における「活動」（action）の空間）としてのこの世界をそれにふさわしい扱い方で扱うこと、政治の現実、事実に直面し、かつ複数の個人の共存関係にしかるべき表現を与えること、そしてそれにふさわしい知のあり方を考えること、アレントが自らの仕事としたのは、この、まさにハイデガーが行わなかった思索であった」と述べている。さらに、そのことは同時に「アレントなりのやり方でハイデガーの思索を徹底することだった」と示唆する。前掲『ハンナ・アレントと現代思想』、七七頁。

（60）前掲『思索日記Ⅱ』、四四頁（*op. cit.*, S. 484）。

（61）前掲『人間の条件』、一三頁（*op. cit.*, p. 3）。

（62）前掲『思索日記Ⅰ』、四九七—四九八頁（*op. cit.*, S. 392）。

（63）前掲『人間の条件』、二九一—二九二頁（*op. cit.*, p. 179）。

（64）同前、二九二頁（*ibid.*, p. 180）。

（65）同前、二九六—二九八頁（*ibid.*, pp. 182-184）。

（66）同前、二九六—二九七頁（*ibid.*, pp. 182-183）。

（67）同前、三二〇頁（*ibid.*, p. 198）。

（68）同前、三一〇頁（*ibid.*, pp. 191- 192）。

（69）同前、三〇二頁（*ibid.*, p. 186）。

（70）同前、三一〇頁（*ibid.*, p. 192）。

（71）前掲『過去と未来の間』、三五七頁（*op. cit.*, pp. 261-262）。

（72）前掲『人間の条件』、二九八頁（*op. cit.*, p. 184）。

（73）前掲『ハンナ・アーレント――〈生〉は一つのナラティヴである』、一一三頁（*op. cit.*, p. 146）。また、クリステヴァは物語とは「人間が生命《ゾーエー》ではなく生《ビオス》によって、政治的生そして／あるいは他者に語られた活動を生きる、最初の次元」であるという意味で、人間と政治的生の最初の一致であることを指摘する。言いかえると、物語という「最も直接的に共有された活動」とは、人間の生を無言の生物学的な生としての生命《ゾーエー》の次元から、語られた人生である政治的生としての生《ビオス》の次元へ、単なる「身体」から「誰」へと移行させることを可能にするものであると考える。同前、一一三頁（*ibid.*, p. 146）。

（74）前掲『精神の生活　上』、一五八―一五九頁（*op. cit.*, p. 137）。

（75）前掲『ハンナ・アーレント――〈生〉は一つのナラティヴである』、一二六頁（*op. cit.*, p. 164）。

第Ⅱ部　思　考

第3章　空間を創造する

本章でも引きつづき、私たちが共通世界に関わり、それと和解することの重要性を論じてみたい。その際、アーレントが空間を創造する思考の可能性を追求したことについてつぶさに検討する。彼女は、思考することが空間を創造することであるという考えをヤスパースから受け継ぎ、自身の思想のなかで発展させようとした。アーレントにとっての空間とは、「互いに語りあう自由」にもとづく対話の空間である。ここでは、このような探求の一つの現われとして、彼女がソクラテスという人物をモデルとして思考の可能性を追求したと考えたい。アーレントは、ソクラテスが都市の広場のなかで多くの異なる個人に取り囲まれ、その人々の臆見（doxa）のただ中でものを考えた思想家であり、助産術に喩えられる対話を通して市民たちが共通世界を建設するのを助けた点に着目しているのである。

1　空間を創造する思考

「偉大な作家たちの作品においては、矛盾は作品の核心に通じ、また彼らが抱えていた問題や新しい洞察を真に理解するのに最も重要な鍵を提出する」[1]。これはアーレントがマルクスに言及しながら、作品の偉大さとその内に宿る根本的な矛盾との関係について語った言葉であるが、この言葉はアーレント自身の著作にもあてはまるかもしれない。では彼女の著作の核心に通じ、また彼女が「抱えていた問題や新しい洞察を真に理解するのに最も重要な鍵を提出する」矛盾とは何であろうか。それは哲学と政治のあいだ、あるいは思考と行為のあいだの、互いに相容れない関係であると考えられる。

実際、アーレントの思想は哲学的思考と政治的リアリティとのはざまから生まれたと言えるだろう。ジェローム・コーンはこのことを説明して、「一九二〇年代の、根本的な性質において相反する二つの出来事が、その後の彼女の思想と性格に決定的な影響を及ぼした」と語る。一つは「哲学の衝撃」で、もう一つは「リアリティの衝撃」である。一九二〇年代に、アーレントは実存哲学の前線に立つハイデガーとヤスパースに出会い、その哲学に接した。これによって精神は内面に向かい、「実存に対する純然たる驚き」や、自己自身と対話する思考の精神的領域が彼女のうちに開かれた。それは「彼女が単独でいるときにのみ住むことのできる、不可視の非物質的な領域」であり、アーレントの思想に、世界から自己のうちへの精神の退却の契機をもたらした。その一方で、一九二〇年代はナチズムの勢力が拡大してきた時代であり、「はっきりと眼に見える外的な世界」でアーレントは身をもってナチズム急迫のリアリティを体験した。コーンは、この相反する二つの領域の出来事をアーレントが別々に経験したのではないと主張している。(2)「哲学の衝撃」と「リアリティの衝撃」とのあいだの緊張関係をこの後ずっとアーレントは思索のなかで抱えていくことになる。

こうした哲学と政治のあいだ、あるいは「思考するときの人間」と「行為するときの人間」のあいだの対立関係は、アーレント自身が述べているように、プラトンに始まる西洋形而上学の長い伝統のうちに見出されるものである。(3)このことは主に「哲学と政治」で述べられているが、そこでアーレントは、いかに哲学者が政治に対して敵意や軽蔑の念を抱くか、またそれだけでなく、いかに哲学者が言語不在の経験である存在への「驚き」の「熱情」を保持するため政治的領域の外に自分の位置を定めるかを説明している。(4)伝統的に存在する哲学と政治の対立というモチーフは多くの著作で繰り返され、『人間の条件』では、「観照的生」(vita contemplativa)と「活動的生」(vita activa)との対立、永遠と不死との対立として示されている。(5)アーレントは思索のなかで、この思考の領域と政治的行為の領域の対立を克服する可能性を見出そうとした。ならば、どこにこのような思考の可能性を求めたのだろうか。

この章では、アーレントが思考と政治的行為の対立を克服する可能性を、空間を創造し、保持する思考のうちに見出そうとしたことについて考えたい。その際に重要となるのが、『暗い時代の人々』に収められている「カール・ヤスパース——賞賛の辞」という演説である。この演説は、一九五八年にドイツ書籍協会の平和賞がヤスパースに授与されたときに行われたものである。アーレントがヤスパースへの賛辞を通して主張しているのは、私たちが「公的領域に対する不信感」を克服することの重要性である。特に、ヤスパースの思想に見出される公的領域への信頼、そして、「公的領域への冒険」という言葉のもつ意味が私たち現代人にとっていかに大切であるかが強調されている。そして、公的領域への信頼を回復するには、現代人の公的領域についての習慣的な考え方に覆い隠されている公的領域についての新しくも古い考え方、すなわち、「公的領域」という言葉がもつより深い意義（通常政治生活という言葉で意味しているものよりもはるかに広義のもの）を再確認する必要が示唆されている。

この「新しくも古い」考え方とは、公的領域とは「人間そのもの」が現われる空間だという考え方である。アーレントは公的領域にのみ現われる「人間そのもの」を、ギリシア語の「ダイモン」(daimon)[6]に近いもの、「人間のなかの人間的要素」であると述べる。[7]また、それは古代ローマ人がフマニタス（humanitas）と呼んだものであると言う。フマニタスとは、古代ローマ人にとって人間らしさの極致であり、カント、ヤスパースがフマニテート（*Humanität*）と呼んだものである。それは、「確かなパーソナリティ」であって、いったん身につけば時間の破壊性に屈服せず、その人間から離れることのないものとされる。また、フマニタスを獲得するのに必要なのは、単に自分の作品を公的領域で示すことではなく、「自分の生活と人間とを「公的領域への冒険」に投げ込む」ことであるため、「公的領域への冒険」というヤスパースの言葉は、「自分では認識することも統御することもでき

ない何ものかをあらわにするという危険」とともにあることが指摘される。(8)

この後で、アーレントはヤスパースと西洋哲学の伝統との関係に言及しつつ、彼が伝統から独立した思想をもち、伝統によって聖化されてきた「時間的継起性」を放棄し、「時間的継起性を空間的共在性に転換」して、「フマニタスの空間」を築いたと述べる。哲学の伝統では一般に、哲学者が次の哲学者へと真理を手渡す、そしてまたその哲学者が次の哲学者に真理を手渡していくという意味での「時間的継起性」が聖化されているが、ヤスパースはその「時間的継起性」を「空間的共在性」に転換する。彼は「時間的継起性」の代わりに、対話という横に並びあう関係が開く空間を創造しようとするのである。(9)

ヤスパースにおける「フマニタスの空間」とは、対話空間、すなわち「思慮深く話しかつ聞くことによって、たえず新しく照らし出される空間」である。(10)アーレントによると、ヤスパースは人生のなかで孤立は経験したが、ユダヤ人であった妻とのあいだに新しい世界を創出することができ、その二人のあいだに生まれた小さな空間から、対話の能力を学んだ。ヤスパースは「比類のない対話能力、話を聞く際の素晴らしい正確さ、自分自身を率直に表明するための不断の準備、討議中の問題に固執する忍耐力、さらにとりわけ沈黙のなかに引き渡されている問題を対話の領域に呼び戻し、それを語るに値するものに変える能力」、話しかつ聞くことにより、明るく照らす能力の持ち主であった。(11)

またヤスパースが切り開き、私たちをそこへと導く「フマニタスの空間」は、空間という言葉の本来の意味での空間、つまり新たに切り開かれた空間である。このことをアーレントは、ヤスパースの哲学における「思考の道」が道という言葉の本来の意味、すなわち「未開の土地の一部を切り開く小路」という意味であるのと同様であると説明する。(12) さらにアーレントは、「フマニタスの空間」は精神の領域であり、位置づけたり組織したりすべきものではないが、それは決して超越的なものでも、ユートピア的なものでもないと言う。この対話空間は「現在とこの世界」に属するものであり、地球上のすべての国とその過去におよび、あらゆる人が入ることのできる領域である。また人々が互いに認めあう空間、互いに見る、あるいは見られることによって、それぞれの人の輝きが増す空間である。ヤスパースの言葉を引用しながら、アーレントはこの様子を次のように光のメタファーを用いて描写している。

そこに入る人々は相互に認めあいます。そこで彼らは「閃光のように、さらに明るい白熱光になるまで輝き、ついで光を失って見えなくなるという交互におこる絶え間ない運動を繰り返す」からです。「閃光は互いを認め、それぞれの炎は、他の光を見るがゆえに」、そして他の光に見られることを期待できるために「さらに明るく燃えあがる」のです。(13)

アーレントは「ヤスパースの思考が空間的である」とも述べている。この言葉が表すのは、彼の思考が現存する空間に縛られているということではなく、むしろ「つねに空間のなかにある世界と人間とに関わり続けて」おり、「人間の持つフマニタスが純粋にかつ光り輝いて現われるような「空間を創造する」ことを目的としているということである。[14]

かくして、アーレントはヤスパースにとっての思考が空間の創造である点を強調している。思考は対話を通して「人間そのもの」が現われ出る「フマニタスの空間」を創出するのであり、そのことによって「空間的共在性」を打ち立てる。この考えをアーレントは師であったヤスパースから受け継ぎ、自らの思想のうちに保とうとする。そして彼女自身の思索の過程で、空間を創造し保持する思考の可能性を追求していく。

では、アーレントにとっての空間とはどのようなものであったのか。それについて考える際、最も重要なのは「現われの空間」という概念であろう。「現われの空間」は公的領域、共通世界、複数性といった概念と密接につながる概念であるが、それは複数の人々のあいだに生まれる空間で、言論と行為を通して人間の立ち現われが起こる場である。また「現われの空間」は、私が他者の眼に現われ、他者が私の眼に現われる空間である。そのため、この空間は他者の存在なしには成立しない。「現われの空間」では人間は他の生物のように存在するのではなく、自分が「何」(what) であるかではなく「誰」(who) であるかを示し、その「ユニークな人格的アイデンティティ」を明らかにし、人間世界に立ち現われる。[15] このように考えると、アーレントの「現われの空間」は、先述のヤスパースにおける「人間そのもの」が現われ出る「フマニタスの空間」に類似していることがわかる。

またアーレントにとって、空間とは本質的に彼女が「政治的なもの」と呼ぶものが現われる空間であり、この空間なしには「政治的なもの」はありえない。一九五八年から五九年頃に書かれた断片は自由であり、自由とは「政治の意味」（断片3b）では、ギリシア的意味で理解される政治の意味とは自由であり、自由とは「誰もが自分と平等な者のあいだで活動できる空間」であり、それは多くの人によって作られるべき空間だと述べている。[16] ここで述べられている自由は、自分と同等な他者なしには存在せず、空間はギリシアの表現、「イソノミア isonomia」（等しい者の統治）にもとづく。これは、法の前での平等ではなく、「万人が等しく政治の営みを求めることができ」、ポリスのなかで「一緒に話し合うという営み」を求めることができるということである。そして政治的自由において決定的なのは、自由が空間に結びついていることだとアーレントは述べる。「ポリスを去るなり、ポリスから追放された人は、単に自分の故郷なり祖国を失うだけでなく、自分が自由であり得る空間を失うのである。というのも、自らと対等な者との交際を失うからである」。[17] ポリスにおける等しい者たちのあいだでの自由な交流が行われる空間でのみ、人々は政治的に自由なのである。

ところで、この断片「政治の意味」では、「公的空間」と「政治的空間」の区別がなされている。私たちはこの二つを混同しがちであるが、アーレントはここで、古代ギリシアの歴史における「政治的自由」の意味の変遷について言及し、二つを区別している。ホメロスの時代の政治的自由とは、家政から離れ、生命をなげうち、偉大な企てや冒険をおこなう勇気のある人物にとってのみ存在するものだった。それは個人から発する「自発性の自由」、新たに始める行為に固有の自由であった。と同時に、行為への意欲にみち、偉大な企てに挑戦する人々に対して現われてくる世界として、ある種の「公的空間」が生まれた。こうした人々が互いに見たり聞かれたりし、互いの行為の偉大さを賞賛しあい、認めあったからである。しかしアーレントによると、この空間は「政治以前」のものであり、本来の意味での「政治的空間」ではない[18]。ポリスが成熟してくる時代に入り、政治的自由は、「自発性の自由」から「互いに語り合うという自由」に変遷していく。そして「互いに語り合うという自由」とともに「政治的空間」が出現する。アーレントは、「公的空間」が「政治的空間」になるためには、都市という一定の形のある場所に結びつくことが必要であったと述べる。

公的空間が政治的なものとなるのは、この空間がある都市で確保され、したがって一定のはっきりした形をとった場所と結びついて初めて可能になる。この場所においては、記憶に値する重要な行為は、そうした行為を行った人の名前と同じく、語り伝えられて生き残り、後々の世界にまで伝承されていくことができる。こうした都市によって、死すべき定めの人間と、その人間が行うはかない行為や言葉が持続できる場を得ることになるのだが、それがポリスなのである。そしてこの都市が政治的であり、だから他の居住地(これには、ギリシア人には別の言葉があった)と区別されるのは、この都市が、本来、自由で平等な人々がいつでもそこで集うことができる広場である、この公的空間の周りを取り囲んで作られているものだからである[19]。

都市とは人々が集い、互いに語り合う広場であるが、この都市という空間は記憶に結びついている。つまり、死すべき定めの人間が行うはかない行為や言葉が記憶され、未来へと伝承されることによって、不死性を獲得することが空間において起こる。そのためには、空間は都市という一定のはっきりした形をとった場所と結びついていなければならない。アーレントは、ギリシアのポリスの政治的自由を理解するためには、人間の行為と言論の偉大さを確かにとどめ置くという意味で、政治的なものとホメロス的なものとの結びつきがきわめて重要であると考える。このような都市と結びついた「政治的空間」のなかで「互いに語りあうという自由」が存在する。この自由は「誰でも自分の好きなことを何でも言うことができるとか、自分のあるがままに自分の意見を言えるという権利をどんな人も生まれつきもっているということ」ではない。それが表すのは、「誰一人として客観的なもののすべてを、自分の側から、自らと同等の仲間がなければ、現実全体として捉えることはできないということ」である。複数の人々が集い、同等の仲間と互いに語りあい、それぞれの見方、意見を互いに交換することではじめて、現実の世界が、「論じられるもの、あらゆる点で可視的な客観性」として立ち現われてくる。アーレントは、「〈現実の世界に生きること〉というのは、〈世界について他の人と語りあう〉というのと根底において同じことである」と述べる。[20]

アーレントの政治思想の中心にあるのは、自由の成立する場とは個人の内面ではなく、「互いに語りあうという自由」が存在する人間が集うあいだの空間であるという考えであろう。この考えは他の断片「戦争の問題」（断片3c）でも繰り返されている。人間が集うあいだの空間に参加を認められ、それとかかわる場合にのみ個人は自由になるのであり、その空間から排除される場合には不自由となる。そして、古代ギリシアでは、この自由の空間は限定づけられた空間であり、「都市、ポリスの城

壁、より正確には、その中に囲まれてあるアゴラ」と一致する。(21)

アーレントにとっての政治的なものがいかに自由の空間なしにはありえないかについて見てきたが、彼女はこの空間の破壊が全体主義統治を特徴づけると考える。『全体主義の起原』のなかで、全体主義とは、暴政や独裁制などの他の政治的抑圧の形式とは本質的に異なるものであると主張し、その本質である全体的テロルが、自由にとって不可欠である人と人とのあいだの空間、さらにその空間なしには存在しえない人間の「動く能力」を抹殺することについて説明している。(22)

全体主義のテロルは法の垣《かき》と、人間のコミュニケーションの法律によって確立され規制されたチャネルとのかかわりに、その独自の鉄の箍《たが》を持ち出す。この箍はすべてをぎりぎりと締め上げて、立憲国家の市民のあいだに存在するような自由な空間のみならず、専制に特有のあの孤絶と相互不信の砂漠をさえ消滅させてしまう。まるですべてが融合して巨大な大きさの一つの存在になったかのように見える。[…]自然もしくは歴史の過程の従順な実行者としてのテロルは、人間と人間のあいだの空間——それが自由の存する空間にほかならないが——を完全に無にしてしまうことによって、人間たちを一つにするということをなしとげたのである。全体主義の支配の本質をなすものはそれ故、特定の自由を削り取り除去することでも自由への愛を人間の心から根絶やしにすることでもなく、あるがままの人間たちを無理矢理にテロルの鉄の箍のなかに押しこみ、そのようにして行為の空間——そしてこの空間のみが自由の実態なのだが——を消滅させてしまうことにあるのだ。(23)

このように「テロルの箍」によって人間たちを圧縮し、人間のあいだの一切の関係をなくし、自由の空間を破壊することを、アーレントは「テロルの外的強制」と呼ぶ。それは徹底したイデオロギー思考における「論理的演繹の内的強制」とともに、全体主義の統治形式を形成している。そして今日の私たちにとって、全体主義の脅威は決して過ぎ去ったものではなく、人間と人間とのあいだの空間を荒廃させる「砂嵐の危険」は、現代においてもなお私たちの生存条件を脅かしていると述べる。「現代の真の苦しみは、全体主義が過去のものとなったときにはじめて紛れもない形で――必ずしも最も残酷な形でというのではないが――あらわれて来るかもしれないのだ[24]」。

2　モデルとしてのソクラテス

アーレント思想における空間のもつ意義をみてきたが、ならば彼女はいったいどのようにして、空間を創造する思考の可能性を発展させようとしたのだろうか。この問いについて考える際、彼女の著作におけるソクラテスの存在が重要になってくる。というのは、アーレントはソクラテスを思考のモデルとすることで自らの考えを発展させていったと考えられるからである[25]。アーレントにとってソクラテスは、「思考への情熱」と「行為への情熱」という明らかに矛盾する二つの情熱を一身に備えた人物のモデルである。つまり、思考と現象の世界のあいだを行き来することのできた人物のモデルである。ソクラテスの思考の仕方をモデルとして考えてみることによって、いわゆる「哲学的」思考とは異なる思考の可能性がどのようなものか見えてくるとアーレントは考える。「思考する自我を隠れ家から引きずり出して、いわば姿を現わすように仕向けるため」にはどうすればよいかという問いに触れ、次のように述べる。

この問いを把握するために私が考えつくことができる最良の方法は、いや実際には唯一の方法は、専門家ではなかったが思考への情熱と行為への情熱――見かけ上矛盾する二つの情熱――を自分の中で統一している思想家を、実例としてモデルにすることである。ただしここで統一と言っているのは、行為に思想を適用しているとか、行為にふさわしい理論的基準を確立したがるとかの安っぽい意味ではない。われわれ自身が現象の世界での経験と、それについて思考しようとする欲求の間を行ったり来たりするのと同じように、どちらの面にも同じように精通しており、ちょっと見た目には、一方から他方へといともやすやすと移動できるというような、ずっと重要な意味でのことである。こういう役割に最もふさわしいと考えられるのは、〔…〕つねに自分の身を並みの人間の世界に置き、市井の世界を避けて通ることなく、市民社会に市民として存在し、市民なら誰でもすべきであり、する権利があると自分で考えることだけを実行し要求した人間である。〔…〕読者はおそらく私がソクラテスのことを考えているのがおわかりであろう。(26)

ソクラテスは哲学者と区別される思想家として描かれている。哲学者の場合には、思考には精通しているが、現象の世界での経験には精通していない。そして哲学者の「思考する自我」は現象の世界から隠れて生きている。ソクラテスの場合は、現象の世界での経験と思考の経験のどちらにも同じように精通しており、両方の領域を行ったり来たりすることができる。思考はしているが、隠れて生きているのではなく、現象の世界、すなわち人々の集まる広場に姿を現わす。アーレントにとって、ソクラテスが身をもって示しているのは、思考が現象の世界（具体的には、アテナイという都市）に姿を現わすということである(27)。

しかしここで注意したいのは、思考が現象の世界に姿を現わすということは、見たところ矛盾である点である。思考は現象の世界からの退却のなかで行われるものであるのに、それが現象の世界に姿を現わすという矛盾である。これは、先に見たアーレント思想の核心にある、思考と行為のあいだの互いに相容れない関係につながる。ソクラテスの存在がアーレント思想にとって重要であるのは、ソクラテスがアーレントの著作のなかで、彼女の思想の核心にある矛盾そのもの、それらを結びつける不可能性そのものを引き受け、体現する人物だからである。ソクラテスは歴史的に存在した思想家でありながら、アーレント自身の創造的思考そのもののなかに介入する存在であると言うこともできる。彼はアーレントの思想に内在する人物であり、思考を発展させていく上で不可欠の人物であった。

3　ソクラテスの思考と哲学的思考

ソクラテスは、一九五〇年代の初期から晩年にかけてアーレントの著作に登場する。ソクラテスが出てくる主なテキストとして、「哲学と政治」（一九五四年にノートルダム大学で行われた連続講義の第三部と第四部）、「市民的不服従」（一九七〇）、「思考と道徳の問題」（一九七一）、『精神の生活』第一部（一九七三年にスコットランドのアバーディーン大学で行われた講義）の「ソクラテスの答え」と「〈一者のなかの二者〉」が挙げられる。また、アーレントは「ソクラテスの立場」というテーマで一九五六年にピーパーと出版の契約をむすんだ『政治入門』のために、ソクラテスの教説についての章を計画している。(28) これらのテキストでのアーレントの描くソクラテス像は、時期によって変化している。五〇年代の「哲学と政治」においては、ソクラテスの思考方法としての助産術、対話における友情、平等化のプロセスが強調されているが、七〇年代の「思考と道徳の問題」、『精神の生活』では、「思考の風」のなかに身をおきつづけた人物としてのソクラテスや「困惑を愛する者」(lover of perplexities)という言葉に表されるような「ソクラテス的エロス」が強調され、ソクラテスという人物の比喩として虻、しびれエイ、助産婦の三つについての説明がある。しかし、それは時期によって強調点が異なるということであり、ある時期の描写と別の時期の描写に矛盾があるということではない。『政治とは何か』の編者であるウルズラ・ルッツも、「哲学と政治」と『精神の生活』とを比較すると、後者においてアーレントのソクラテスに関する思想はより洗練されているが、核心は同じであると述べている。(29) 初期の著作から晩年の著作まで一貫している点は、アーレントはソクラテスが哲学的思考とは異なる思考の可能性を示していると考える点である。ソクラテスは、プラトンや『存在と時間』を書いた初期のハイデガーに代表される哲学的思考とは別の思考を行った人物とされる。ソクラテスが、「思考への情熱」と「行為への情熱」という明らかに矛盾する二つの情熱を自分のなかで統一した人物、思考と現象の世界のあいだを行き来することのできた人物であるという点に関しては、アーレントの解釈に変わりはない。

では、ソクラテスにおいて空間を創造する思考はどのようなところに現れているのだろうか。また、ソクラテスの思考は哲学的思考とどのように異なるのか。アーレントの考察が示しているのは、いかにソクラテスの思考が人間事象の複数性を破壊することなく、市民が共通世界を建設するのを助けるものであるか、そして、いかに彼の思考が、現象の世界の外の経験にもとづき、ポリスの外からポリスを支配しようとし、人間事象の複数性を破壊する可能性をもつ伝統的な哲学的思考とは異なるものであるかということである。

アーレントは、ソクラテスが「常に人々のあいだにあり、人々の集まる広場をおそれず、市民の中の市民であった思想家」であったことを繰り返し述べている。「哲学と政治」で強調されているように、ソクラテスは自分のなかに閉じこもるのではなく、アゴラ、すなわち都市の広場の中を動き回り、多くの異なる個人に取り囲まれ、それらの人々の臆見（doxa）のただ中にいた人物である。彼の思考は、臆見に満ちた広場を動き回り、対話を通して自らのまわりに対話空間を創出することと不可分であった。その臆見のただ中でソクラテスが行った問答法は、他者の臆見に内在する真理を取り出す術、つまり、各人が潜在的にもっている真理を産み出すのを助ける助産術であった。この点にアーレントは注目し、この問答法が一つの政治的行為であったと主張する。[30] アーレントはソクラテスの助産術が複数性を破壊しない思考の可能性を示していると考えるが、それは臆見を破壊しない思考であるという点に特徴づけられる。プラトンでは、絶対的真理による臆見の破壊が起こるのに対して、ソクラテスでは、臆見そのもののうちに真理が内在すると考えられる。

また、ソクラテスの方法は対話者たちの対等な関係にもとづく。他者との関係が築く〈あいだ〉の空間においてこそ、臆見に内在する真理が現われるのである。アーレントはプラトンとの違いを強調する。ソクラテスの場合、哲学者の役割は、都市に対する虻の役割、つまり、市民の種々の臆見をより真実なものにし、市民をより真実な存在にする役割である。ここでの哲学者と市民の関係は対話者としての対等な関係にもとづく。しかしプラトンの場合、哲学者は都市を支配する者である。哲学者は哲学的真理を語り、市民を教育するのである。ここでは哲学者は市民の上位に立ち、両者のあいだに対等な関係は存在しない。[31] ソクラテスの方法が前提としているのは、誰も自分の臆見に内在する真理を自分ひとりでは知ることができないということ、言いかえると、それは他者との対等な関係にもとづく〈あいだ〉に現われるということである。

誰もあらかじめ他者の「臆見」を知り得ないように、誰も、自分自身の意見にこめられている内在的真理についても、自力では、またさらなる努力なしには、知悉できない。ソクラテスは、各人が潜在的に所持しているこの真理を取り出そうと欲した。もし彼自身の助産術の比喩に忠実であり続けるとしたならば、以下のように言うこともできよう。ソクラテスは、市民各自に彼らの真理を産出させる努力によって、都市をより真実なものたらしめようと願った、と。(32)

さらに、ソクラテスの思考は、多様な意見をもつ市民のあいだで対話がなされていく過程で、人々が共に語り、行為する共通世界が開示されるのを助けるとアーレントは考える。共通世界とは単に異なる主観的な見方の寄せ集めによって成り立つものではない。それは平等を基盤にする人々のやりとり、友人たちのあいだの対話のなかで生まれてくるものである。

友情の政治的契機は、真実な対話において、友人各自が、他者の意見に内在する真理を理解することが可能になるという点にある。友人は、一個の人格たる彼の友人以上に、共通の世界が、一個の人格として永久に差異をもち平等たり得ぬ他者に対して、どのように、またいかに個別的な明瞭さで、現われるのか、ということを、よりよく理解できる立場にいる。こうした理解の仕方――つまり、他の仲間の観点から世界を見ること――はすぐれて政治的な類の洞察なのである。(33)

友人は対話の相手である他者以上に、その他者の臆見に内在する真理を理解することができる、すなわち、共通世界がどのようにその他者に対して開示されるのかを、本人以上に理解できることが強調されている。この点は、アーレントが政治的な能力であるとみなす「他の仲間の観点から世界を見る」洞察力につながっている。このような意味で、ソクラテスにとって、「哲学者の政治的役割とは、市民が、友情の理解の基礎の上に、この種の共通世界――そこではもはや支配が必要でなくなる世界――を建設するのを助ける点にある」とアーレントは述べる。[34] かくして、ソクラテスの思考は、複数性を破壊することなく、助産術に喩えられる問答法をつうじて市民が共通世界を建設するのを助けるのである。

このようなアーレントによるソクラテス理解は、伝統的な哲学的思考への批判と不可分である。彼女によると、西洋哲学史の根本的前提となっているのは、哲学的思考が人間事象の領域外の経験にもとづくということである。それをよく表しているのが、彼女が「哲学と政治」の「洞窟のなかで」というセクションで取り上げているプラトンの「洞窟の比喩」である。アーレントは、この比喩を「哲学者の一種の濃縮された伝記」、あるいは「哲学者の魂の形成」の物語ととらえ、次のように説明している。[35] ――第一の段階では、未来の哲学者は洞窟の住民たちの足と首を相互にしばりつけていた鉄鎖から自分の身体をほどき、向きを換え、洞窟の奥にある人工の火を見る。これが最初の「転回」である。洞窟の住民たちは、鉄鎖でしばりつけられているので、目の前にある洞窟の暗幕上の影や形象（これはプラトンにとっては臆見である）しか見ることができない。未来の哲学者は、そこから向きを換え、洞窟のなかの事物をありのままに照らし出している人工の火を発見するのである。第二の段階では、彼は洞窟の中の人工の火に満足せず、再び向きを換える。そして洞窟の出口、真っ青な空に導く階段、何もなく誰もいない風景を発見し、さらにイデアのなかのイデアである太陽を見る。この太陽こそ洞窟の中の火の源泉であり、観察者が事物を見ることを可能にするものである。これがまさに、哲学者の悲劇が始まる瞬間であるとアーレントは言う。哲学者は太陽の強烈な光のために視力を失ってしまい、また方向感覚も失う。イデアの世界に帰属しているわけではない哲学者は、第三の段階では、洞窟の暗闇へと戻ってゆく。しかし洞窟のなかでは何も見ることができず、共通感覚を喪失し、人間事象から疎外された存在となる。哲学者は洞窟の外部で見て来たことを住民たちに話そうと試みるが、理解されない。またここで哲学者は、自分の思想（善）が世界の共通感覚と真っ向から対立し、危険のただ中に置かれていることを知る。――これがアーレントの語る洞窟の比喩のあらすじであるが、彼女はこの比喩はプラトンの政治的目的を表すものだと考える。その目的とは、哲学のうちに、人間事象の政治的領域（洞窟のなか）に住む人々にとっての基準を発見するということである。そのため、この比喩のなかで、洞窟の住民たちは「潜在的な哲学者」ととらえられている。そして、この比喩は「人間事象の領域としての政治が哲学の観点からどのように見えるのかという問題を描写するものとして構想されている」とも述べる。

アーレントは哲学者と普通の人々とを区別するものは何かという問題にも注目する。それは、哲学者に鉄鎖を断ち切らせ孤独な冒険に駆り立てたのは何かという問題と、なぜ哲学者は市民たちを説得することができなかったのかという問題と不可分である。これらの問いに答えるために、アーレントはプラトンの二つの言説に着目しながら、哲学者の特性について語る。[36] 一つめは『テアイテトス』からの引用にもとづくが、哲学者とは「「驚くこと」の専門家、あるいは、「驚くこと」から生じる種々の問いを発する専門家」であり、実際に存在するものへの「驚き」(thaumazein)、すなわち「哲学的衝撃」を持続的に保持する「熱情」をもつ者であるということである。哲学者と一般大衆との違いは、「驚き」の「熱情」を持続させるかどうかにある。一般大衆は、「驚き」の衝撃を知らないわけではないが、それを堪え忍び持続させていくことを拒否する、つまり、臆見をもつことによりその衝撃から逃れる。その一方で、哲学者はその衝撃を堪え忍び持続させていくのである。二つめは『第七書簡』からの引用にもとづくが、「哲学的衝撃」が言語不在の経験であるということである。というのは、哲学の永遠の主題は、他の主題のように語ることがまったく不可能であるからだ。哲学者の思考経験(イデアのなかのイデアである太陽を見る経験)は、言論の能力が人間を政治的存在たらしめる政治的領域の外に位置し、人々の集合体である都市から疎外される。この二つの特徴によって、哲学者は「みずから二重の意味でポリスと対立関係にあることを発見する」とアーレントは説明している。

このようなポリスの外の経験にもとづく哲学的思考は、ポリスの外からポリスを支配しようとする。これは、プラトンの哲人政治、つまり哲学の役割は都市を支配することにあるという考えに示されている。プラトンは、ポリスの外なるイデアを政治目的のために用いようとした最初の哲学者であり、絶対的基準を人間事象の領域に導入しようとし、「真理の圧制」を構想したとアーレントは主張する。

彼女によると、ソクラテスの裁判以後、プラトンは、哲学と政治の対立を過度に意識するようになり、哲学の始まりである「言語を奪われる驚き」の経験を一般化してしまう。政治的領域で臆見をもつ人々の独断主義に対抗するために、つかの間の経験である「言語を奪われる驚き」の経験を延長し、「驚き」の経験を哲学者が常に経験する「一つの生の様式」、彼の全存在を基礎づけるものとしたのである。[37] そしてこれによって、彼は自己の内面にあった複数性を破壊する。[38] プラトン以後の哲学でも、人間事象における共通世界との関係性の喪失が起こったとアーレントは考える。プラトン以後の哲学は、周辺世界からの懐疑と敵愾心から身を守るために、「非政治」の姿勢、「都市の世界への無頓着と侮蔑」の姿勢をとりつづけた。[39] アリストテレスの時代からすでに、「哲学者がもはや都市に対する責任を必ずしも自覚しない時代」が始まり、哲学者の生の様式は市民の生の様式とは異なり、哲学者は政治に対して責任を負わなくてもよいと認識されるようになる。アーレントによる哲学的思考批判の根底にあるのは、ポリスを支配しようとするにせよ、ポリスに対して無頓着な態度をとるにせよ、哲学的思考が共通世界との関係性を喪失し、複数性を破壊してしまうという見方である。

アーレントがソクラテスに見出したのは、哲学者のように複数性を破壊してしまうことなく、対話を通して共通世界の空間を創造する思考であった。「哲学と政治」では、ソクラテスは「ポリスが「智者」(sophos)に対して[…]引いた一線を最初に踏み越えた哲学者」と言われている。[40]「智者」とは、ポリスの城壁外の事柄、つまり永遠かつ不変で非人間的な事柄に関心をもつ者のことである。ポリスは「智者」、つまり哲学者が政治的役割を果たすのには不向きであると考え、ポリスに入ること

を禁じていた。しかし、ソクラテスは自らを「智者」であると主張せず、ポリスの中心の広場へ出ていく哲学者であった。(41)

4　困惑を分かち合うこと

アーレントの描くソクラテスの思考が、伝統的な哲学的思考と異なり、対話を通して人と人との間に共通世界の空間を開示することを見てきたが、これは言いかえると、彼の思考が対話の相手と困惑を分かち合おうとするということでもある。

ソクラテスに関しては、今日までにあまりにも多くの思想家が言及しているが、多くの場合、ソクラテスをどのように描いているかがその思想家自身の重要な側面を映し出している。ヤスパースと並びアーレントのもう一人の師であったハイデガーも、『思考とは何の謂いか』のなかでソクラテスに言及している。ハイデガーは思考を嵐、あるいは風であると形容し、「ソクラテスが行っていたのはただ一つ、この風の中に、[思考の] 流れの中にわが身を置くことであり、身を置きつづけることであった。だからこそ、西洋の中でもっとも純粋なのである」と述べている。アーレントはこの箇所を『精神の生活』のなかで引用し、この風のメタファーとの関連で次のように述べている。「ソクラテスは次のように語っているように見える。[…] 私がきみの中に巻き起こした思考の風がきみを眠りから揺り起こし、十分な目覚めと生をもたらすと、もはやきみがつかんでいるのは困惑ばかりだということがわかるだろう。そしてわれわれにできることといったら、せいぜいそれを分かちあうということだけなのだ、と」[42]。また、アーレントは、クセノフォンを引用しながら、ソクラテス自身が自分の企て、つまり思考活動を説明するのに風のメタファーを使っていると述べる。「風そのものは不可視であるけれども、風がしていることはわれわれには明白であって、風が近づいていることをなんとなく感じとっている」[43]。ソクラテスに示される思考経験とは、思考の風によって眠りから揺り起こされ、目覚め、生をもたらされる経験、あるいは困惑させられる経験である。そしてこの困惑の経験において私たちができることはせいぜい、その困惑を他者と分かち合うことだけなのだが、いわばソクラテスの思考は困惑を他者と分かち合おうとする思考であり、そのことによって自らのまわりに空間を開いていくのである。

アーレントは『精神の生活』のなかでソクラテス自身が自分について使った、あるいは他の人が使いその比喩があてはまると彼が認めた三つの比喩の説明をしている[44]。簡単に見ておくと、一つ目は、虻《あぶ》の比喩で、ソクラテスが安眠にふけっている都市の人々をちくりと刺すすべを心得ているというものである。ソクラテスは、人は思考しなければ十分な意味で生きているとは言えないと考え、都市の人々を眠りから醒まし、思考し、吟味する(examine)ように仕向けるのである。二つ目は助産婦の比喩で、その意味は、ソクラテスが対話を通して他者が真理もしくは思考を産み出すのを助けるすべを心得ているということである(この比喩は「哲学と政治」でのソクラテス描写の中心をなす)。『精神の生活』では、ソクラテス自身は不妊であるということと、助産とは「浄化する」ことであるという点が新たに強調されている。『テアイテトス』のなかで、ソクラテス自身、自分は何も産み出さないからこそ「助産婦の専門知識を持ちえているのであり、子どもが本当の子どもであるのか、それとも妊婦から取り除かなければならない不完全卵であるのかを判断できる」と言う。そして、彼が対話をつうじて行っていたのは、人々に真理を与えることではなく、「浄化」すること、すなわち人々の臆見、つまり「吟味されないままであって思考することを妨げるような先入判断」を除去することであった。三つ目は、しびれエイの比喩である。ソクラテス自身が感じる困惑が人に感染する。ソクラテスの次のような言葉にそれは表れている。「しびれエイは、自分もしびれることによって人をしびれさせるのである。[…]私が答えを知っていながら他人をしびれさせているのではない。真相としては、むしろ私自身も感じている困惑を人に感染させているのである」(『メノン』80c)。アーレントは、これが「考えることを教えうる唯一の方法」であると述べ、「彼は自分の困惑が周囲の人と一緒に共有されるものであるかどうかを吟味してみたいという衝動をもっていたよう」だと言う。

この三つの比喩の根本にあるのは、「思考の風」を受ける経験である。そこでは、思考することによって、二重の意味で麻痺状態が生じる。(45) まず、思考することは、本質的に「立ち止まって考えること」であるので他の活動の中断である。さらに、思考は「人を呆然とさせる後遺症」をもたらすほどに破壊的な力をもち、「善悪に関してすでに確立されている規準・価値・尺度、つまり道徳や倫理で扱われる行動習慣や行動規則」をひっくり返す可能性をもつ。そのため、それまで何の疑問ももたず確信してきた事柄に対して懐疑を生じさせるのである。

また、ソクラテスの思考は困惑のみならず、愛を他者と分かち合おうとするものである。『精神の生活』に表されているように、ソクラテスが体現しているのはアーレントが「ソクラテス的エロス」と称する愛である（アーレントは「ソクラテスがたった一つ得意にしていたのは愛」であると述べている）[46]。それは、キリスト教的なアガペーとは異なり、持っていないものを欲求することで、智慧・美・正義のように愛するに値するものを対象とし、目の前にないものとの関係を作り上げることである。ソクラテスは、智慧への愛によってかき立てられ、あらゆることについて考え吟味する欲求にかられていた。また「ソクラテス的エロス」とは、困惑を愛することであり、彼は「困惑を愛した人」であったとアーレントは言う。ソクラテスが体現しているのは、思考することが十全に生きるということと同じだということである。

彼個人に関していえば、言えることはただ一つ、思考が人を賢くしたり解答を与えたりすることがないにしても、思考なしの生は無意味だということである。ソクラテスがやったことの意味は行為そのものにある。言い方を変えれば次のようになる。思考することと十全に生きていることは同じであり、それゆえ思考は常にあらたに始まらなければならないものである。思考は生につきまとう活動であって、正義・幸福・徳といった概念に関わり、われわれが生きている間にわれわれの身に生ずるあらゆることの意味を表現するものとしての言語によって与えられるのである、と[47]。

アーレントは、ソクラテスにとっての思考が、決して何かを教えたり、真理を与えたりすることにはつながらない点を強調する。ソクラテスは、何も教えず、教えるものをもたないという意味で哲学者ではなく、人を賢くするとは言っていないという意味でソフィストではない。思考することは、智慧や美や正義について問いつづけ、既存の臆見や価値を吟味しつづけることであるが、決して完全なる解答に行き着くことがない。また、これ以上思考する必要がなくなる終点にたどりつくことを目的としてもいない。思考は「常にあらたに始まらなければならないもの」なのである。「ソクラテス的エロス」は決して終わりのない意味の探求であり、愛（すなわち、生きること）を、出会った人々と分かち合おうとする。

アーレントが描くソクラテスを、ある種の媒体とみなすこともできるだろう。彼は常にあいだに位置する中間的存在であり、「思考の風」を自己のなかにとどめておくのではなく、「思考の風」を他者に媒介することにおいて存在する。このように考えると、三つの比喩の意味が理解しやすくなるだろう。他者を眠りからおこし、刺激する虻、対話の相手のもつ臆見を破壊し、思考を解放する助産婦、自分がしびれることにより、他者をしびれさせ、困惑、麻痺を感染させるしびれエイ。いずれも、疑いの余地がなかった規準、価値、尺度を吹き飛ばしてしまう、風を運ぶ媒体としての要素を含んでいる。また、ソクラテスにおいては、受動と能動が同時に起きていると考えることもできる。「思考の風」を媒介する行為のなかで、風の力を身に受けることと、他者の思考を刺激することが同時に起きている。受動的な様態にある存在が能動的な力をもつ。このような媒体性、そして受動と能動の不可分性を、困惑を分かち合おうとするソクラテスの思考のうちには見いだすことができるのである。

5　ソクラテスの発見

アーレントはまた、都市の広場で多くの異なる個人との対話を通して空間を創造するというソクラテスの方法だけでなく、ソクラテスの発見である「自己自身との対話」の政治的有意性にも注目している。この「自己自身との対話」は先に見た意味での空間を創造する思考ではないが、全体主義の自動的過程に見られるような人と人とのあいだの空間を破壊していく運動に巻き込まれることを防ぐ可能性をもちうる。その政治的意義について、アーレントは「哲学と政治」から晩年の『精神の生活』まで考え続けた。とりわけ、生涯最後の一〇年間は、全体主義のうちに顕現したような悪への追随から人間を遠ざけてくれるかもしれない精神活動に対する関心をますます高めており、(48)「自己自身との対話」が人間を悪に対抗させる条件になりうる可能性について考察した。

たとえば、「独裁制のもとでの個人の責任」という一九六四年に行われた講演のなかで、ナチスに協力することを拒否した人々について次のように語っている。

大多数の者から責任感がないと言われた非協力者たちは、あえて自分で判断しようとした唯一の人々でした。そして彼らがそうできたのは、よりよい価値体系をもっていたからでも、正邪の古い規準が彼らの精神と良心にまだしっかり植えつけられていたからでもありません。〔…〕非協力者たちの良心が〔…〕いわば自動的な形で──あたかもわれわれの心のうちにすでに習得された規則や生得的な規則がそなわっており、特定の問題が起きたときにこの規則を思いのままに適用することができるかのように──働くのではないからだ、と私は言いたいのです。〔…〕彼らの基準は、違ったものだと私は思います。彼らは、ある行為をしてしまった後でもなおどの程度なら自分自身と心安らかに生きることができるのかを自らに問いました。〔…〕この種の判断活動に必要な前提条件は、高度に発達した知性や道徳上の洗練ではなく、ただ、自覚的に自己自身とともに生きるという傾向、すなわちソクラテスとプラトン以来われわれが通常、思考活動と呼んでいるあの自己と自己自身との間の無言の対話をつねにしているという傾向なのです。〔…〕ヒトラー支配の時代の、礼儀のある社会の全面的な道徳的崩壊は、そのような状況のなかで信頼できる人々は価値を大事にし道徳規範や規準をしっかりもっている人々ではないということをわれわれに教えています。〔…〕はるかに信頼できる人は、疑う者、懐疑主義者でしょう。というのは、懐疑主義が善であるとか懐疑が健全だからというのではなく、そのような人々は、物事を吟味すること、そして自分で決心することに慣れているからです。最善の人は、何が起ころうともわれわれが生きているかぎり、われわれは自分自身とともに生きる運命にあると知っている人々でしょう。(49)

ここでアーレントは、悪に抵抗することができた少数の人々について、彼らの抵抗を可能にし、全面的な道徳的崩壊から免れさせたのは何なのかについて問うている。その答えは、彼らが精神のうちに道徳的規範や規準をしっかりもっていたことでもなく、自分たちの直面した状況に先行する規則を適用できたことでもなく、彼らが「自覚的に自己自身とともに生きるという傾向、すなわちソクラテスとプラトン以来われわれが通常、思考活動と呼んでいるあの自己と自己自身との間の無言の対話をつねにしているという傾向」をもっていたことだと述べている。このような文脈で、アーレントがソクラテスの発見である「自己自身との対話」、すなわち「単独性」(solitude) の政治的有意性に関してどのように理解していたかを見なければならない。主要なテキストは、「哲学と政治」(一九五四)、「市民的不服従」(一九七〇)、「思考と道徳の問題」(一九七一)、『精神の生活』(一九七三) である。

「哲学と政治」のなかでアーレントは、言論をつうじて人間の思想が開示されることに重きをおくギリシア文化に、ソクラテスが「思想が成立する根本条件としての自己と自己自身との対話」を付け加えたことにまず注目している。

この関連では、単独性の政治的有意性について、ソクラテスの発見があった。すなわち、単独性は、ソクラテス以前と以後を通じて、哲学者のみの特権および職業上の「習慣」(habitus) だと考えられており、またそれゆえにポリスではおのずと反政治的であると考えられていた。しかし、ソクラテスは逆に、単独性こそ、ポリスがうまく機能するための必要条件であると考えた。よりよくポリスの生活を保証するものは、法および処罰の恐れによって強要される行動の諸規則であるというよりも、単独性であると見なされたのである[50]。

「ソクラテスの発見」とは、ポリスがうまく機能するための必要条件、すなわち政治的空間の成立の必要条件は「単独性」であるということである。単に異なる視点をもつ複数の人々が集まり、言論を通して意見を主張しあえばそれでポリスが成立するのかと言えばそうではなく、人々が自己自身と対話をすることなしには政治的空間は成立しないとソクラテスは喝破した。アーレントは「ソクラテスは良心を発見したが、その名称をいまだもたなかった[51]」と述べているが、すでに「哲学と政治」で「単独性」が良心と結びつくことが示唆されている。言い換えると、ソクラテスが発見したのは「自己自身と共に生きる術を知っている者のみが、他の人々と共に生きるのにも適している」ということである[52]。ここで自己自身とは「私が離反できない唯一の人格、また私が堅く結ばれている唯一の人格」である。例えば、アーレントは次のように述べている。「誰も目撃していない状況でも、人を殺してはならない理由は、あなたが殺人者と一緒にいたいとは絶対に思わないだろうからである。殺人を犯すことで、あなたは、自分の生きている限り、殺人者との交わりにあなた自身を委ねることになってしまう[53]」。

全体主義との関連では、彼女は全体主義組織の狙いは人間実存の単独性のあらゆる可能性を完全に除去することにあったと述べ、自己自身との対話が保証されなければ良心を保持することはできないと主張する。「この自己自身との対話を現実化していない人、すなわち、あらゆる形態の思考に要請される単独性を欠いている人は誰でも、みずからの良心を損なわれないままに保持しておくことは不可能である」[54]。また「単独性」とは、自己自身に内在する複数性との対話の経験である。「単独性」が示しているのは、他者から分離されている独りの状態ではなく、自己自身のうちに人間の条件である複数性が内在しているということである。「人々はすべての地上の存在者と同様に、複数性において存在しているだけでなく、各人自身のなかにもこの複数性を示す特徴を有している」とアーレントは書いている[55]。このように「哲学と政治」では、「自己自身との対話」がポリス成立の必要条件であるという意味で、「単独性」が政治的に有意であることをソクラテスが発見したと説明されている。

「市民的不服従」でも、アーレントは「哲学と政治」と同じく、ソクラテスが自己自身との交流が仲間との交流にある種の規則を与えていることを発見した哲学者だと述べている。この規則をアーレントは「良心の規則」と呼び、それらが「いかなる行為も超えてはならない限界を設定する」という意味で「否定的」な性質をもつことを新しく付け加えている。「それら［良心の規則］は何々をすべしというのではなく、何々をするべからずという。それらは行為の原理を詳細に説明するのではなく、いかなる行為も超えてはならない限界を設定する。たとえば、悪を行ってはならない、というのは、もし悪を行えばあなたは悪を行った者と一緒に暮らさなければならないからである、とその規則はいうのである」[56]。

しかし、「市民的不服従」ではまた、ソクラテスの教えの妥当性を問題化してもいる。彼女は、自分自身との交流が仲間との交流の規則を定めるということは、思考する人間のあいだでのみ自明で、妥当であると述べる。

ソクラテス的命題が妥当であるかどうかは、それを言明する人と、語られる人とがどのような人であるかにかかっている。人間が考える存在であるかぎりにおいて、それらは人間にとっての自明の真理である。思考しない人、自分自身と交流しない人にとっては、それらは自明ではないし、それを証明することもできないそのような人々——それが「群衆」であるが——は、プラトンによるならば、報酬と処罰を伴った神話的な来世を信じることによってはじめて自分自身にしかるべき関心をもつことができるのである[57]。

言い換えると、ソクラテスが発見した「良心の規則」、すなわち「それとともに暮らすことができないようなことをしないように注意せよ[58]」は人間が「自己への関心」を持っていることを前提とする。このような自己への関心は、決して自明のことではないとアーレントは考える。「人間が思考すること——自分自身と交流すること——ができるのはわかるとしても、一文の得にもならないこの営みに、はたしてどれだけの人が携わるものなのかはわからない[59]」。

そしてアーレントは、アテナイのソクラテスとコンコードのソローの二人のケースを並列させて検討することで、「哲学と政治」ではまだ明らかでなかったこと、すなわち良心が個人の「自己への関心」にもとづくものであり、良心自体は「非政治的」で、共同体に対しての関心にもとづくものではないことを明らかにする。[60]そしてそれが、古くからある道徳性と政治とのあいだのありうべき対立、「善い人間」と「善い市民」とのあいだの対立、個人の自己と共同体の成員とのあいだの対立に結びついていることを示唆している。[61]ソクラテスの「単独性」は、前者の側と結びつく。しかし、アーレントは良心が政治的に意味をもつ可能性を否定しているわけではない。彼女は、アメリカでいかなる宗教的制度との関わりも主張しない（ベトナム戦争）兵役忌避者の数が増加していた執筆当時の状況に言及しながら、「この種の良心的兵役忌避者でも、多くの良心が偶然軌を一にして、広場に参集して自分たちの声を公の場で聞いてもらおうと決意すれば、政治的に重要な意味をもつようになりうることは明らかである」[62]と述べている。このようなことが起これば、「良心に従って決意されたこと」が、広場で「公衆の意見の一部」になり、市民的不服従者の集団となりうる。良心の声が公の声になり、政治的な意味をもちうるのである。このような意味で、ソクラテスの唱える「良心の規則」は、そこにとどまる限りはまだ非政治的であるが、政治的になりうる可能性を潜在的に有する。

「思考と道徳の問題」（一九七一）、『精神の生活』（一九七三）は、アイヒマン事件によって触発されて書かれたものであり、アイヒマンの悪行と思考の欠落のつながりについて考察し、いかに思考活動が悪行をしないように人間を仕向けることができるかという問題を扱っている。[63]これらのテキストでは、『ゴルギアス』に出てくるソクラテスの二つの主張、「悪事をするよりは、される方がましだ」（『ゴルギアス』474b, 483a, b）と、「私のリュラ琴や私の指揮する合唱隊が、調子が合わないで不協な音を出すとか、また世の大多数の人たちが私に同意しないで反対するとしても、そのほうが、一者でありながら、私が私自身と不調和であったり、自分に矛盾したことを言うよりもまだましなのだ」(『ゴルギアス』482c)とが考察されている。(64)

第一の発言についてアーレントが行った解釈は、「市民的不服従」での議論とほぼ同じ流れのうちにある。アーレントは「数千年間にわたって使用され誤用された後」に「安っぽい道徳」に見えてしまうこの発言が、主観的なものであり、ソクラテスが語っている立場は自分自身よりも共同体のことに関心をもつ「市民の立場」ではなく、「思考に身を捧げた人間」の立場であると論じている。(65) 第二の発言に関しては、アーレントはソクラテス的な意味での「一者である」ことのパラドックスを指摘し、このパラドックスが示しているのは、一者のうちにある差異であると述べる。私が現象の世界で他者にその姿を見られるとき、私という人間は一人の人物である、すなわち一者であるが、私自身に対して存在するときには私はたんに一者ではない、一者であることのうちに差異が持ち込まれている。アーレントが強調しているのは、この一者のうちにある差異であり、これを彼女は自我における「根源的な二者性」、あるいは「根源的な分裂」と呼んでいる。私自身のうちにある「根源的な二者性」があるからこそ、私は問う者であると同時に答える者にもなり、真の思考活動が可能となるのである。また、彼女は、このソクラテス的な「一者のうちの二者」に本質的に内在している二者性は、私たちの住む「地球上の法である無限の複数性」を指し示していると述べる。そしてソクラテス的な「一者のうちの二者」は、「現象の世界とその中で行われる精神活動の隙間」を埋め、「思考の孤独を癒す」

可能性をもつと考える。[66]

このソクラテス的な「一者のうちの二者」が示すのは、「もし思考したいのであれば、対話を行う二人がいい関係になって、パートナー同士が友人であるように配慮せよ」ということである。アーレントは、『大ヒッピアス』に描かれているソクラテス像に言及し、ソクラテスには家で彼を待ち受ける「鼻持ちならない連れ」がいると言う。それは彼自身であり、彼は帰宅すると一人でいながらこの連れ、つまり「彼自身とともに」いる。そしてこの連れと、「なんらかの形で同意して折り合いをつけなければならない」のである。[67] 自己自身との対話において、自己自身と同意すること、折り合いをつけることの重要性が強調されている。

そしてこのような意味での思考活動は良心に結びついており、「思考と道徳の問題」や『精神の生活』では、良心は思考活動の「道徳的副産物」と考えられている。しかし、ここでの良心が意味するのは、「多数派によって承認され社会によって同意されるような通常の規則」に従って道徳的な事柄を決定することではない。それは自らの行動と発言について考えなければならない時がきた際に、自分自身と友人となって仲良く、調和して生きていくことができるかどうか、スピノザの言葉では「自己の内に安らぐ」ことができるかどうかを考えることで、自分のとるべき行動や言動についての決定を行うということである。アーレントは、良心とは「家に帰ったときに自分を待っている連れのことを想定すること」だと述べている。[68] このように、彼女の思索のなかで「良心」という言葉のもつ意味は、社会や習慣によって固定化されている道徳律を守ることからはかけ離れている。

アーレントは、自己自身との対話である思考そのものは社会にとってあまり役に立つものではなく、「世に受入れられている行動規則」を解体してしまうとも言う。しかし、思考が政治的な意味を持ちうる場合があるとも述べている。それは、「政治的緊急事態」、つまり「だれもが他の人の行動や信条に思考することもなく追随しているような場合」である。全体主義支配の運動との関連で考えると、全体主義の自動的な過程に多くの人々が巻き込まれ、道徳の全面的瓦解が生じているような場合であろう。アーレントは、このような緊急事態では「思考する人は隠れていることができずに引きずり出される。追随という形での参加への拒否が人の目を引くことになり、それによって一種の「政治的」行為をしていることになるからである」と述べる。[69]また「そのような緊急事態では、思考が浄めになるという要素は政治的な意味あいをもつ」と記している。「思考が浄めになる」とは、ソクラテスの助産術の比喩の説明にあるように、思考が吟味されざる臆見を破壊し、判断力を解放するということである。ここで思考が判断力を解放することが重要であるのは、判断力とは政治的緊急事態に自分で正邪を判断する人間の能力だからである。アーレントによると、思考が不可視のものを扱い、目の前にないものとの関係を表現しようとするのに対して、判断力は個別なものを扱い、それらを「一般的規則に包摂することなくして判断できる能力」であって、「これは間違っている」、「これは美しい」などと言うことのできる能力である。判断力とは、思考が現実化されることで現われた姿、「思考の風」が現象の世界に現われた姿であるとされ、判断力が「人間の精神的能力の中でもっとも政治的」であると言われている。[70]このように、政治的緊急事態において、自己自身との対話である思考活動は、人間の判断力を解放することによって人間を悪に抵抗させる条件の一つになりうることが示唆されている。

ソクラテスが発見した「自己自身との対話」の政治的有意性をアーレントがどのようにとらえたかを見てきたが、空間という観点に戻ると、「自己自身との対話」は、全体主義統治下のように人間と人間のあいだの自由な空間を完全に無にしようとする自動的な過程に多数の人々が巻き込まれていくような事態のなかで、そうした抵抗しがたい空間破壊の過程に抵抗する思考の可能性を示すと言えるだろう。アーレントによると、ナチスに協力することを拒否した少数の人々が行ったのはまさにこのような思考であった。

＊

本章では、アーレントが空間的な思考の可能性をヤスパースから受け継ぎ、それをソクラテスをモデルにして追求したことについて考えた。ソクラテスを特徴づけるのは、彼がその後西洋の伝統となった哲学的思考とは異なる思考方法をもっていたという点である。ソクラテスは都市の広場の中を動き回り、助産術に喩えられる対話を通して、人々が共に語り、行為する共通世界という空間が創出されるのを助けた。ソクラテスは、「思考への情熱」と「行為への情熱」という矛盾する二つの情熱を自分のなかで統一した人物として実際に存在し、アーレントの思想の核心にある哲学と政治のあいだ、思考と行為のあいだに存在する矛盾を引き受け、彼女が創造的思考をするのを助けてきたと言うことができる。彼は「助産婦」として、アテナイの広場のなかで出会う人々だけでなく、アーレントが思考を産み出すのも助けたのである。

注

（1）ハンナ・アーレント『過去と未来の間』引田隆也・齋藤純一訳、みすず書房、一九九四年、三〇頁（Hannah Arendt, *Between Past and Future*, Harmondsworth: Penguin, 1993, p. 25）。

（2）ジェローム・コーン「編者序文」齋藤純一訳、ハンナ・アーレント『アーレント政治思想集成1』みすず書房、二〇〇二年、ix―x頁（Jerome Kohn, "Introduction" in *Hannah Arendt, Essays in Understanding 1930–1954*, New York : Harcourt Brace & Co., 1994, p. xi）。

（3）前掲『アーレント政治思想集成1』、二―三頁（*op. cit.*, p. 2）。

（4）ハンナ・アーレント「哲学と政治」千葉眞訳、『現代思想』第二五巻第八号、一九九七年七月、八八―一一〇頁（Hannah Arendt, "Philosophy and Politics," *Social Research* Vol. 57, No. 1, Spring 1990, pp. 73–103）。

（5）ハンナ・アーレント『人間の条件』志水速雄訳、筑摩書房、一九九四年、二五―三七頁（Hannah Arendt, *The Human Condition*, Chicago: University of Chicago Press, 1958, pp. 12–21）。

（6）『人間の条件』では、ダイモンは「生涯を通じてすべての人に随伴する守護神」であり、「いつも肩ごしにのぞいているため、自分自身よりも自分が出会う人すべての方がそれを容易に認められる」と述べられている。同前、二九二頁（*ibid.*, pp. 179–180）。

（7）ハンナ・アーレント『暗い時代の人々』阿部斉訳、河出書房新社、一九九五年、九三頁（Hannah Arendt, *Men in Dark Times*, New York: Harcourt, Brace & Company, 1968, p. 73）。
（8）同前、九三―九四頁（*ibid.*, pp. 73–74）。
（9）同前、一〇一頁（*ibid.*, pp. 79–80）。
（10）同前、一〇〇頁（*ibid.*, p. 79）。
（11）同前、九九―一〇〇頁（*ibid.*, pp. 78–79）。
（12）同前、一〇〇頁（*ibid.*, p. 79）。
（13）同前、一〇二頁（*ibid.*, p. 80）。
（14）同前、一〇〇頁（*ibid.*, p. 79）。
（15）「現われの空間」に関しては、前掲『人間の条件』、二八六―二九四頁、三二一―三三二頁（*op. cit.*, pp. 175–181, 199–207）参照。
（16）ハンナ・アーレント『政治とは何か』佐藤和夫訳、岩波書店、二〇〇四年、三〇頁（Hannah Arendt, *Was ist Politik?* München: Piper, 1993, S. 39）。
（17）同前、三一頁（*ibid.*, S. 40–41）。
（18）同前、三五頁（*ibid.*, S. 45）。
（19）同前、三六頁（*ibid.*, S. 46）。
（20）同前、四一頁（*ibid.*, S. 51–52）。
（21）同前、八三―八四頁（*ibid.*, S. 98–99）。
（22）ハンナ・アーレント『全体主義の起原3』大久保和郎、大島かおり訳、みすず書房、一九八一年、三〇八頁（Hannah Arendt, *The Origins of Totalitarianism*, New York: Harcourt, Brace & Company, 1973, p.

466)。

(23) 同前、二八〇—二八一頁(Hannah Arendt, *Elemente und Ursprünge totaler Herrschaft*, München: Piper,1986, S. 958)。

(24) 同前、三〇一頁(*The Origins of Totalitarianism*, p. 460)。

(25) アーレント思想におけるソクラテスに関しては、マーガレット・カノヴァン『アレント政治思想の再解釈』寺島俊穂・伊藤洋典訳、未來社、二〇〇四年、三二四—三五〇頁(Margaret Canovan, *Hannah Arendt: A Reinterpretation of Her Political Thought*, Cambridge: Cambridge University Press, 1992, pp. 253-274)、デーナ・リチャード・ヴィラ『政治・哲学・恐怖』伊藤誓・磯山甚一訳、法政大学出版局、二〇〇四年、三〇三—三二三頁(Dana R. Villa, *Politics, Philosophy, Terror*, Princeton: Princeton University Press, 1999, pp. 204-218)、Frederick M. Dolan, "Arendt on Philosophy and Politics" in *The Cambridge Companion to Hannah Arendt*, Ed. Dana R. Villa, Cambridge: Cambridge University Press, 2000, pp. 261-276 参照。

(26) ハンナ・アーレント『精神の生活 上』佐藤和夫訳、岩波書店、一九九四年、一九三—一九四頁(Hannah Arendt, *The Life of the Mind*, New York: Harcourt Brace & Company, 1978, pp. 167-168)。

(27) 同前、二〇一頁(*ibid.*, p. 173)。

(28) ウルズラ・ルッツ「編者の評註」、前掲『政治とは何か』、一四〇頁(*op. cit.*, S. 165)。

(29) 同前、一四〇頁(*ibid.*, S. 166)。

(30) 前掲「哲学と政治」、九四頁(*op. cit.*, p. 81)。

(31) 同前、九四頁(*ibid.*, p. 81)。

(32) 同前、九四頁(*ibid.*, p. 81)。

(33) 同前、九六頁（*ibid*., pp. 83–84）。アーレントは、この友人たちのあいだの対話は『ニコマコス倫理学』に記されているアリストテレスの友情の理論（正義ではなく、友情こそが共同体を結びつける紐帯であるという考え方）へと発展していくと指摘している。同前、九五頁（*ibid*., pp. 82–83）。

(34) 同前、九六頁（*ibid*., p. 84）。

(35) 同前、一〇三―一〇五頁（*ibid*., pp. 94–96）。

(36) 同前、一〇五―一〇八頁（*ibid*., pp. 96–100）。

(37) 同前、一〇八頁（*ibid*., p. 101）。

(38) 同前、一〇八頁（*ibid*., p. 101）。

(39) 同前、一〇一頁（*ibid*., p. 91）。

(40) 同前、九一頁（*ibid*., p. 77）。

(41) 同前、九三頁（*ibid*., p. 81）。

(42) 前掲『精神の生活　上』、二〇二―二〇三頁（*op. cit*., p. 175）。

(43) 同前、二〇一頁（*ibid*., p. 174）。

(44) 同前、一九八―二〇一頁（*ibid*., pp. 171–173）。

(45) 同前、二〇二―二〇三頁（*ibid*., pp. 174–175）。

(46) 同前、二〇六―二〇八頁（*ibid*., pp. 178–179）。

(47) 同前、二〇六頁（*ibid*., p. 178）。

(48) リチャード・J・バーンスタイン『根源悪の系譜』阿部ふく子・後藤正英・齋藤直樹・菅原潤・田口茂訳、法政大学出版局、二〇一三年、三五〇頁（Richard J. Bernstein, *Radical Evil*, Cambridge: Polity Press, 2002, p. 221）。

(49) Hannah Arendt, "Personal Responsibility Under Dictatorship" in *Responsibility and Judgment*, Ed. Jerome Kohn, New York: Schocken Books, 2003, pp. 44-45. ここでの訳文はエリザベス・ヤング＝ブルーエル『ハンナ・アーレント伝』荒川幾男、原一子、本間直子、宮内寿子訳、晶文社、一九九九年、五〇一頁の引用にもとづく。
(50) 前掲「哲学と政治」、一〇〇頁（*op. cit.*, p. 89）。
(51) 同前、九八頁（*ibid.*, p. 87）。
(52) 同前、九八頁（*ibid.*, pp. 86-87）。
(53) 同前、九八頁（*ibid.*, p. 87）。
(54) 同前、一〇〇頁（*ibid.*, p. 90）。
(55) 同前、九九頁（*ibid.*, p. 88）。
(56) ハンナ・アーレント『暴力について』山田正行訳、みすず書房、二〇〇〇年、五八頁（Hannah Arendt, *Crises of the Republic*, New York: Harcourt Brace & Company, 1972, p. 63）。
(57) 同前、五八頁（*ibid.*, pp. 63-64）。
(58) 同前、五九頁（*ibid.*, p. 64）。
(59) 同前、五九頁（*ibid.*, p. 65）。
(60) ヘンリー・デイヴィッド・ソローは、奴隷制を許す政府に人頭税を払うことを拒否したため、獄中で一夜をすごした人物である。アーレントは、彼は法そのものが不正義であることに抗議したのだが、その行動は「法にたいする市民の道徳的関係」という根拠ではなく、「個人の良心と良心の道徳的責務」という根拠にもとづいてなされたと理解している。アーレントはソローのテキスト「市民的不服従の義務について」から次のような言葉を引用している。「人は、当然のことながら、何らかの悪を、たとえ最もひどい悪でも、根絶することに貢献する義務があるわけではない。他に取り組まなければならないことがあるかもしれないからである。しかし、少なくとも悪と縁を切る義務はあるのであって、悪についてそれ以上思いをめぐらすことがないにしても、実際の面でそれを支持することにならないようにする義務がある」。同前、五四―五五頁（*ibid.*, pp. 59–60）。

(61) 同前、五六頁（*ibid.*, pp. 67–68）。

(62) 同前、六二頁（*ibid.*, pp. 67–68）。

(63) 「思考と道徳の問題」では、『精神の生活』で述べられているのとほぼ同じことが述べられている。ハンナ・アーレント『責任と判断』中山元訳、筑摩書房、二〇〇七年、二三二―二四三頁（Hannah Arendt, *Responsibility and Judgment*, pp. 180–189）。

(64) 前掲『精神の生活　上』、二〇九―二一〇頁（*op. cit.*, p. 181）。

(65) 同前、二一〇―二一二頁（*ibid.*, pp. 181-183）。

(66) 同前、二一二―二一七頁（*ibid.*, pp. 183-187）。

(67) 同前、二一八―二一九頁（*ibid.*, p. 188）。

(68) 同前、二二二―二二三頁（*ibid.*, p. 191）。

(69) 同前、二二三―二二四頁（*ibid.*, p. 192）。

(70) 同前、二二四頁（*ibid.*, pp. 192–193）。

第4章　過去と未来の間の裂け目で動く

この章では、現実世界の理解をつうじた世界との和解が、過去と未来の間の裂け目という思考の潜在的な次元で起こることについて見ていく。アーレントに関する既存の言説では、彼女の思想が示す公共性の復権、政治の領域への実践的コミットメントの重要性が重んじられてきた。ここでは、これまであまり中心的に論じられることのなかった政治の領域外の無世界性に特徴づけられる次元、特に思考の次元のもつ意義を時間性の観点から考えたい。アーレントは『過去と未来の間』序と『精神の生活』のなかで、思考が過去と未来の間の裂け目で生じることについて考察している。それは、今の継起から脱した「無時間の今」とアーレントが呼ぶ、言わば潜在的な次元に身を置き、そこで「動く」ことである。時間の裂け目で「動く」とは、過去を想起し、未来を予期することである。しかし、ここでの想起と予期は、日常生活の時間性のなかで過去の人生を回想することや自分の将来の計画を立てることとは違う。想起と予期は、絶えまない変化、生成、世界の更新の動きに関わる次元で生じる。このような思考がどのようにして、私たちが世界に根をおろし、世界と和解する助けとなるかについて見ていこう。

1　思考の時間的次元

『思索日記』には、アーレントが一九五三年に書いた次のような断片が収められている。

理解が創り出すのは**深さ**であって意味ではない。政治的には、これは世界に**住みつくこと、落ち着くこと**である。それは根をおろす過程である。

根無し草であること（Uprootedness）は表面に生きていることを意味し、そこには「皮相浅薄（superficiality）」とか寄生動物であるという意味がこもっている。深さの次元が作り出されるのは、根をおろすこと、つまり和解という意味での理解（understanding in the sense of reconciliation）によってである。（われわれの生活全体も教育もそのためにわれわれを訓練している――これが、根無し草であることの「文化」なのだが）表面の皮相浅薄さにおいては、深さは単に消え失せるだけでなく、底なしの穴、表面のすぐ下に口を開けている深淵としてしか現われない。

もう理解できないと言う場合には、根をおろせない、表面にとどまるよう定められていると言っているようなものだ。そういう浅薄さが全体主義支配においては組織化されて、無意味な不幸を作り出し、無意味な苦悩を作り出すのであり、それと正確に対応しているのが、世界の他の部分で蔓延している無意味な幸福の追求にほかならない。(1)

ここで語られているのは、私たちが世界の現実を理解し、その現実と和解することが、世界に住みつくことであり、世界に根をおろすことであるという考えである。アーレントは、近代社会が教育、文化も含めて皮相浅薄であり、根無し草のようであることを批判し、その皮相浅薄さが全体主義支配のなかで組織化される危険性を指摘する。彼女はそのような近代社会の表面性に対して、深さを対置する。そして、私たちひとりひとりの存在に、また私たちの世界に深さをもたらすのは、「和解という意味での理解」であると述べる。この考えと密接につながるのが、過去と未来の間の裂け目における思考である。この思考は、私たちが理解を通して世界に根をおろす過程で創り出される、深さの次元に関わっている。

「われわれの遺産は遺言一つなく残された」(2)。『過去と未来の間』の序は、フランスの詩人・作家であるルネ・シャールによるこのアフォリズムで始まる。アーレントの解釈によると、この言葉は、第二次世界大戦中、フランスで対ナチズムのレジスタンス運動に加わった人々のもとに一時的に自由が幻のように立ち昇り、彼らが公的空間を創造し始めたにもかかわらず、その出来事を宝として未来に受け継がせる遺言がなかったため、宝が失われてしまったという事態を表している。アーレントは、

『革命について』の最後でも同じシャールのアフォリズムに言及し、その失われた宝の中身とは「人々の自由な行為と生きている言葉の空間、ポリス」であったと記している。(3) このアフォリズムを通して、アーレントが私たちに示そうとしたのは、思考とリアリティの分離がもたらす窮状である。その窮状とは、「リアリティが思考の光を透過させず不透明となり、他方、思考はちょうど円がその中心に繋ぎ止められているようにはもはや出来事に結びつかず、まったく無意味となるか、現実との具体的な関連の一切を失った昔ながらの真理の焼き直しになるかのいずれかであること」である。(4) シャールのアフォリズムが表す窮状は、具体的には、公的空間が一時的であれ開かれたというリアリティが存在したのに、それを未来に受け継がせる遺言（testament）となる思考、すなわち、その宝を名づけ、伝え守る思考がなかったため、リアリティが不透明なまま宙づりにされ、後に忘却されたことを意味する。

言いかえると、アーレントはシャールのアフォリズムを通して不透明な状態にとどまるリアリティを私たちに示している。それはトクヴィルの言葉、「過去がその光を未来に投げかけるのを止めたので、人びとの精神は暗がりのなかをさまよっている」が表す事態と同じである。(5) この不透明なまま宙づりになっているリアリティとは、出来事がそれを「継承し、問いかけ、思考し、想起する精神」において「完成」されることがなく、それについて語ることのできる物語が与えられていないことを表す。「事の核心は、彼ら［レジスタンスに加わった人々］が「完成」（completion）を手にすることができないことであった。実際、演じられた出来事というものはいずれも、その物語を語りその意味を伝える人びとの精神において、「完成」されねばならぬ。行為の後で完成が思考されず、想起によって明確な表現が与えられなかったために、語ることのできる物語は何一つ残らなかったのである」(6)。

アーレントは、このような不透明な状態にとどまるリアリティが、そのリアリティを理解し、それと和解する精神を必要としていることを示唆する。シャールの言葉についての考察の後、彼女はカフカのある寓話について語るが、それはカフカの寓話が、シャールの示している、出来事に「完成」がもたらされる前の宙吊りの地点、出来事の理解によって現実との和解が生じる前の地点で始まると考えるからである。

カフカの寓話は、冒頭に掲げたアフォリズムが出来事の継起をいわば宙吊りにしたままの地点でまさに始まる。カフカの描く戦いは、行為がその成り行きを辿りきり、後はその所産であった物語が「それを受け継ぎ、それに問いかける精神において」完成するのを待つばかりのところで始まっている。受け継ぎ問いかける精神の務めは、生起したことの理解である。ヘーゲルによれば、この理解は人間が現実《リアリティ》と和解する仕方であり、理解の実際の目的は世界のうちで安らうことである。ところが厄介にも、精神は安らぎを得たり和解を取り結べない時、すぐさま精神独自の戦いに巻き込まれてしまうのである(7)。

アーレントがカフカの寓話を通して示すのも、不透明なままの現実(世界、出来事)を理解することによって、その現実と和解しようとする思考である。『過去と未来の間』の序は、このような思考が過去と未来の間の裂け目で生じることを示すが、では、それはどういう意味だろうか。

アーレントによると、思考が行われるのは、カレンダーに表されているような日常生活における時間とは異なる時間的次元、すなわち、今の継起のはかなさから脱する時間的次元においてである。彼女はその次元を、過去と未来の間の裂け目であると考える。この考えについて、アーレントは『過去と未来の間』序だけでなく、『精神の生活』第一部セクション20「過去と未来の間の裂け目＝ヌンク・スタンス」でも説明している。いずれのテキストでも前述したカフカの寓話について考察されているが、それはこの寓話が思考においてどのようなことが生じているかを描いていると考えるからである。実際、『過去と未来の間』の序では、この寓話は「一種の思考風景」、「精神の現象、すなわち思考の出来事とも呼びうるもの」を記録していると言われる。アーレントが引用している寓話は次のようなものである。

彼には二人の敵がいる。第一の敵は後方から、彼が出てきた起源の方から彼を圧迫している。第二の敵は彼の前方に立ち塞がっている。彼はこの二人の敵と戦わなければならない。本来、第一の敵は、彼が第二の敵と戦うときは彼に味方する。そもそも、彼を前方に押し出したいからである。同様に、第二の敵は彼を後方に押し戻したいから、彼が第一の敵と闘うときは彼に味方する。しかし、これは理論上そうなるだけのことである。というのは、戦闘の場には二人の敵だけではなく彼自身も存在しているのであり、おまけに、どちらの敵も彼の意図を知りえないからである。ともかくも、彼の夢は、いつか敵どもが油断している隙を狙って——このためにはこれまでの夜よりももっと暗い夜が必要である——戦線を抜け出し、これまでの戦いの経験を生かして、互いに争う二人の敵どもの審判官をつとめることである。(8)

この描写から、過去と未来の間の裂け目での思考とは、「ぶつかり合う過去の波と未来の波の間の地点」における戦いの経験であることがわかる。ここでは、過去と未来が衝突し合う二つの力として現われる。そしてアーレントによると、同時に二つあるいは三つの戦いが進行している。「彼」の敵同士の戦い(過去の力と未来の力の戦い)、間に挟まれた「彼」が二人の敵(過去の力と未来の力)と交わす戦いである。「彼」は通常理解されているような今の継起における現在ではなく、時間の裂け目に立っている。人間が時間のうちに立ち現われることで、時間がその人間の立つ地点で裂け、過去と未来の力に分裂させるのである。

このような過去の力と未来の力が衝突しあう戦場としての思考の場所は、「非時間の空間」にある。こうした潜在的な次元を人間の時間のうちに発見する重要性について、アーレントは述べている。

人間はまさしく思考するかぎりでのみ、すなわち時間による規定を受けつけない[…]かぎりでのみ、自らの具体的存在における完全なる現実として、過去と未来の間の時間の裂け目のうちで生きる。

［…］この時間の裂け目は精神の領域といってもさしつかえない。あるいはむしろ思考によって踏みならされた道といえよう。思考の活動様式は死すべき人間が住まう時間の空間のなかにこの非時間《ノン・タイム》の小径を踏み固める。そして思考の歩み、つまり想起と予期の歩みは、触れるものすべてをこの非時間の小径に保存することで、歴史の時間と個人の生の時間（historical and biographical time）による破壊から救うのである。時間の奥底そのもののうちにあるこの密やかな非時間の空間（this small non-time space in the very heart of time）は、われわれが生まれてくる世界や文化とは異なり、示しうるのみであって過去から受け継いだり伝え残したりはできない。新しい世代それぞれが、それどころか、人間の存在は無限の過去と無限の未来の間に立ち現われるものであるゆえ、新たに到来する人間一人一人が、この非時間の空間をあらためて発見し着実な足取りで踏みならさねばならない。(9)

人間の時間の只中にある「非時間の空間」はここで、「示しうるのみであって過去から受け継いだり伝え残したりはできない」と言われる。新しい人間一人一人が、人間の時間のうちに「非時間の空間」を発見しなければならない。はるか昔から思考が自らの領域とし、その歩みが保たれてきた「非時間の小径」、それは人間の時間による規定を受けつけないため、「歴史の時間と個人の生の時間」から離脱しており、思考が触れるすべてのものが「歴史の時間と個人の生の時間」による破壊から守られる次元である。アーレントはこの「非時間」の次元は時間を超越する永遠のうちにではなく、死すべき存在である人間が住まう時間のうちに、「時間の奥底そのもののうちに」あると考える。

後に書かれた『精神の生活』第一部セクション20でも、同じカフカの寓話を引用しながら、過去と未来の裂け目での思考経験をめぐる考察が繰り返されている。ここでアーレントは、カフカの寓話が「思考する自我（the thinking ego）の時間感覚」を表していると述べ、その思考する自我の時間経験を、世界の中で現象し、動いている自己、現象世界の中で動いている自己（self）の時間経験との対比でとらえている。思考する自我の時間感覚は、現象世界の中で動いている自己、すなわち日常の仕事をしている人間が自分の過去の人生を回想したり、将来の計画を立てたりすることのなかで経験する時間感覚とは異なる。カフカの寓話が示す時間感覚は、日常生活の時間、すなわち「三つの時制がスムーズに継起し、時間そのものはカレンダーで決められて数列のようなもの」ととらえられる時間とは異なるのである。過去と未来の間の裂け目で思考する自我は、自分に敵対する二つの力として、時間の力を経験している。それは空間的カテゴリーから解放された時間そのもの、たえまない変化、あらゆる〈存在〉（Being）を〈生成〉（Becoming）に変える止むことのない運動の経験である。[10]

またアーレントは『精神の生活』で、思考の次元である過去と未来の裂け目を、中世哲学の「静止する今」、「ヌンク・スタンス（the nunc stans）」[11]という言葉に結びつけ、次のように述べている。「ヌンク・スタンスという思考活動のなかで経験する時間の次元は、〈もはやない〉と〈まだない〉という不在の時制を収斂し、現存させる」。そしてこの次元は、カントのいう「純粋知性の地」、あるいは、日常生活という海によって取り囲まれている島であると付け加える。それは「島であって自然そのものによって変えようのない限界の中に囲まれており」、日常生活という海、「広大で嵐の吹き荒れる大洋によって取り囲まれている」（『純粋理性批判』）ものである。アーレントの解釈では、その島は、「真理の地」ではないが、ある個人の全人生とその意味という捉え難い全体が、絶えず変化していく過渡的な世界の中で〈私は存在する〉という純粋な持続として現われる領域である。[12] アーレントは、このような思考空間を「無時間の今（timeless now）」というメタファーで語り、それを「完璧なメタファー」と呼んでいる。[13]

このように、過去と未来の間の裂け目で思考することは、今の継起から脱した「非時間の空間」、あるいは「無時間の今」と呼ばれる潜在的な次元で起こる。それは、パラドクシカルな両義性にみちた潜在的な次元に身をおくことだと言える。この次元で経験するのは、カフカの寓話が示すように対立する力の暴力的なぶつかりあいであると同時に、静寂である。この次元は過去の力と未来の力がせめぎあう力の場、戦線であり、戦いの場であるが、同時に『精神の生活』で言われるように、「今の静寂」、「嵐の中心の静寂」の場、あるいは嵐の海に取り囲まれている島である。[14] また、思考することは、過去と未来の間に開いた時間の裂け目である「今」に「立つ」ことであると同時に、そこで「動く」ことである。カフカの寓話では、「彼」は私たちが普段理解しているような現在ではなく、時間の裂け目に立っていること、そして、「彼」はその立つことにおいて、過去と未来の力に抗っていることが強調される。しかし同時に、この思考の次元は道のメタファーによっても示され、思考は「非時間の小径」を歩むことだと描写される。想起すること、予期することも思考の歩みであり、後方への歩み、前方への歩みである。また「新たに到来する人間一人一人が、この非時間の空間をあらためて発見し着実な足取りで踏みならさねばならない」とも書かれているように、思考することは道を踏みならすこととも言われる。思考を道のメタファーによって説明するのは、おそらくハイデガーの影響によるものだろう。そして「いかに思考するか」を「いかにこの裂け目で動く（move）か」とも言い換えているが、ここから彼女が、思考とは裂け目で動くことだと考えていることがわかる。このように見ると、過去と未来の間の裂け目は、静のなかに動があり、動のなかに静があるような次元である。この次元は「示しうるのみ」であって、世界や文化のように過去から未来に継承されるものではない。

ところで注意しなければならないのは、この過去と未来の間の裂け目の潜在的な次元は、形而上学的な超感覚の次元、永遠なるものの次元のほうに向かうのではなく、複数性にもとづく人間世界に根を持っているということである。またこの潜在的な次元は、後の章で問題にする、アーレントのとらえる意味での「構想力」がはたらく次元でもある。

『過去と未来の間』序で、アーレントはカフカの寓話の問題点として、カフカの「彼」が過去と未来の間の裂け目の存在には気づいているものの、そこに「空間的次元」を見つけることができないことを指摘する。「彼」が、西洋形而上学の長いあいだ見続けてきた夢、「時間も空間もない超感性的な領域」の夢想に陥ってしまうからである。

「彼」が新たに独立独歩の道を踏み出そうと考えるや、つねに「彼」は戦線から抜け出た領域の夢想に陥る。この夢想といい領域といい、これこそまさしくパルメニデスからヘーゲルにいたる西洋形而上学が、時間も空間もない超感性的な領域であると夢見てきたあの古くからの夢想ではなかろうか。明らかにカフカの思考の出来事の描写に欠けているのは、或る空間的次元、つまり思考が人間の時間から完全に抜け出ることを強いられずにはたらきうる空間的次元である。[15]

このように、アーレントはカフカの思考の出来事の描写には「或る空間的次元」が欠けていると述べる。私たちがここに読み取ることができるのは、単なるカフカ批判というよりはむしろ、アーレントの思想における思考と空間の結びつき、つまり「思考が人間の時間から完全に抜け出ることを強いられずにはたらきうる空間的次元」がアーレントにとっていかに重要かということである。また、思考のうちに時間も空間もない超感性的な領域の夢想に陥る危険を見いだしているということである。『精神の生活』でも、アーレントはカフカの寓話における「彼」が、人間の時間から飛び出し、その彼方へ行こうとしているのが問題であると指摘し、思考における「無時間性（timelessness）」とは、けっして永遠性（eternity）ではないことを強調する。[16] 思考の時間的次元は「歴史の時間や個人の生の時間」の規定を受けつけない「無時間性」に特徴づけられるが、「無時間性」は決して永遠性ではない。それは徹底して人間の現在に根をもつ次元である。

ではアーレントのいう「空間的次元」とはどのような次元なのか。彼女は、カフカの寓話を一歩先に進め、「思考の活動様式」のメタファーとして、第三の力である対角線の力というイメージを提示する。この理念的なイメージにおいては、過去と未来の力の作用は、正面衝突するのではなく、斜めに交差する。ここでの力の作用は、物理学者が「力の平行四辺形」と呼ぶのに似たものを構成し、結果として、二つの力が衝突する地点を起点として、第三の力である対角線の力を生み出す。この対角線の力は、二つの力が衝突する地点を始点とするという意味でその起源は限定されているが、その終点は無限のうちにある。アーレントは、仮にカフカの「彼」が、この過去と未来から等距離のこの対角線上を行きつ戻りつしながら歩くことができたならば、戦線から抜け出し、彼方に行ってしまうことはなかっただろうと考える。この対角線は、無限に向かうけれども、人間の現在に根をもっているからである。この対角線上を歩くことで、「彼」は、「過去と未来の力によって創造され限定されながら絶えず変化している途方もない時間の空間」を発見しただろうと彼女は述べる[17]。その空間とは、過去と未来から十分な距離で隔てられた「時間の中にあるわれわれの場所」であり、そこでわれわれは過去と未来の意味を見出し、それらについて偏りのない判断を下すことのできる「判定者」の位置につく。それは人間世界の多様な出来事について裁定し判断することのできる位置であり、それらの出来事に最終的な解決をもたらすのではなく、それらの出来事の状況から生じる問いにつねに新たな答えを提供することのできる位置である[18]。アー

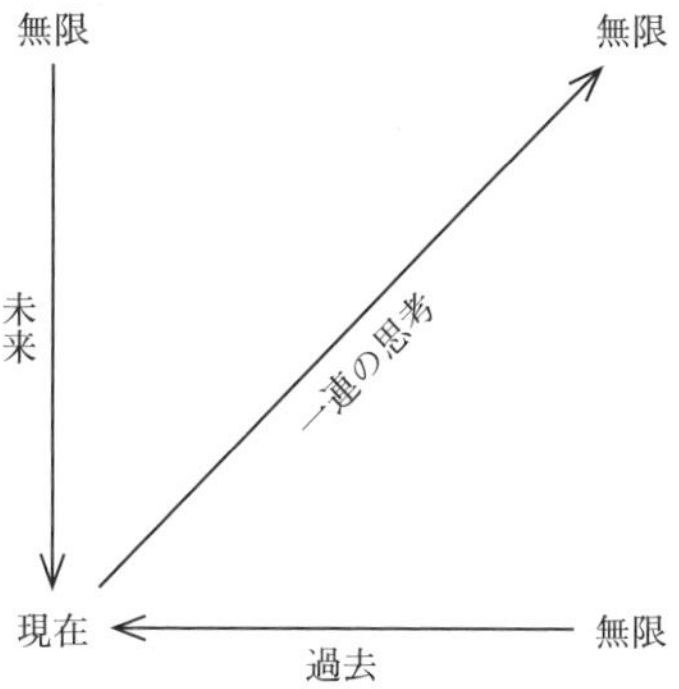

レントが対角線のメタファーを使って表す思考の次元はかくして、彼女がカフカの思考の出来事の描写には欠けていると言う「空間的次元」のことであると言えるだろう。

そして重要なのは、この「空間的次元」が彼女の複数性の概念にもとづく点である。複数性は、アーレント思想の核心と言えるが、それは彼女にとって「人間の条件」であり、「地球上に生き世界に住むのが一人の人間（Man）ではなく、複数の人間（men）である」という事実を指す。また複数性はあらゆる政治生活の条件であり、[19]私たち人間の行為、言論が成り立つ基本条件である。人間の複数性は平等（equality）と差異（distinction）に特徴づけられる。平等が表すのは、世界に住む多種多様な人びと、すなわち複数の人間は互いに等しいということである。そうでなければ、互いに理解したり、過去の人びとを理解したり、未来にやってくる人びとの欲求について考えることはできないだろう。差異が意味するのは、それぞれの人間が、他の人とは異なるということである。そうでなければ、私たちは自分のことを理解してもらおうとして話したり、行為したりすることはないだろう。人間はひとりひとりがユニークな存在であり、人間の複数性はこのユニークな存在者たちの複数性である。[20]このように理解される人間の複数性は、アーレントの政治思想にとってきわめて重要であり、彼女はこの複数性の破壊が生じうるすべての社会、政治、人間関係、思考のあり方を厳しく批判する。この点について、千葉眞は次のように述べている。

アーレントは、「複数性」の基本的視座に立ちつつ、複数の人々が存在しているという「人間の条件」

を破壊しかねない一切の政治のあり方——全体主義であれ、イデオロギー操作であれ、テロルと暴力であれ、大規模技術支配であれ、核兵器主義であれ、大衆消費社会の政治であれ、マス・デモクラシーであれ——を批判した。「複数性」がなぜアーレントの政治思想において最重視されているかというと、人間世界の「複数性」が保証されて初めて、諸個人と人間社会と政治にとって不可欠な自由、平等、連帯、個性、差異性、創造性、新しさといった諸価値が、保持されるだけでなく、活性化され、また紡ぎだされるからである。[21]

アーレントの描く思考の次元である過去と未来の間の裂け目は、人間の複数性の破壊が生じる永遠性にではなく、複数性にもとづく人間世界の現在に根を持つ。彼女にとって、思考はつねに人間世界の生きた出来事に結びついているのである。「思考そのものは生きた経験の出来事から生じるのであり、また、思考が位置を確かめる際の唯一の道標となるこうした出来事に結びついていなければならない」。[22]

2 「伝統の断絶」

ここまで、思考に特有の時間的次元としての「裂け目」を考察してきたが、アーレント思想において、この裂け目は「伝統の断絶」をも意味することを確認しておこう。裂け目で思考することは、

「伝統の断絶」において、すなわち、過去と未来を架橋する伝統の喪失という具体的な政治的状況のなかで思考することをも表す。

アーレントによると、西洋の歴史においてはローマ創設以来の長い間、過去と未来の間は伝統によって架橋されてきたが、近代以降、伝統は次第に失われていった。そして、過去と未来の間の裂け目は、思考の活動様式のみに特有の条件であることをやめ、私たちが感覚でとらえることのできる政治的現実ともなった[23]。この裂け目は、近代以降、「伝統の断絶」という私たちが実際に経験する具体的現実として姿をあらわしたのである。この断絶は、実際にヨーロッパの歴史では第一次世界大戦開始とともに生じ、万人の生きる具体的現実となった。またそれはアーレント自身も実際に経験した現実であり、ブレヒト論にあるように「政治的に言えば、それは国民国家の衰退と没落であり、社会的には階級制度から大衆社会への変質であり、そして精神的にはニヒリズムの台頭」として現われた[24]。アーレントはこの「伝統の断絶」による深淵がきわめて深刻であり、この深淵がいっそう恐るべきものとなって、全体主義の発展へとつながっていったと考える[25]。

では、「伝統の断絶」あるいは伝統の喪失とは、私たち人間存在のあり方に対して、どのような意味をもつだろうか。「権威とは何か」というテキストのなかで、アーレントは近代世界における伝統の喪失が過去の喪失と区別されるべきだと主張する。伝統の喪失によって失われたのは、「これまで広大な過去の領域の至る所で私たちを安全に導いてくれたアリアドネの糸」、どっしりと錨をおろしているような確かさ、あるいは安定である。この伝統の喪失のために、過去の次元全体も危険にさらされ、私たちは忘却の危険に陥ってしまった。アーレントは次のように書いている。「このような忘却は——喪失される内容そのものとはまったく別に——人間にとって見れば、われわれから一つの次元、人間存在の深さの次元が奪われることを意味する。なぜならば、記憶と深さは同一である、というよりもむしろ、想起《リメンブランス》がなければ人間にとって深さは存在しないからである」(26)。伝統の喪失によって私たちが失うのは、記憶される内容としての過去というよりは、私たちの存在のうちなる記憶、想起の次元である。それは、私たち人間ひとりひとりが過去を自分に向けられた力として引き受ける次元だと言えるだろう。アーレントは、ここでも「深さ」と言う言葉を使い、この想起の次元を「人間存在の深さの次元」と呼ぶ。これは冒頭で見た『思索日記』に収められたアーレントの考え、すなわち、私たちが世界の現実を理解することは、世界に住みつき、根をおろす過程であり、深さを創り出すという考えとつながっている。記憶、想起が行われる「人間存在の深さの次元」は、安定や確かさを築くことに関わっている。伝統の喪失は「人間存在の深さの次元」である想起の次元の喪失であり、この喪失の結果として過去の喪失が起こるということであろう。

アーレントは「教育の危機」で、このような伝統の喪失を「伝統の危機」、すなわち「過去の領域に対する私たちの態度の危機」と呼び、それが近代社会の一つの側面であると述べている。例えばそれは、教育の領域では、教育における権威の危機に結びついている。近代社会では、過去そのものの権威にしっかり根づいた教育者の権威はとうに失われており、教育者が「旧いものと新しいものを和解させる」という本来の務めを果たすことはむずかしくなった。これは教育者にとって耐えがたい状況である。過去への特別の尊敬を失った近代人の態度とは異なるものとして、アーレントは、過去を崇敬し、過去としての過去を模範とみなし、自分たちの先祖を子孫を導く模範だと考えていたローマ人の過去に対する態度を紹介している[27]。ここで示唆されているのは、過去を尊敬の念をもって想起するという「私たちの存在における記憶、想起の次元」を、近代人が失ったということである。このように見てくると、過去と未来の間の裂け目での思考は、近代の危機の一側面である伝統の喪失、想起の次元の喪失にも関わっていることがわかる。

3　過去を想起すること

一九六八年に出版された『過去と未来の間』（増補再版）に収められた八つのエッセイは、これまで見てきた意味での思考の実践的な試みである。アーレント自身、序でカフカの寓話に言及しながら、次のように述べている。

カフカが触れているのは、経験、ぶつかり合う過去と未来の間の地点に立って「彼」がつんだ戦いの経験である。この経験は、［…］思考の経験にほかならない。そしてそれは何事かを行う経験すべてと同じく、実践、つまり実習を何度もつむことで初めて勝ちとられる。［…］以下に続く八つのエッセイはこうした実習の試みである。狙いは唯一つ、いかに思考するか（*how* to think）の経験をつむことである。すなわちこれらのエッセイは、何を思考するべきか（what to think）とか、いかなる真理が主張されねばならないかの処方箋を内容とするものではない。それは、断ち切られた伝統の糸を結び直したり、伝統に代わるものを新たに拵えて過去と未来の間の裂け目を埋めることなど毛頭意図していない。真理の問題はこれらのエッセイでは未決である。ここで関心が向けられているのは、いかにこの裂け目で動くか（how to move in this gap）ということだけである。この裂け目はおそらく真理がいつかは現われるであろう唯一の領域である。(28)

この文章からも明らかなように、『過去と未来の間』で意図されているのは、「何を思考するべきか」を伝えることではなく、アーレント自身が「いかに思考するか」の実践をつむことであった。ここでは「何を」（what）ではなく、「いかに」（how）に重点が置かれている。「いかに思考するか」ということが最も重要な問いであって、それは過去と未来の間の裂け目で「いかに動くか」という問いと同じである。

ここでの「動くこと」とはまず過去の想起であり、それには少なくとも二つの側面があると考えられる。第一に想起が意味するのは、出来事の物語／歴史を語り、その意味を伝える人びとの精神が、出来事を想起し、それによって生起したことを理解するということである。先にもみたように、アーレントはシャールのアフォリズムが示す事態について、「事の核心は、彼ら［レジスタンスに加わった人々］が「完成」を手にすることができないことであった。実際、演じられた出来事というものはいずれも、その物語を語りその意味を伝える人びとの精神において、「完成」されねばならぬ。行為の後で完成が思考されず、想起によって明確な表現が与えられなかったために、語ることのできる物語は何一つ残らなかったのである」と述べている。ここで問題になっているのは、レジスタンス活動に加わった人びとの間に公的空間が一時的に開かれた出来事が、のちに想起され表現されることがなかったことである。アーレントは、生起した出来事の想起は、同時に生起した現実を理解することであり、ヘーゲルに言及しながら、この理解は「人間が現実と和解する仕方」であると記していた。またそれは、「出来事を受け継ぎ、それに問いかける精神」でもってその物語を完成させることである。[29]アーレントが強調するのは、生起した出来事が物語として語られることによって初めて、人間にとって意味あるものとなることである。現実は確定できるものではないが、それについての物語が語られると、その「物語のうちで、個々の事実は偶然性を失い、人間にとって理解可能な意味を獲得する」。すなわち、「現実との和解」が生じる。[30]

このことは、私たち人間にとって歴史がどういう意味をもっているかという点につながる。アーレントはヘーゲルの見解を踏襲し、歴史は人間にとって現実と和解しうる偉大な次元であると主張する。ここでの現実とは、人間が行う事柄のリアリティである。この主張の前提にあるのは、「個々の行為は、現時点でみればいかに偶然的に思われようと、いずれ必ずや一つの物語――出来事が過去のものとされた瞬間に明快な叙述によって語られ始める――をなす出来事の連鎖へと組み入れられることになる」という考えである。[31]ここで、出来事に明快な叙述が与えられ、歴史に組み入れられるのは、

「出来事が過去のものとされた瞬間」であると言われていることに注意したい。これは、出来事がそれを経験した者から離れ、誰もが見聞きできる一つの「対象」に変換された瞬間である。アーレントはこの瞬間のうちに「歴史の起源」を見るのだが、その起源を示す場面として、オデュッセウスが自らの生の物語に耳を傾ける場面について語っている。それは「オデュッセウスがパイエーケスの王の広間で、彼自身の行いや苦難の物語に耳を傾けたとき、すなわち、誰もが見聞きできる一つの「対象」としていまや彼自身の外に切り離された生の物語に耳を傾けた瞬間」である。この瞬間に、たんなる出来事の生起でしかなかったものが、歴史に転換される。聞く者、行為者、苦難を受ける者が同一の人物（オデュッセウス）であるこの場面には、現実との和解、カタルシスという「人間を歴史や詩に向かわせた最も深い動機が、比類のない純粋さで現われて」いるとアーレントは言う。そのような意味でこの場面は、「歴史にとっても詩にとっても範型」をなしている。[32]

また、過去を想起することは、アーレントにとって過去を新たに発見することでもある。彼女は、広大な過去の領域で私たちを導いてくれた伝統の糸が切れてしまっている状況のなかで、現代人は自らの手で過去を発見しなければならない、あるいは伝統の助けなしに過去を保持しなければならないとする。[33] では、私たちはいかに過去を発見することができるのだろうか。この問いに対してアーレントが提示する答えは、文明の化石化や滅亡のなかで眠っていた過去の隠れた根源的現象を見いだすことによって過去を発見するというものである。例えば、『過去と未来の間』序では、「伝統的概念の現実《リアル》の起源を発見すること」について語っている。これは、政治言語のキーワード——自由と正義、権威と理性、責任と徳、権力と栄光など——から蒸気のように掻き消えてしまった、それらの起源にあった精神、あるいは、それらの言葉の根底にあった「現象のリアリティ」を新たに取り出すことである。一言でいえば、政治の伝統的概念の根底にあった「現象のリアリティ」を発見することである。[34]これは第2章で見たベンヤミン論でアーレントが説明していた「真珠採り」の思考と密接につながる。彼女は「真珠採り」の思考をベンヤミンの過去へのアプローチであるとみなすが、この思考は、海底に降りて真珠や珊瑚を採り、海面まで運ぶ「真珠採り」のように、過去の深淵を掘り下げ、過去という海底で新しい結晶体となって生き残っている「思想の断片」、「豊かで不思議なもの」を採取し、それを生あるものの世界へと運び上げようとする。「豊かで不思議なもの」とは、海底で、腐朽の過程を超えて生き残っている永遠の根源現象（*Urphänomen*）である。「真珠採り」の思考は、石化した文脈に暴力を加えることで、「生きた目や生きた骨」を海底から生あるものの世界へと運び上げ、救出するのである。[35]アーレントがベンヤミンに見出す「真珠採り」の思考は、実際に彼女自身が自らの著作のなかで実践している思考であった。とりわけ『過去と未来の間』に収められたエッセイには、序でも説明されているように、まさにこの「真珠採り」の思考の実践が多く含まれる。『過去と未来の間』において、先に例を挙げた政治の伝統的概念のみでなく、歴史、伝統、宗教、文化の起源にあった根源現象が取り出され、その起源にあった精神の真髄からそれらの概念について考察がなされている。[36]

過去を想起することはこのように、生起した出来事を想起し、理解すること、そして文明の化石化や滅亡とともに眠っていた過去の隠れた源泉を見いだすことで過去を新たに発見することという、少なくとも二つの側面をもつ。このような意味での想起は、カレンダーに示されるような日常生活の時間とは異なる次元で起こる。つまり、ここでの想起は、現象世界の中で動く自己が過去の人生を回想するといったこととは違う。それは、時間の裂け目で起こるのであり、そのような潜在的な時間的次元に身を置くからこそ、想起する者は、過去の出来事の意味を理解し、過去の根源的現象を発見し、過去の力を感じることができる。ここで考察している想起は、空間的カテゴリーから解放された時間そのもの、たえまない変化、あらゆる〈存在〉(Being) を〈生成〉(Becoming) に変える止むことのない運動の次元に関わっていると言えるだろう。アーレントは「思考は常に意味をめざすが、感覚的に経験されたものの意味は思考によってしか到達できない、つまり感覚的にはもはや与えられないときにしか到達できないのである。意味は、決して現われないもの、決して開示されない (?) ものである。それゆえ常に思考は、表面下にあるものをめざし、あるいは奥底に達しようとする。奥底が意味の次元なのである」と述べている(37)。ここでの「思考」は、出来事の理解という意味での想起のことだと考えてよいだろう。この言葉は、経験された出来事の意味に到達することが、その出来事が感覚的にはもはや与えられないときにしか、すなわち「世界からの退却」においてしか可能とならないことを示している。また興味深いのは、「常に思考は、表面下にあるものをめざし、あるいは奥底に達しようとする。奥底が意味の次元なのである」とあるように、意味をめざす思考である想起が、下に降りていく運動のイメージで語られていることである。過去の根源的な現象を発見し、取り出してくるという意味での想起も、深い海底に降りていく「真珠採り」のメタファーが示すように、過去の深淵に降りていくことである。これもやはり、想起が今のはかない継起から離れた時間的次元、「人間存在の深さの次元」で起こることを示していると言えるだろう。

4 未来を予期すること

過去と未来の間の裂け目で動くこととは、過去を想起するだけでなく、未来を予期することである。未来を予期する思考は、過去の財産を未来に遺贈する、すなわち、過去を継承し、それを未来に受け継がせる側面をもつ。これは言わば「遺言」としての思考である。シャールのアフォリズムが語る状況について考察しながら、アーレントは「遺言」というメタファーを使い、次のように語っている。

詩人シャールが「われわれの遺産は遺言一つなく残された」というとき、彼が言外に匂わせたのは失われた宝に名前がないことであった。遺言というものは相続人に対して何が正当に彼のものとなるかを告げることによって、過去の財産を未来に遺贈するのである。遺言がなければ、あるいは遺言というこのメタファーの意味を解きほぐして言うなら、財産を選り分けて名づけ、後世に伝えて守り、宝の在り処とその価値を指し示す伝統がなければ、遺言によって受け継がれる時間的連続性もなく、したがって人間の立場からすれば過去もなければ未来もなく、ただただ世界の永遠の変転とそこに生き

るものの生物学的循環だけが存在することになる。(38)

「遺言」の役割はこのように、過去の財産を名づけ、伝え守り、その在り処や価値を指し示すことによって、それを継承し、未来に受け継がせることである。「遺言」は人間の世界に、世界に生きるものの生物学的循環からは区別された歴史の次元をもたらす。この「遺言」としての思考は、生起した出来事に「完成」をもたらす物語の形で現われる。物語において、過去の出来事は宝として記憶され、その意味は未来へと伝えられ、受け継がれていく。

アーレントにとって、過去の財産を未来に遺贈することとは、化石化し硬直した過去を保存し、未来に残していくのではなく、世界のうちに新しい「始まり」がもたらされたことを物語のうちに記憶し、この記憶を未来に受け継がせることなのである。「自由とは何か」のなかでアーレントは、アウグスティヌスの『神の国』に言及しながら、自由について次のように語っている。

自由は人間が所有するものではない。人間、より適切にいいかえれば、世界のうちに人間が到来すること、このことによって自由は宇宙のうちに現われる。つまり人間が自由であるのは、人間が一つの始まりだからであり、宇宙がすでに出現した後にそのように創造されたからである。「始まりが存在せんがために人間は創られた。この始まり以前には何者も存在しなかった」(Initium ut esset, creatus est homo, ante quem nemo fuit.)。人間一人一人誕生するごとに、この最初の始まりはあらためて確証される。なぜなら、そのつど、すでに存在し各人の死後も存在し続ける世界のうちに、新しい何かがもたらされるからである。人間はそれ自らが始まりであるがゆえに、始めることができる。人間であることと自由であることはまったく同一の事柄である。神は、世界のうちに始まりの能力すなわち自由を導き入れるために、人間を創造したのである。[39]

自由であることは人間であること、すなわち、一つの「始まり」であることであり、自由は新しいことを始める人間の能力である。そして「始まり」は行為（action）において経験される[40]。アーレントにとって、政治的なものの存在理由は、このような意味での「自由が現われうる空間を樹立し、それを存続させること」である。この現われの空間は、「自由が世界性をもつリアリティとなる領域」である。すなわち、そこで「自由は、他者に聞かれる言葉に、他者に見られる行いに具体化され、そして語られ記憶されて物語に転換され、最終的には人間の歴史という偉大な物語の書に書き加えられる出来事に具体化される」[41]。過去の財産を未来に遺贈することは、「自由とは何か」のなかで説明されているような「始まり」、世界のうちに新しい何かがもたらされたこと、あるいは始めるという純然たる人間の能力の現われを物語を語ることをつうじて記憶し、未来に遺贈することだと考えられる。シャールのアフォリズムが語る状況も、レジスタンス運動に加わった人々が一時的にではあれ、公的空間を創造し始め、「始まり」としての自由が姿を現わした出来事に関わるものであった。

過去の財産を未来に遺贈することは、その財産を気遣い、それを保存していくことを意味する。これはアーレントの文化の本質についての考察につながる。彼女は「文化の危機」のなかで、西洋の文化の概念の源にあるローマ的な文化の意味を説明しながら、文化について次のように語っている。文化という言葉は、語源的にも概念的にもローマに由来し、人間が自然を耕し慈しむという意味での「愛情のこもった気遣い」を指す。「「文化」(culture)という語はcolere——耕し養う、住まう、気遣う、慈しみ保存する——から派生したものであり、自然が人間の住まいにふさわしいものになるまで自然を耕し慈しむという意味での、人間と自然の交わりに主に関わっている(42)」。これは、人間が自然を支配し、その支配のもとに自然を服従させようとする、ギリシア的な人間と自然の関係とは対照をなすものである。このような意味で、文化はその源泉において農耕を意味する。ローマの芸術はギリシアの遺産の影響のもとで形づくられたのだが、ギリシアの遺産を気遣い、それを保存する術を心得ていたのは、ギリシア人ではなくローマ人であったとアーレントは述べる。「過去それ自体がもつ証言の力に対するローマ人の大いなる畏敬の念——そのおかげで私たちは、たんにギリシアの遺産を保存するだけでなく、伝統の連続性そのものを維持している——はギリシア人には全く無縁であった(43)」。ローマ人は過去それ自体がもつ証言の力に対して大いなる畏敬の念をもっていたからこそ、遺産を気遣い、保存しようとした。アーレントは、過去から受け継いだものを愛情をこめて気遣い、保存していくことが文化本来のあり方だと考える。この遺産を気遣い、保存していくことは、アーレントにとって思考の役割でもある。それは、世界のうちに新しい「始まり」がもちこまれることで、世界がたえず新たに始まることが保たれるよう、世界を気遣うことである。

このような思考は、世界の永続性にたいする関心と緊密に結びついている。アーレントにとっての世界は、人間が作った物の世界、そしてその人工的な世界を舞台とする複数の人々のあいだで成り立つ公的空間を意味する。[44] これに対応する形で考えると、世界の永続性とはまず、人間が作った物の世界の永続性である。物の人工的世界は、「死すべき存在である人間の不死の住家」であり、「人々の生命と行為のたえず変化する運動に持ちこたえ、それを超えて存続する」という安定性、耐久的な永続性をもつ（この人間の工作物の安定性、耐久性は、芸術作品にもっとも純粋な形であらわれているとされる）。[45]
アーレントは、このような永続性をもつ物の人工的世界がなければ、「人間事象は遊牧民の放浪と同じように、浮草のような、空虚で無益なものであろう」と述べる。なぜなら物の人工的世界は、単に人の手が作ったさまざまな物が互いに関連なく集まった世界ではなく、「行為と言論の舞台」であり、公的な空間における生きた行為、生きた言葉、人間の「正体」の出現を記憶し、保存し、後世まで残し、永続化する役割をもっている世界だからである。[46] このような人工的世界が存続していくこと、そして私たちがこの「行為と言論に適切な場所としての世界にたいする信頼」を失わないことが重要である。さらに、世界を公的空間ととらえる視点から見ると、世界の永続性とは、公的空間としての共通世界が死すべき人間の一生を超えて存続することを意味する。

共通世界とは、私たちが生まれるときにそこに入り、死ぬときにそこを去るものである。それは、過去の方向においても、未来の方向においても、私たちの一生を超越している。つまり共通世界は、私たちがやってくる前からすでに存在し、私たちの短い一生の後にも存続するものである。それは、私たちが、現に一緒に住んでいる人々と共有しているだけでなく、以前にそこにいた人々や私たちのあとにやってくる人々とも共有しているものである。(47)

このように、私たちが私たち以前にいた人々や私たちのあとから来る人々とも共有する共通世界が存続することへの確信が、政治を可能にするとアーレントは考える。(48)

しかし、このような世界の永続性にたいする関心は近代になって失われた。それは、「不死にたいする本物の関心」が失われたということである。「近代になって公的領域は失われてしまったが、そのことは、不死にたいする本物の関心がほぼ完全に失われたという事実が、もっとも明白に証明している」。今日では、本来の意味での「不死への努力」が失われ、「不死への努力」が単に「虚栄という私的な悪徳と全く同じもの」と見られているし、実際にそうなっている。(49) このようにアーレントは、師であったハイデガーが「存在の忘却」を批判したのに対し、近代以降の「不死への努力」の忘却を批判する。(50) アーレントの考える「不死への努力」とは、例えば自分の名声を後世にまで残したいといった個人のもつ虚栄心のように私的な個人的なレベルでとらえられるものではなく、公的空間における現われの存続に関わっている。彼女によると、ソクラテス以後の西洋の伝統では、不死（immortality）への関心は、永遠なるもの（eternity）にたいする関心より劣ったものとみなされてきた。哲学者の〈観照的生〉（vita contemplativa）が、〈活動的生〉にたいして優位に置かれてきたのである。そして、彼女は「近代になって世俗的領域が勃興し、同時に行為と観照の間の伝統的ヒエラルキーが転倒されたにもかかわらず、もともと〈活動的生〉の源泉であり中核であった不死への努力を、忘却の中から救い出すことはできなかった」と考える。(51) アーレントの試みは、西洋の長い伝統のなかで忘却されてきた「もともと〈活動的生〉の源泉であり中核であった不死への努力」の重要性を再び甦らせることであったと言える。ここで重要なのは、不死への関心とは、世界の中にたえず「始まり」としての生きた行為、生きた言葉が持ち込まれることで、世界がたえず新たに始まるものであり続けることへの関心だということである。彼女はこの関心なしには、いかなる政治もありえないと考える。(52)

したがって、過去の財産を未来に遺贈することとは、世界のうちに新しい何かがもたらされたという「始まり」の記憶を未来へと受け継がせることである。そして、過去の遺産を気遣い、保存していくことは、未来においても世界の中で「始まり」が現われうる可能性が保たれるように世界を気遣い、そのような世界の永続性を信頼することである。

*

『過去と未来の間』に収められているエッセイは、こうした時間性のなかで、世界の現実と和解する思考の実践であると言えるだろう。『全体主義の起原』がアウシュヴィッツという深淵に帰結する全体主義を可能にした世界の理解の試みであるのに対して、『過去と未来の間』(とくに第三部の四つのエッセイ)は、私たちが日々経験しながらも不透明なままになっている眼前の現実との和解の試みという様相をもつ。アーレントは、世界のうちに新しい何かがもたらされたという「始まり」を想起し、その記憶を未来に遺贈し、未来にあっても「始まり」が現われうる世界を存続させることが重要であるという観点から、彼女の生きていた社会が直面する問題の所在と論点を明らかにし、それに立ち向かうためにどうすればよいかを示している。例えば「教育の危機」では、教育の本質は「出生性(natality)、つまり人間は世界の中に生まれてくるという事実」のうちにあり、その務めは、世界の中での「始まり」としての子供の新しさ、「どの子供にもある新しく革命的なもの」を保護し、守り、それを一つの新しいものとして旧い世界に導き入れることであると主張する。教育は、「何か新しいもの、われわれが予見しえないものを企てるチャンスを彼らの手から奪うことなく、むしろ、共通世界を新しくする使命への準備をさせる」ことに関わる[53]。このような観点から、当時のアメリカの教育危機についての具体的な考察を行っている。『過去と未来の間』は、一九五〇年代、六〇年代に書かれたエッセイが集められているが、この本はアーレントが、同時代の社会の問題の本質を見抜くだけでなく、未来の社会のそれをも見抜く鋭い洞察力をもっていたことを示している。出版されて半世紀近くたった今も、この本の考察は古くなっておらず、現代世界が直面する問題について考えるための貴重なパースペクティヴを与えてくれる。

『精神の生活』では、長い歴史のなかで生きのびてきた偉大な著作に言及し、アーレントは次のように述べている。

結局のところ、偉大な著作が不思議にも生きのび、数千年にわたって相対的な永続性を保っているのは、おそらくそれらが密やかな目立たない非‐時間の小径の中で生まれたことによるだろう。私にはそのように思われる。この小径はこれらの著作の著者たちの思想が、無限の過去と無限の未来の間で踏みならしたものである。この小道が踏みならされたのは、著者たちが、過去と未来を、いわば自分たちに向けられ目指されたものとして、すなわち、自分たちの前任者や後継者として、自分たちの過去や未来として引き受けたことによる。またそうすることにより自分たちのための現在、すなわち一種の無時間の時間——そこでは人間が自分たちの有限性を超越することのできる無時間的な著作をうみ出すことができる——を打ち立てたことによる。[54]

このアーレントの言葉は、彼女自身の著作にも当てはまるだろう。アーレントも著作のなかで過去と未来を、自分自身に向けられ目指されたものとして引き受けたと言える。過去の思想を自分の思想に向けられた前任者として引き受けただろうし、また自分の思想が未来に向けられていること、すなわち未来の世界への遺言であることを意識して執筆を行っただろう。また、アーレントの著作も、ここで述べられている無限の過去と無限の未来の間で踏みならされた「密やかな目立たない非‐時間の小径」、すなわち「思考が時空の世界に踏み固めている無時間の小径[55]」から生まれて来たものであろう。偉大な思想書はどれも謎めいた形で「時間の奥底そのもののうちにあるこの密やかな非時間の空間」を指し示しているとアーレントは述べるが[56]、このことは彼女の著作によくあてはまるだろう。

これまで見てきた、過去と未来の間の次元の思考、世界のうちにもたらされた「始まり」の記憶を未来へと受け継がせる思考は、アーレント思想のなかで政治的な意義をもつ。先述のように、アーレントにとって、政治的なものの目的・存在理由は、「自由が現われうる空間を樹立し、それを存続させること」である。また自由が経験されるのは行為、すなわち新しいことを世界にもたらす「始まり」においてであり、「政治的に保証された公的領域なしには、自由はそれが現われるための世界性をもつ空間を欠く」[57]。つまり、彼女は新しいことを世界にもたらす「始まり」としての行為が現われうる空間を樹立し、それを存続させることのうちに、政治的意味を見いだしている。このように見ると、過去と未来の間の思考、「始まり」の記憶を未来へ受け継がせる思考は、「始まり」が現われうる空間を存続させることに関わる、すなわち、公的領域としての共通世界の存続を助けるという意味で政治的意義をもつ。このような思考の背後にあるのは、先に見たように、アーレントが近代になってほぼ失われたと考える、共通世界の永続性にたいする関心である。

「暗い時代の人間性において」でアーレントは、レッシングを公的領域が光を失った「暗い時代」において人間相互の友情と会話のために真理を犠牲にすることを選んだ者として描き、彼の生き方のうちに政治的な可能性を見いだしていた。アーレントが「暗い時代」（ブレヒト）と呼ぶのは、「公共性の空間が暗くなり、世界の永続性が疑わしくなって、その結果、人間たちが、自らの生活の利益と私的自由を適切に考慮に入れてくれることしか政治に求めないことが当たり前になってしまう時代」のことである。彼女は「そうした時代に生き、教育を受けた人々は、恐らくつねに世界とその公的領域にあまり関心を持たず、できる限りそれらを無視しようとする」と述べる。(58) そのような状況では、人々は世界から自己へと逃避するか、世界の背後で互いに身を寄せ合い、同情や兄弟愛のもつ「親密性の暖かさ」の中へとひきこもり、狭い関係性のなかで互いに分かりあおうとする。しかしアーレントにとって重要なのは、レッシングが示す世界に関わりつづける態度、世界に対して義務を負っていると感じ続ける態度である。それは、自己ではなく、世界の側に立ち、世界と世界の事物について友人たちと語りあうこと、すなわち友情にもとづく会話を通して共通世界を維持しようとすることである。ここでのアーレントによる「暗い時代」の描写は、おそらく現代社会にこそふさわしいと言えるだろう。特に、「公共性の空間が暗くなり、世界の永続性が疑わしくなっている」ことは、まさに現代社会の特徴である。これは、アーレントの別の言葉で言うと、「政治現象としての無世界性」が現われているということである。「無世界性が政治現象として現われてくるのは、ただ世界が持続しないという仮定に立つ場合だけである。この仮定に立った場合、無世界性が、さまざまな形式をとって、政治の舞台を支配し始めるのはほとんど避けられない」。この現象が、私たちの時代には「絶望的な形で起こっている」のである。(59) また世界の永続性の喪失、無世界性の支配は、世界に新しいことをもたらす「始まり」としての行為の可能性が排除されることを意味する。このような事態に対して、過去と未来の間の思考は、共通世界の永続性に関心をもちつづけ、「始まり」としての行為をつうじて自由が現われる公的空間の存続を助ける。それは全体主義支配によって組織化される社会の皮相浅薄さに対抗する思考であって、私たちが共通世界に根をおろすことを可能にし、私たちの存在に深さの次元をもたらすのである。

注

(1) ハンナ・アーレント『思索日記Ⅰ 1950-1953』青木隆嘉訳、法政大学出版局、二〇〇六年、四二三頁(Hannah Arendt, *Denktagebuch 1950 bis 1973*, hrsg. von Ursula Ludz und Ingeborg, Piper Verlag, 2002, S. 332)。

(2) René Char, *Feuillets d'Hypnos*, Paris: Gallimard, 2007, p. 25.「イプノスの綴り」、「ルネ・シャール詩・生涯」、ルネ・シャール『ルネ・シャール全詩集』吉本素子訳、青土社、二〇〇二年、一二八—一七〇、五二五—五四一頁参照。

(3) ハンナ・アーレント『革命について』志水速雄訳、ちくま学芸文庫、一九九五年、四四二—四四四頁(Hannah Arendt, *On Revolution*, Harmondsworth: Penguin Books, 1965, pp. 280-281)。

(4) ハンナ・アーレント『過去と未来の間』引田隆也・齋藤純一訳、みすず書房、一九九四年、六頁(Hannah Arendt, *Between Past and Future*, Harmondsworth: Penguin, 1993, pp. 6-7)。

(5) 同前、六頁(*ibid*., p. 7)。

(6) 同前、五頁(*ibid*., p. 6)。

(7) 同前、七頁(*ibid*., pp. 7-8)。アーレントの語るカフカの寓話とは、「〈彼〉 一九二〇年の手記」という作品の中の最後の断片のことである。『決定版カフカ全集』2、前田敬作訳、新潮社、一九八一年、二三九頁(Franz Kafka, *Beschreibung eines Kampfes: Novellen, Skizzen, Aphorismen aus dem Nachlass*,

hrsg. von Max Brod, S. Fischer Verlag, 1980, S. 222)。

(8) 前掲『過去と未来の間』、六―七頁（*op. cit.*, p. 7）。アーレントはこの寓話が「光線のように出来事の側面や周囲を照らし出すが、かといって出来事の外形を照らし出しているのではなく、出来事の内部構造――われわれの文脈では、精神の隠れた作用の構造――を暴き出すX線のごとき力をもつ」という意味で「真の寓話」であると述べている。同前、六頁（*ibid.*, p. 7）。同様に、アーレントは『審判』や『城』などの他のカフカ作品にも、世界の現実や人間の隠された「真理」を示す「X線のごとき力」を見出しており、楽しい夢や希望的観測の要素など全くないカフカの作品のなかで唯一、読者を惹きつけるのはこのような真理であると主張する。ハンナ・アーレント『アーレント政治思想集成1』齋藤純一・山田正行・矢野久美子訳、みすず書房、二〇〇二年、一〇五―一〇六頁（Hannah Arendt, *Essays in Understanding 1930–1954*, New York: Harcourt Brace & Co., 1994, pp. 76–77）。

(9) 前掲『過去と未来の間』、一四―一五頁（*op. cit.*, p. 13）。

(10) ハンナ・アーレント『精神の生活　上』佐藤和夫訳、岩波書店、一九九四年、二三六―二三八頁（Hannah Arendt, *The Life of the Mind*, Vol. I, New York: Harcourt Brace & Company, 1978, pp. 205–206）。

(11) スコラ哲学における「止まる今」（nunc stans）、つまり「過ぎ去る時の中の今」（nunc in tempore currens）としての世界に対する神のありようのことである。

(12) 前掲『精神の生活　上』、二四三頁（*op. cit.*, p. 211）。

(13) エリザベス・ヤング＝ブルーエル『ハンナ・アーレント伝』荒川幾男・原一子・本間直子・宮内寿子訳、晶文社、一九九九年、五九八頁（Elisabeth Young-Bruehl, *Hannah Arendt: For Love of the World*, New Haven: Yale University Press, 2004, p. 450）。

(14) 前掲『精神の生活　上』、二四一頁（*op. cit.*, p. 209）。

(15) 前掲『過去と未来の間』、一二頁（*op. cit.*, p. 11）。
(16) 前掲『精神の生活　上』、二四三頁（*op. cit.*, p. 211）。
(17) 前掲『過去と未来の間』、一一―一三頁（*op. cit.*, pp. 11–12）。図は前掲『精神の生活　上』、二四〇頁（*op. cit.*, p. 208）より引用した。
(18) 同前、二四一頁（*ibid.*, pp. 209–210）。
(19) ハンナ・アーレント『人間の条件』志水速雄訳、筑摩書房、一九九四年、二〇―二一頁（Hannah Arendt, *The Human Condition*, Chicago: University of Chicago Press, 1958, pp. 7–8）。
(20) 同前、二八六―二八七頁（*ibid.*, pp. 175–176）。
(21) 千葉眞「アーレント政治思想の展開と著作紹介」、ハンナ・アーレント『アウグスティヌスの愛の概念』千葉眞訳、みすず書房、二〇一二年、二六五頁。
(22) 前掲『過去と未来の間』、一六頁（*op. cit.*, p. 14）。
(23) 同前、一五頁（*ibid.*, p. 14）。
(24) ハンナ・アーレント『暗い時代の人々』安部斉訳、河出書房新社、一九九五年、二七七頁（Hannah Arendt, *Men in Dark Times*, New York: Harcourt Brace Jovanovich, 1968, p. 228）。
(25) 前掲『アーレント政治思想集成1』、二一六頁（*op. cit.*, pp. 159–160）。
(26) 前掲『過去と未来の間』、一二七頁（*op. cit.*, p. 94）。
(27) 同前、二六〇―二六二頁（*ibid.*, pp. 193–194）。
(28) 同前、一五―一六頁（*ibid.*, p. 14）。
(29) 同前、七頁（*ibid.*, p. 8）。
(30) 同前、三五七頁（*ibid.*, pp. 261–262）。

(31) 同前、一一四頁（*ibid*., p. 85）。
(32) 同前、五六―七頁（*ibid*., p. 45）。
(33) 同前、二七五頁（*ibid*., p. 204）。
(34) 同前、一六―一七頁（*ibid*., p. 15）。
(35) 前掲『暗い時代の人々』、二三二―二四八頁（*op. cit*., pp. 193-206）。
(36) またアーレントの主著である『人間の条件』では、彼女の政治思想の核心をなす〈活動的生（Vita Activa）〉や「公的領域」などの重要な伝統的概念の根底にあった「現象のリアリティ」、その起源にあった精神を取り出し、定義しなおそうとする試みがみとめられる。
(37) 『思索日記Ⅱ　1953-1973』青木隆嘉訳、法政大学出版局、二〇〇六年、三七三頁（Hannah Arendt, *Denktagebuch 1950 bis 1973*, S. 739-740）。
(38) 前掲『過去と未来の間』、四頁（*op. cit*., p. 5）。
(39) 同前、二二七頁（*ibid*., p. 167）。
(40) アーレントにおいて「始まり」は行為と不可分である。彼女によると、ギリシア語もラテン語も「行為する」という事柄を表す二つの動詞をもつ。ギリシア語の場合は、「始める、導く、そして最終的には支配するという意味のアルケイン（ἄρχειν）、そして、何事かを成し遂げるという意味のプラテイン（πράττειν）」という動詞がある。これは行為が二つの異なった段階で生じることを示す。アーレントは、第一の段階が、「新しいことを世界にもたらす始まり」であることに着目し、ギリシア語のアルケインは、「自由であることと新しいことを始める能力とが一致する経験があったことの証し」であると述べる。同前、二二四―二二五頁（*ibid*., pp. 165-166）。『人間の条件』にもギリシア語、ラテン語における「行為する」という事柄を表す二つの動詞についての考察がある。前掲『人間の条件』、三〇五―三〇六頁（*op. cit*., p. 189）参照。

このように行為は新しいことを始める自発性に特徴づけられるが、それはつねに人間関係の「網の目」のなかで生じ、行為者のユニークな「正体」（who）を暴露するものである。アーレントは、このような「行為」の可能性が、画一主義にもとづく近代社会では排除され、代わりに「行動」（behavior）が社会の成員に期待されると考えている。同前、六四頁（*ibid.*, p. 40）。

(41) 前掲『過去と未来の間』、二〇九頁（*op. cit.*, pp. 154–155）。

(42) 同前、二八五―二八六頁（*ibid.*, pp. 211–212）。

(43) 同前、二八七―二八八頁（*ibid.*, p. 213）。

(44) 前掲『人間の条件』、七八頁（*op. cit.*, p. 52）。

(45) 同前、二六四頁（*ibid.*, p. 168）。

(46) 同前、三二八頁（*ibid.*, p. 204）。

(47) 同前、八二頁（*ibid.*, p. 55）。

(48) 同前、八二頁（*ibid.*, p. 55）。

(49) 同前、八三頁（*ibid.*, pp. 55–56）。

(50) アーレントにとって、本来の意味での「不死への努力」とは、ギリシア人の「不死への努力」を意味する。ギリシア人は、宇宙では、自然や神々を含めて万物が不死であるのにたいし、人間だけが死すべきものであると考えた。そして、その死すべきものである人間の任務と潜在的な偉大さは、「物――仕事、偉業、言葉――を生み出す能力」にあると考えた。「不死の偉業にたいする能力、不朽の痕跡を残しうる能力によって、人間はその個体の可死性にもかかわらず、自分たちの不死を獲得し、自分たち自身が「神のような」性質をもつものであることを証明する」。同前、三三―三四頁（*ibid.*, p. 19）。このように「ギリシア人の主要な関心事は、自分の周りには存在するものの、死すべき人間には所有できない不死に到達することであり、そのような不死にふさわしいものになることであった」。同前、三六五頁（*ibid.*, p. 232）。しかし、ソクラテス以後の哲学者の時代になるとこのような考えは消滅する。

（51）同前、三七頁（*ibid.*, p. 21）。

（52）同前、八一―八三頁（*ibid.*, pp. 54-56）。アーレントにおける「はじまり」（特にアメリカ革命における創設の行為）とネグリの「構成的権力」との結びつき、またアーレントにとっての政治における「はじまり」を持続することの重要性については、宇野邦一『アメリカ、ヘテロトピア――自然法と公共性』以文社、二〇一二年、四七―五五、一二三―一二八頁参照。

（53）前掲『過去と未来の間』、二三四、二五九―二六〇、二六四頁（*op. cit.*, pp. 174, 192–193, 196）。

（54）前掲『精神の生活　上』、二四二頁（*op. cit.*, pp. 210–211）。

（55）同前、二四五頁（*ibid.*, p. 212）。

（56）同前、二四二頁（*ibid.*, p. 210）。

（57）前掲『過去と未来の間』、二〇〇頁（*op. cit.*, p. 149）。

（58）ハンナ・アーレント『暗い時代の人間性について』仲正昌樹訳、状況出版、二〇〇二年、二二頁（Hannah Arendt, *Men in Dark Times*, New York: Harcourt Brace Jovanovich, 1968, p. 11）。

（59）前掲『人間の条件』、八一頁（*op. cit.*, p. 54）。

第Ⅲ部　構想力

第5章　世界の中で方向を定める

この章では、「世界との和解」と構想力の関係について考えたい。アーレントは構想力を「私たちのもつ唯一の内なる羅針盤」とみなし、それは私たちが生きている世界で自らの位置を定めるために不可欠な能力であると考えていた。ここではこの力がいかに共通世界の現実と自己との接触を確立し、世界の中で自らの方向を定める私たちの精神活動、とりわけ理解と判断という精神活動を可能にするかについて見ていこう。

1　「内なる羅針盤」と共通感覚

アーレントの思想は、思想史的に見ると、ハイデガー、ヤスパースの実存哲学の影響下にあるが、さらに遡ると、カント、ヘーゲルを含むドイツ観念論の系譜、マルクス、ニーチェを含む近代批判の系譜のなかに位置づけられる。とりわけ、カントの影響はアーレントの思想のさまざまな箇所に見られるが、構想力（Einbildungskraft, imagination）の問題もその一つである。構想力について述べられているテキストとしては、「理解と政治」の他、「真理と政治」、『精神の生活』、『カント政治哲学の講義』、構想力についてのセミナー・ノート（一九七〇年に行われた『判断力批判』についてのセミナー）が主なテキストとして存在する。(1) 従来の研究では、主に判断力との関係で構想力は理解されてきたが、ここでは、アーレントが構想力について述べていることは理解と判断の両方の文脈に位置づけられてはじめて理解されるのではないかという考えに立って考察をすすめていきたい。さらにそれを通して、アーレントにおける構想力の意義が、彼女が自らの生きた二十世紀に見出した「思考とリアリティの分離の窮状」を克服する可能性を示す点にあること、すなわち、思考と政治的リアリティという二つの相容れない領域の媒介を可能にする点にあることを明らかにしたい。

アーレントは、『イェルサレムのアイヒマン』（一九六三）出版後の論争を機縁として書かれた「真理と政治」（一九六七）のなかで、現代世界において事実や意見が大衆的に操作される現象を「現代の政治の嘘」と呼び、その帰結として、私たちが現実世界の中で「方向を定める感覚」が破壊されることを指摘している。この論考で、「現代の政治の嘘」は、「伝統的な政治の嘘」との対比によって説明されている。「伝統的な政治の嘘」は、本物の秘密に関する嘘か、あるいは意図に関する嘘かのいずれかであり、嘘をつく人は自分自身を欺かず、他人を欺くのであって、自分のなかにはまだ真偽の区別が残っているとされる。これに対して「現代の政治の嘘」は、誰の眼にも明らかな事柄を効果的に取り扱うもので、事実を巧みに操作し、「もう一つ別のリアリティを制作する」ためのイメージ作りに関わる嘘である。ここでは、自分自身をも欺くことが、そのイメージ作りの仕事に不可欠となる。(2) アーレントは、この二つの嘘の違いを、織物の比喩を用いて説明している。「伝統的な政治の嘘」では、個々の嘘は「事実性という織地に穴を開ける」ことであり、歴史家であれば、そのような穴や不調和なところから嘘を見抜くことができる。(3) これに対して「現代の政治の嘘」は「事実の織物全体の完全な編み直し」である。(4) 前者では、織物の一部に穴があくのであって、「リアリティに加えられた傷」は「すべてにわたるものでも取り返しのつかないものでもない」のに対し、後者では、織物全体が別のものに作り変えられるのであって、ここでは、傷はすべてにわたって取り返しのつかなくなる可能性をもつ。この可能性をアーレントは、「現代の政治の嘘」による事実操作から生じる危険だと考える。アーレントが具体的に念頭においているのは、広告宣伝業のやり方から学ばれた政府レベルでの国家的プロパガンダによって、その自国民に向けられたイメージがすべての人にとって一つのリアリティになりうるような状況である。そのような状況では、人々の集団全体、そして国民全体までもが「イメージの呪文」にかかり、そのプロパガンダのイメージを維持する方向へといつのまにか向けられてしまう。(5) アーレントは、こうした状況の帰結として、「私たちが現実の世界において方向を定める感覚」(the sense by which we take our bearings in the real world) が破壊されると指摘する。(6) また、そのような状況で人々は、「私たちの方向感覚やリアリティの感覚にとってその支えとなるすべてのものが揺れ動く経験」をすると述べる。[7] ここで彼女が言っているのは、イメージ作りとしての「現代の政治の嘘」が、事実や出来事がもつ「事実性」(factuality) を破壊し、私たちから堅固な基盤を奪ってしまうということである。比喩的には、「現代の政治の嘘」は私たちが立っている足元から「地面」を奪い去りながらも、別の地面を提供しないということである。このような嘘が蔓延る社会状況では、人々はすがりつくもの、安定をもたらすものを失い、ひたすら漂い、押し流されてしまう。「絶えず変化する環境にイメージや話を合わせようとする人々は、自分が潜在的可能性というはてしなく広がる水平線上を漂い、一つの可能性から別の可能性へと押し流され、自分自身の作りごとのどれ一つにもすがりつけないのに気づくだろう」とアーレントは述べる。[8] この分析は、一九六七年に書かれたものだが、二十一世紀に入った現在の世界状況にも通じるものである。いや、ある意味では、アーレントの時代以上に、国家やグローバルなレベルにわたって、社会が「イメージの呪文」にかかり、「方向を定める感覚」や「リアリティの感覚」の基盤を喪失しているという感覚は、現代の私たちにとって強くなっているとも言える。

では、アーレントが「方向を定める感覚」や「リアリティの感覚」の支えになると考えるものとはいったい何なのか。「真理と政治」での議論の文脈に限ると、それは事実や出来事のもつ「事実性」、あるいは、「事実の真理」に関わるものであろう。しかし、より広汎な視点から見ると、私たちは他の著作、特に「理解と政治」から、それが構想力のことではないかと推察することができる。「理解と政治」の結びで、アーレントは構想力を「私たちがもつ唯一の内なる羅針盤 (the only inner compass)」と呼んでいる。ここでは、構想力はファンタジーや空想（fancy）との対比で語られ、ワーズワースにおける想像力（imagination）と結びつけられている。それはワーズワースの言葉では、「最も明晰な洞察力、精神の横溢、そして最高に高められた理性の［…］別名」である。(9) アーレントは次のように述べる。

構想力だけが、物事をそれにふさわしいパースペクティヴから見ることを可能にし、あまりにも近くにあるものに、バイアスや偏見なしに見たり理解することができるよう一定の距離を設けるほど強靭であることを可能にし、あまりにも遠くにあるすべてのものを私たち自身の事柄であるかのように見たり理解することができるよう隔たった深淵に架橋するほど寛大であることを可能にしてくれる。このように何かから距離をとることと他者との間の深淵に橋を架けることは、理解するという対話の一部をなしている。対話という目的にとっては、直接の経験がもたらす接触はあまりにも近しいものでありすぎるし、たんなる知識だけでは人為的な障壁が立てられてしまう。この種の構想力――それは実は理解にほかならない――がなければ、私たちはこの世界の中で方向を定めることはけっしてできないだろう。構想力は、私たちがもつ唯一の内なる羅針盤である。私たちは私たちの理解が及ぶ範囲で同じ時代に生きているのである。私たちがこの世紀に安らうことを犠牲にしてもなおこの地上に安らおうと願うなら、全体主義の本質との終わりない対話に加わるよう試みなければならない。(10)

構想力が、「物事をそれにふさわしいパースペクティヴから見ること」を可能にすることで、その物事の理解を基礎づける能力であることが語られている。ここで重要なのは、構想力が「世界の中で方向を定める」ために「私たちがもつ唯一の内なる羅針盤」であると述べられていることである。「方向を定める」とは原文では take our bearings であるが、bearings は、ある目標に対する自己の相対的位置、方向感覚、あるいは位置感覚、立場を意味する。このことから、羅針盤が船舶にとって海上で方向を定めるために必要な用具であるのと同様に、構想力が、私たちにとって他者と共に生きる共通世界、すなわち「人間関係の網の目」のなかで自らの相対的位置を確証し、方向を定めるために必要な能力であると考えられる。

このテキストの他にもアーレントが方向感覚に言及しているものがあるが、その一つは「哲学と政治」である。ここで彼女はプラトンの「洞窟の比喩」における哲学者に言及し、いかに洞窟の外におけるイデア界の太陽の強烈な光に慣れてしまった眼をもつ哲学者が、再び洞窟の暗闇のなかに戻ってくるとき、方向感覚の喪失に陥るかについて語っている。

彼ら［哲学者たち］は、もはや洞窟の暗闇の中で何も見ることができず、方向感覚を喪失してしまい、共通感覚と呼ぶところのものを喪失してしまったのである。［…］戻ってきた哲学者は、危険のただ中におかれることになる。というのは、彼は、すべての人々に共通の世界において自らの方向を定めるために必要な共通感覚を喪失したからであり、さらに、彼が自分の思想の中に抱懐している考えは、

世界の共通感覚と真っ向から対立するからである。(11)

したがってアーレントにとって、方向感覚の喪失は共通感覚の喪失を意味する。このことを先ほど見た「理解と政治」からの引用に照らし合わせると、「世界の中で方向を定める」ために私たちが必要とする「唯一の内なる羅針盤」、すなわち構想力とは、共通感覚にもとづく能力であることがわかる。

ではアーレントにとって共通感覚とはどのような感覚であったのだろうか。一般に共通感覚という観念はアリストテレスに始まり、その後、アフロディシアスのアレクサンドロス、プロティノスがそれ自体独立した能力として取り出し、それをトマス・アクィナスがさらに発展させたと考えられている。彼女の共通感覚の理解は、主にアクィナスとカントの影響を受けている。『精神の生活』での説明によると、アクィナス以来、共通感覚（sensus communis）とは五感を統合し、「私が見たり、触れたり、味わったり、匂いを嗅ぎ、聞いたりするのが同じ対象に対してだということを保証する」能力である。アクィナスが『神学大全』で述べているように、それは「五感の対象すべてに拡がっていく能力」である。アーレントは共通感覚が、ゴットシェート以来「第六感」と呼ばれてきたことに注目する。それは五感のように身体器官に位置づけられないという意味で「神秘的な「第六感」」であり、「厳密な意味で私的である私の五感――非常に私的なものなので、その感覚作用の質や程度を他人に伝えることができない――を他者と共有している共通世界に適合させる」感覚であると述べる。(12)さらにアーレントは、アクィナスが共通感覚を、「外なる感覚の共通の根と原則」(『神学大全』)として働く「内的感覚」(sensus interior)と定義していることにも注目している。[13] このようにアクィナスに依拠しながら、共通感覚が、五感を統合する根源的な「内的感覚」であり、私的な感覚にすぎないものを共通世界にふさわしいものに適合させる能力である、すなわち、共通世界で多種多様な複数の立場やパースペクティヴにもかかわらず、すべての人が同一の対象に関わっているというリアリティを保証する感覚であると理解している。

「理解と政治」にも共通感覚への言及がある。そこでも「共通感覚」という言葉は、上述の意味とほぼ同じ意味で使われている。共通感覚は、全体主義の思考の特徴をなす論理性との対比で定義され、共通感覚が「私たちすべてがそれに適合する共通世界――そこで私たちは、あらゆる厳密に特殊的な感覚与件をあらゆる他者の感覚与件に適合するように制御し調整する一つの感覚をもっているがゆえに、共生することができる――を前提としている」のに対し、論理は世界や他者の存在を必要としないことを指摘している。また共通感覚は「すぐれて政治的な感覚」(the political sense par excellence)であるが、それだけで孤立していると不毛だとも述べている。[14]

このように、私的な感覚にすぎないものを共通世界にふさわしいものに適合させる役割をもつ共通感覚であるが、アーレントはそれを『カント政治哲学の講義』では「共同体感覚」として取り上げ、その可能性を展開している。主に、『判断力批判』第四〇節「一種の「共通感覚」としての趣味について」の解釈が中心であるが、まずアーレントは、カントがこの節でラテン語の sensus communis

を用いることによって、従来のcommon senseの意味とは違った意味、すなわち、「私たちを共同体に適合させるある別の感覚（an extra sense）――ある別の精神の能力（ドイツ語で言えば、Menschen-verstand）」という意味でこの用語を使い始めたことに着目する。彼女によると、カントにとって共通感覚は、社交性（sociability）を本質とする人間特有の能力であり、それによって人間は動物や神々から区別される。そして、伝達や言語の可能性はまさにこの感覚にもとづいていて、そこに「人間の人間性」が現われていると考えられている[15]。

共通感覚を「共同体感覚」とみなすこのような考え方は、先に見た「第六感」としての共通感覚についての理解と通じるものだが、アーレントはそれに加えて、カントの共通感覚が「判断」と密接に結びついている点を強調する。「カントが言う意味での共通感覚とは、私的感覚（sensus privates）から区別されたものとしての共同体感覚である。この共通感覚は全ての人々において判断がそれに訴える当のものであり、そしてまさにこの可能的な訴えこそが、判断にその特殊な妥当性を与えるのである」[16]。共通感覚はカントにとって、私たちの判断作用に不可欠な感覚なのである。アーレントが引用しているカントの共通感覚の定義を見てみよう。

> 共通感覚《センスス・コムニス》の下に、私たちは万人に共通した感覚という観念を含めなければならない。それは、言わば自分の判断を総体的人間理性と比較するために、反省において他のあらゆる人間の表象の仕方を思想のうちで（ア・プリオリに）顧慮するような判定能力である。［…］このことは、自分の判断を他

者の現実的判断とよりは、むしろ可能的判断と比較することによってなされ、あるいは、自分自身の判定に偶然に付随する種々の制限を捨象しながら、あらゆる他者の立場に身を置くことによって、なされる。[17]

共通感覚は、自分の判断を他者の「可能的判断」と比較することで、「反省において他のあらゆる人間の表象の仕方を思想のうちで（ア・プリオリに）顧慮するような判定能力」であるとされ、このような意味での共通感覚がカントの言う「共同体感覚」である点にアーレントは注目する。これは、後に詳しく見るが、カントが「視野の広い思考様式」（eine erweiterte Denkungsart）と呼ぶ精神の活動様式と密接につながっている。

共通感覚をアーレントがどのように理解しているかを見てきたが、私たちの「内なる羅針盤」としての構想力は、まさにこの共通感覚にもとづく。アーレントが「方向を定める感覚」や「リアリティの感覚」の基盤をなすと考えているのは、人間の内的能力である構想力、そしてその能力を支える共通感覚なのである。[18]

2 「理解する心」と判断力

これまで考察してきた構想力の概念は、アーレント思想における理解の文脈、そして、判断の文脈に位置づけられてはじめて理解されるだろう。「方向を定める感覚」の基盤としての構想力は、理解を可能にする構想力、判断を基礎づける構想力の二つの意味でとらえられる。言い換えれば、「方向を定める感覚」とは、人間のもつ理解の能力、そして判断力にもとづいていると言えるが、その際、構想力を作動させることによって、それらの能力は可能になる。

ところで、アーレントにとって理解することとは、世界の現実と折り合い、和解しようとする活動、そして和解を通して「世界の中で安らおうとする終わりのない活動」であった。これはヘーゲルの、人間が現実と和解する仕方としての理解の概念にもとづくが、彼女は、理解することとは「生きることのすぐれて人間的なあり方」であると述べる。というのは、すべての人間は、各々の誕生から死に至るまで、世界と和解する必要があるからである[19]。私たちは世界に生じた事柄の意味を探求し、それと折り合いをつけるという終わりなき活動を通して、まわりの世界、あるいは現実との接点を築く。また理解することとは、他者との共存を可能にし、私たちがこの地球上に安らうことを可能にする能力でもある。アーレントの政治思想において、このような意味での理解は中心的概念をなすが、アーレントにおける構想力とは、こうした意味での理解を可能にする能力であった。実際、「理解と政治」では、構想力は「理解する心」（聖書においてソロモン王が祈りのなかで神に求めた、人間が神から賜わることのできる最高の賜物）と同一視され、それは「永遠に見知らぬものである他者と同じ世界に共に生きていくことに私たちを耐えさせ、また他者たちが私たちと共に生きていくことに耐えることができるようにする」能力、世界の中で他の複数の人々と共存することを可能にする能力だと述べられている。[20] 具体的には、すでに見たように、構想力の働きは、物事をそれにふさわしいパースペクティヴと距離から見ることを可能にする、つまり、「何かから距離をとることと他者との間の深淵に橋を架けること」を可能にする。それは、単なる空想や想像ではなく、物事の「意味」を理解するための明晰な洞察力、最高の理性の働きなのである。

このような構想力の働きは、アーレントの言う「注視者の立場」(the spectator's standpoint)との関連で理解されるべきであろう。『精神の生活』「思考と行為——注視者」で彼女は、ピタゴラスのものだとされる格言を引用しながら、観客(ギリシア語の theatai)としての注視者の立場について説明している。その格言とは次のようなものである。「人生は[…]祭りのようだ。ある人は祭りで競技をしにくるし、また、商売をやろうとしてくる人もいる。しかし、最良の人々は観客[theatai]として来る。それとちょうど同じように、人生でも、奴隷のような人間たちは名声[doxa]や利益を求めていくが、哲学者は真理を求める」。アーレントがこの格言を解釈しながら強調しているのは、観客＝注視者の存在の高貴さであり、その高貴さが、「ただ今進行していることに関与しないでそれをただ見世物として眺めるということ」のうちにある点である。観客＝注視者は、物事を外側から、「見世物に参加して演じている人には隠された視点から眺める」ことができ、見世物で問題になっていることの「真理」を理解することができる。ここでアーレントが持ち込んでいる区別は、行為者＝俳優(actor)と注視者(spectator)との区別である。それは、古来からある、行為(doing)と理解(understanding)の区別にもとづく。全体の部分である行為者＝俳優は、自分の役割＝部分(part)を演じなければならず、その人の存在の意味は、全体の構成部分であることにある。それに対して注視者は、世界の中に存在しながらも、直接的に行為に巻きこまれない劇（「人生の祭り」）の外に立ち、そのことによって、劇の全体を見ることができる、すなわち、「劇の意味を理解する」ことができる。[21] さらに、アーレントは哲学者と注視者との区別を持ち込みながら、「注視者の立場」を説明する。哲学者の存在も注視者の存在も、現実の世界での利害に直接巻き込まれることや、活動に参加することからの退却（withdrawal）に特徴づけられるが、この二つの退却は異なっている。哲学者の場合には、仲間たちとの付き合いをやめ、思考の上で自己充足的な「観想的生（bios theōrētikos）」に入り、一人孤立するが、注視者の場合は、ピタゴラスの観客が観客の一員であるように、行為者＝俳優の特殊性からは免れてはいても現象の世界を離れるのではない。「全体を観想する」ため、直接的な関与をせずに「特権的な位置」に立とうとするのである。[22]

このように、アーレントにとって注視者は、行為者＝俳優と哲学者との間の中間的な存在である。政治と思考の間、現象の世界における行為の領域と現象の世界から離れた思考の領域の間と言ってもよい。注視者の立場とは、現象の世界を離れたり、超越したりはしないが、現象の世界における行為への直接的な関与からは退却するという立場である。このような「注視者の立場」が重要なのは、それが「人間事象の意味の鍵」を担っているからである。[23] 注視者は、「特殊的なもの（the particulars）に意味を与える全体を見る」ことができ、その意味を理解することができる位置に立っている。[24] アーレントにおいて、理解の問題、そして後に見るように、判断の問題につながっている構想力の概念は、私たちが現象の世界の中でどのような位置を占めるかという位置の問題に密接に関わる。現象の世界にありながら、現象の世界から退却するという、逆説的にきこえるかもしれない立場の特異性に関わるのである。(25)

このような意味での理解を可能にする人間の内的能力のことを、アーレントは「内なる羅針盤」、構想力と呼ぶ。構想力は、「注視者の立場」によって与えられる観点を通して、まわりの世界に生じた事柄の意味を探求し、それと折り合いをつける精神の活動を通して、世界の現実と自己の接点を築き、自らの方向を定めることを可能にする能力であると言える。

構想力は人間の理解する能力だけでなく、判断力も支える。(26) アーレントにおいて判断力は思考と密接に関わっており、判断力は思考の非政治的性質を克服する可能性をもつ能力として一九六〇年代の諸論文で重視され、その後も、その考えは七〇年代の『精神の生活』や『カント政治哲学の講義』に継承されている。(27) 思考と判断力の関係については、『精神の生活』や「思考と道徳の問題」を含むいくつかの箇所で言及されている。それらによると、思考は一般に非政治的であり、政治的な意味を持ちうるのは「政治的緊急事態」に限られる。判断力は思考によって解放されるものだが、それは、緊急事態に際して、破滅を防ぐ可能性をもつ。思考が不可視のものを扱い、目の前にないものとの関係を表現しようとするのに対して、判断力は特殊なものを扱い、それらを「一般的規則に包摂することなくして判断できる能力」であり、「これは間違っている」とか「これは美しい」とか言うことのできる能力である。判断力とは、思考が現実化されることで現われた姿、「思考の風」が現象の世界に現われた姿であるとされ、判断力が「人間の精神的能力の中でもっとも政治的」だと主張される。[28] そして、この判断力を基礎づけるのが構想力である。まさに構想力こそが思考と現象の世界の媒介を可能にするのである。

千葉は、判断力を基礎づける構想力に二つの役割、すなわち、「正しい判断を導きだすためにもろもろの立場からなる公平性の空間を形成する」という役割と「判断をくだすために役立つ具体的な範例を、知覚の対象として喚起し、現前させる」という役割を認めている。[29] この二つの役割が判断作用における構想力の主な役割であると考えられる。

前者は、「視野の広い思考様式」としての構想力の側面を示す。この思考様式において私たちは自らの判断を他者のさまざまな「可能的な判断」と比較し、自らを他のあらゆる人々の立場においてみることで、思考のうちに複数性、そして公平性にもとづく空間を形成する。このような意味で、構想力は判断力の基礎をなす。「視野の広い思考様式」としての構想力については、「真理と政治」（一九六七）と『カント政治哲学の講義』（一九七〇）に説明がある。「真理と政治」では、構想力は真理を扱う思考との対比で語られ、政治的思考を可能にする能力とみなされる。政治的思考は他者の意見を考慮することにその本質がある、すなわち、カントの「視野の広い思考様式」にもとづくことが強調される。

政治的思考は代表的である（Political thought is representative）。私はさまざまな観点から所与の問題を考察することで、つまり不在の人の立場を私の精神に現前させることで意見を形成する。すなわち、私は彼らを代表する＝再現前化する（I represent them）。［…］私が所与の問題に考えをめぐらしているときに、私が精神により多くの人々の立場を現前させればさせるほど、そして、私が彼らの立場ならばどのように感じるかをふさわしく想像できればできるほど、私の再現前化的思考の能力は強まり、私の最終的結論や意見の妥当性は増す。（人々に判断する力を与えるのは、この「視野の広い思考様式」の能力である……）(30)。

このように、構想力は政治的行為者の「代表的＝再現的思考」に関わるものとみなされ、公共的空間のなかで行為する政治的主体が判断を行う際に必要とする能力として重視されている。また「視野の広い思考様式」としての構想力が、感情移入（empathy）とは異なることも指摘されている。構想力は不在の人々の立場を精神に現前させる能力だが、それは、誰か他の人間と同じようになろうとしたり、同じように感じようとすることではない。他者の実際の見解をそのまま採用することではないのである(31)。

『カント政治哲学の講義』でも、構想力は「視野の広い思考様式」と考えられている。構想力は批判的思考のなかで、「自分の判断を、他者の現実の判断よりはむしろ可能的な判断と比較し、自分自身を他のすべての人の位置に置くこと」によってなされる「精神の拡大」の様式となり、他者、あるいは他者の「可能的な判断」を現前させることで、思考が可能的に公共的である空間の中へ入ることを可能にする。アーレントは次のように述べている。「批判的思考は、他方では依然として孤独な営為でありながら、自分を「すべての他者」から遮断しはしないのである。たしかにそれはずっと孤立しながら進むが、しかし構想力の力によって、それは他者を現前せしめ、そうすることで可能的に公共的でありすべての面へ開かれている空間の中へ入る。換言すれば、批判的思考はカントの世界市民の立場を採用している[32]」。

さらに、「真理と政治」でなされた「視野の広い思考様式」と感情移入の区別について、カント哲学を通して説明が加えられている[33]。「視野の広い思考様式」はカントの啓蒙、先入見からの解放にもとづいており、それによって、判断のための「公平性」(impartiality)の獲得を可能にすることが語られている。感情移入では、異なる立場に立つ他者の心の中に起こっていることをそのまま受け入れるが、それは、他者の先入見と自分自身の位置に固有な先入見とを交換することにすぎず、先入見からの解放はここでは起こらない。つまり、相手の私利にしばられた考え方を受動的に受け入れることになりかねない。それに対して、「視野の広い思考様式」は、先入見からの解放、すなわち、「私たち自身の判断に付随的に付着する諸制限を捨象すること」にもとづく。それは、主観的・私的条件から抜け出すことである。「視野の広い思考様式」が、「他者の現実の判断よりはむしろ可能的な判断」を考慮に入れることだと言われるとき、「可能的な」という言葉が意味するのはしたがって、他者の判断をも制限している先入見からの解放である。構想力によって可能になるのは、先入見からの解放、すなわち、私たちの判断を制限する主観的・私的条件、私利からの解放である。言い換えると、「公平性」、「普遍的立場」（この普遍性は概念の普遍性ではなくさまざまな立場の特殊性と結びついている）の獲得である。[34] ところで、この先入見からの解放は、アーレントが『精神の生活』で「脱感覚化の働き」（the de-sensing operation）と呼ぶ構想力の働きによって可能となる。[35] この働きは「盲目の詩人」になるという比喩を用いてアーレントが説明するように、「私たちに対象をその客観性において与える感覚」を閉じ、感覚対象の現前から距離をとり、感覚に対して現前しないものを表象することで、判断の対象を準備する。[36] この働きのおかげで、感覚知覚において対象に縛られていた精神は、対象から自由になる。そして、精神は現実を生きる私たちの存在に付随する判断作用を制限する私的利害関心、主観的・私的条件から解放されて自律的となる。「脱感覚化の働き」は「公平性のための条件」をもたらすのである。[37]

このように、『カント政治哲学の講義』でも構想力は「視野の広い思考様式」として理解されているが、それは実際に政治的行為を行う者に必要な能力というよりは、政治的行為から離れた「注視者の立場」に立つことに関わり、人が「普遍的立場」、すなわち「そこから眺め、観察し、判断を形成するための観点」、「人間事象を反省するための観点」に達することを可能にする能力とみなされる。この観点は「いかに行為するか」を教えるものではないし、また、この立場から得られる知恵をいかに政治的事象に適用するかを教えるものでもない。[38] アーレントは「視野の広い思考様式」としての構想力を働かせることが、政治的行為から離れた「普遍的立場」である「注視者の立場」に立ち、判断を形成するための観点を獲得することであると考えている。

私たちの判断を導く範例を精神に現前させる構想力の役割に関しては、主に構想力についてのセミナー・ノートで説明されている。[39] このテキストが示しているのは、『純粋理性批判』における図式性の教説と、『判断力批判』における「範例的妥当性」（the exemplary validity）の概念が構想力の概念によって結びつけられること、すなわち、『純粋理性批判』における構想力の役割が認識に「図式」を与えることであるのと同様に、『判断力批判』では、構想力の役割は判断力に「範例」（the example）を与えることだという点である。「範例」とは、人が特殊なもののうちになんらかの「普遍的なもの」を知覚することができるようなイメージである。「図式」が認識を可能にするのと同様に、「範例」は判断力を可能にする。『カント政治哲学の講義』でも、「範例はそのまさに特殊性（particularity）において、他の仕方では明らかにしえぬような普遍性（generality）を顕わにする特殊なものであり、またそうあり続ける」と述べられているように、[40]「範例」はその特殊性を保持しつつ普遍性を開示する性質をもつ。例えばアーレントは、私たちが「ある行動を勇気あるものと判定し、評価する」ためには、カントが「人間の魂の奥底に潜む隠れた技術」と呼ぶ構想力を必要とすると指摘する。構想力は、私たちの「心の奥底で」「範例」を喚起する。ギリシア人であれば、アキレスを「範例」とするかもしれない。アキレスは現存しないのに、私たちはアキレスを現前させるのである。また、「ある者を善良な男だ」という判定を下すときにも、私たちは「心の奥底で」、聖フランチェスコやナザレのイエスという「範例」を喚起する。私たちが適切な範例を選び、その範例が私たちを導き、案内することによって、判断力は「範例的妥当性」を獲得するのである。[41]

構想力に関して、アーレントにおける理解と判断の文脈から見てきたが、この二つの能力に共通するのは、それらが共通世界の現実と自己との接触を確立するための精神の活動であるということ、私たちが生きている世界で自らの位置を定め、この世界に安らぐための精神の活動であるということである。次のアーレントの言葉にも示されるように、理解と判断は構想力の概念によって結びつけられていると言うこともできるだろう。「理解と判断は、この両者をともに（普遍的な規則のもとへの特殊なものの）包摂として描かなければならないほどたいへん密接にかかわり、相互に連関しているのではないだろうか。カントによれば、この包摂こそほかならぬ判断力の定義であり、判断力の欠如を彼はとまどうことなく「救いようのない欠陥」たる「愚昧＝愚鈍」と定義した（『純粋理性批判』B一七二―三）[42]」。

＊

この章では、アーレントにおける構想力の概念を理解と判断の両方の文脈に位置づけながら、その意味を確認してきた。構想力とは私たち人間が世界に生じた出来事の意味を探求し、それと折り合いをつけることに不可欠の能力であるが、さらなる特徴として、彼女がそれを注視者の精神に属するものと理解していた点を忘れてはならないだろう。構想力と注視者の結びつきは、すでにカントに見出されるが、アーレントはそれをカントから引き出し、独自に発展させたと言えるだろう。理解の文脈でも判断の文脈でも、アーレントの構想力は注視者の構想力であり、「注視者の立場」との関連でとらえることができる。先に見たように、注視者は、行為者と哲学者との間、あるいは現象の世界での行為の領域と現象の世界から離れた思考の領域の間の位置を占める。注視者は、現象の世界を離れたり、超越したりすることはないが、現象の世界における行為への直接的な関与からは退却する。現象の世界にありながら、現象の世界から退却するという逆説的にきこえるかもしれない特異な立場に立っているのである。理解の文脈では、「注視者の立場」が「人間事象の意味の鍵」を握っていることが重要となる。出来事の全体、すなわち「特殊的なものに意味を与える全体を見る」ことができる注視者の観点を通して、構想力は、理解の活動を支えるのである。また、判断の文脈では、「注視者の立場」が主観的・私的条件から解放された「公平性」と「普遍性」にもとづくことが重要となる。ここでは構想力は、注視者の公平な立場、普遍的立場、すなわち「そこから眺め、観察し、判断を形成するための観点」の獲得を通して、判断力を基礎づける。

このように、構想力は、思考と政治の間に位置し、その間を媒介する可能性をもつ「注視者の立場」と不可分である。このことから私たちは、アーレント的な構想力の意義が、思考の領域と政治的リアリティの領域という二つの相容れない領域を媒介する可能性をもつ点にあると考えることができるだろう。思考と政治的リアリティとの間の緊張関係は、アーレントの思想を初めから終わりまで貫いている。彼女が思索の過程で常に試みたのは、「思考とリアリティの分離の窮状」[43]を克服する政治的思考の可能性を見出すことであった。アーレントにとって、私たちの方向感覚の基礎をなす構想力とは、「人間の魂の奥底に潜む」根源的能力であるという意味で、「思考とリアリティの分離の窮状」

を克服するための鍵となる概念だったと言えるだろう。

注

(1) アーレントの「構想力」概念を中心に論じたテキストには以下のものがある。岩崎稔「生産する構想力、救済する構想力――ハンナ・アーレントへの一試論」『思想』八〇七号、一九九一年、一六四―八四頁、Lisa Disch, "Training the Imagination to Go Visiting" in *Hannah Arendt and the Limits of Philosophy*, Ithaca: Cornell University Press, 1994, pp. 141–171. しかし、アーレントの「判断力」論研究の文脈で、判断力と構想力の関係についてはほかにも国内外で多く論じられてきた。いくつかの重要なテキストを挙げておきたい。ロナルド・ベイナー「ハンナ・アーレントの判断作用について」、ハンナ・アーレント『カント政治哲学の講義』浜田義文監訳、法政大学出版局、一九八七年、一三三―二三八頁（Ronald Beiner, "Hannah Arendt on Judging" in Hannah Arendt, *Lectures on Kant's Political Philosophy*, Chicago: The University of Chicago Press, 1982, pp. 89–156）、Ronald Beiner and Jennifer Nedelsky, eds., *Judgment, Imagination, and Politics: Themes from Kant and Arendt*, Lanham: Rowman & Littlefield Publishers, 2001, 千葉眞『アーレントと現代』「精神の生活と政治の世界――思考、意志、判断力」岩波書店、一九九六年、一五九―八六頁、木前利秋「「始まり」の構想力――唯一性と複数性のあいだ」『現代思想』第二五巻第八号、一九九七年七月、二六三―二七五頁、亀喜信「思考と政治――アーレントの判断論」『哲学』No.56、二〇〇五年、一八二―一九三頁、Maurizio D'entrèves, "Arendt's theory of judgment" in *The Cambridge Companion to Hannah Arendt*, Cambridge: Cambridge University Press, 2000, pp. 245–260.

（2）ハンナ・アーレント『過去と未来の間』引田隆也・齋藤純一訳、みすず書房、一九九四年、三四三―三四八頁（Hannah Arendt, *Between Past and Future*, Harmondsworth: Penguin, 1993, pp. 252-255）。
（3）同前、三四四―三四五頁（*ibid.*, p. 253）。
（4）同前、三四五―三四六頁（*ibid.*, pp. 253-254）。
（5）同前、三四七―三四八頁（*ibid.*, p. 255）。
（6）同前、三五〇頁（*ibid.*, p. 257）。
（7）同前、三五二頁（*ibid.*, p. 258）。
（8）同前、三五一頁（*ibid.*, p. 257）。
（9）ワーズワス『ワーズワス・序曲』岡三郎訳、国文社、一九八三年、四八八頁（William Wordsworth, *The Prelude*, Book XIV, 190-192, London: Penguin Books, 1995, p. 521）。
（10）ハンナ・アーレント『アーレント政治思想集成2』齋藤純一・山田正行・矢野久美子訳、みすず書房、二〇〇二年、一四二頁（Hannah Arendt, *Essays in Understanding 1930-1954*, New York: Harcourt Brace & Co., 1994, p. 323）。
（11）ハンナ・アーレント「哲学と政治」千葉眞訳、『現代思想』第二五巻第八号、一九九七年七月、一〇四頁（Hannah Arendt, "Philosophy and Politics," *Social Research* Vol. 57, No.1, Spring 1990, p. 95）。
（12）ハンナ・アーレント『精神の生活　上』佐藤和夫訳、岩波書店、一九九四年、五九頁（Hannah Arendt, *The Life of the Mind*, Vol. I, New York: Harcourt Brace & Company, 1978, p. 50）。
（13）同前、六一頁（*ibid.*, p. 51）。
（14）前掲『アーレント政治思想集成2』、一三五頁（*op. cit.*, p. 318）。
（15）前掲『カント政治哲学の講義』、一七頁（*op. cit.*, p. 70）。

（16）同前、一一一頁（*ibid*., p. 72）。

（17）同前、一〇八頁（*ibid*., p. 71）。カント『カント全集8』牧野英二訳、岩波書店、一九九九年、一八〇—一八一頁（Immanuel Kant, *Kritik der Urteilskraft*. In: *Immanuel Kants Werke*. Herausgegeben von Ernst Cassirer. Band V. Herausgegeben von Otto Buek. Berlin 1914, S. 367–368）。

（18）方向を定めるのを可能にする構想力の内的性質については、カントが以下のテキストで述べていることにつながる。カント「思考の方向を定めるとはどういうことか」円谷裕二訳、『カント全集13』岩波書店、二〇〇二年、六七—八七頁（Immanuel Kant, “Was heißt: sich im Denken orientieren?”, In: *Immanuel Kants Werke*. Herausgegeben von Ernst Cassirer. Band IV. Herausgegeben von Artur Buchenau und Ernst Cassirer. Berlin 1913, S. 349–366）参照。

（19）前掲『アーレント政治思想集成2』、一二二—一二三頁（*op. cit*., pp. 307–308）。

（20）同前、一四一頁（*ibid*., p. 322）。

（21）前掲『精神の生活　上』、一〇九—一一〇頁（*op. cit*., pp. 93–94）注視者と行為者の区別については、前掲『カント政治哲学の講義』、七七—八八頁（*op. cit*., pp. 51–58）参照。

（22）前掲『精神の生活　上』、一一一頁（*op. cit*., p. 94）。

（23）同前、一一三頁（*ibid*., p. 96）。

（24）前掲『カント政治哲学の講義』、一〇四頁（*op. cit*., p. 68）。

（25）この現象の世界からの退却は、本質的に感覚知覚の次元から精神活動の次元への退却であり、「脱感覚化の働き」との関連で理解されるべきである。アーレントは「世界からの退却」という条件においてのみ、人間の内奥に潜む精神の特別の能力である構想力の働きが可能になると考える。「世界からの退却」とは、単に現実の世界から自らを遮断し、自らの内面へ引きこもるという意味ではなく、「世界が感覚に対して現前しているという状態」からの退却である。前掲『精神の生活　上』、八九頁（*op. cit.*, p. 75）。そのような条件においてのみ、カントが「対象が現前していなくても直観できる能力」と定義する構想力、すなわち、感覚にとって不在であるものを現前させるという精神の再現（Re-presentation）の能力は働くのである。同前、八九―九〇頁（*ibid.*, p. 76）。このことに関しては、『カント政治哲学の講義』のなかで、『判断力批判』の趣味の現象における美的判断の文脈で、より詳しい説明がなされている。前掲『カント政治哲学の講義』、一〇二―一〇四頁（*op. cit.*, pp. 66–68）参照。

（26）ベイナーは、アーレントの判断作用についての考察を、初期（「思考と道徳の問題」に至るまでの著述）と後期（「思考と道徳の問題」以降の著述）という二つの異なった位相に分けて理解している。彼によると、判断作用は、初期では活動的生の観点から考察され、実践的な側面をもつが、後期では観想的生の観点から考察されている。そこでは注視者精神や回想的判断力に力点が置かれる。前掲「ハンナ・アーレントの判断作用について」、一三七―一三九頁（*op. cit.*, pp. 91–93）参照。

（27）前掲『アーレントと現代』、一七二頁。

（28）前掲『精神の生活　上』、二二四頁（*op. cit.*, pp. 192–193）。

（29）前掲『アーレントと現代』、一七四―一七五頁。

（30）前掲『過去と未来の間』、三二七―三二八頁（*op. cit.*, p. 241）。

（31）「代表的＝再現的思考」の具体例として、アーレントはスラム住民の立場から考える試みについて述べている。ハンナ・アレント『責任と判断』中山元訳、筑摩書房、二〇〇七年、一六四―一六五頁（Hannah Arendt, *Responsibility and Judgment*, New York: Schocken Books, 2003, pp. 140–141）。

（32）前掲『カント政治哲学の講義』、六一頁（*op. cit.*, p. 43）。

（33）同前、六一―六二頁（*ibid.*, p. 43）。

(34) 同前、六二頁（*ibid.*, p. 43）。先入見と判断の関係については、ハンナ・アーレント『政治とは何か』佐藤和夫訳、岩波書店、二〇〇四年、一一―一九頁（Hannah Arendt, *Was ist Politik?*, München: Piper, 1993, S. 17-27）参照。

(35) 前掲『精神の生活　上』、九〇―九一、一〇〇―一〇二頁（*op. cit.*, pp. 77, 85-86）。

(36) 前掲『カント政治哲学の講義』、一〇四頁（*op. cit.*, p. 68）。

(37) 同前、一〇二頁（*ibid.*, p. 67）。

(38) 同前、六二頁（*ibid.*, p. 44）。

(39) 同前、一二一―三〇頁（*ibid.*, pp. 79-85）。

(40) 同前、一一九頁（*ibid.*, p. 77）。

(41) 同前、一二九頁（*ibid.*, p. 84）。

(42) カント『カント全集４』有福孝岳訳、岩波書店、二〇〇一年、二三八頁。

(43) 前掲『過去と未来の間』、五―六頁（*op. cit.*, pp. 6-7）。

第6章　感覚の世界から離れる

世界との和解は、そこに住まう他の複数の人々の存在、私たちが生まれる前から存在していた一般的状況を含む「共通のもの」である共通世界との和解を意味する。それは世界に対する義務を感じ続けること、自己の利害から解放されて世界の利害の側に立ち、世界の物事に関わり続けることである。それでは、このように他者に開かれた精神はいかにして可能になるのだろうか。この章では、この精神を基礎づけるのが、構想力（imagination）の働き、とりわけ、その「脱感覚化の働き（the de-sensing operation）」であることについて、『カント政治哲学の講義』や『精神の生活』の読解を通して考えたい。「脱感覚化の働き」とは、カント講義に登場する「盲目の詩人（the blind poet）」になるという比喩が示すように、感覚知覚の次元を閉じ、感覚に対して現前しないものを表象することで、判断の対象を準備する働きである。この章で考える問いは、第5章で見た、いかに構想力が私たちの判断力を基礎づけるか、言いかえると、いかに構想力が私たちに主観的・私的条件から解放された公平性にもとづく判断を形成する観点をもたらすかという問いとつながる。

1　「盲目の詩人」になること

アーレントが一九七〇年代の晩年の歳月を「精神の生」についての思索に捧げたことは、それが彼女にとっていかに重要であったかを物語っている。このことは、彼女が政治的思考から離れ、哲学的思考に戻ったことを意味しない。「精神の生」は「世界からの退却」、すなわち、われわれが他者と共に生きる現実世界から退却することによって可能になるが、それは単にわれわれが他者から遮断された自己の内面に引き込もることではない。アーレントが「精神の生」に求めるのは、他者に対して開かれてあること、すなわち、複数性にもとづいていることである。この考えは、現代大衆社会のなかで、人間が私的な精神世界に閉じ込められ、誰とも世界を共有することができなくなる傾向にあることに対する批判であり、危惧である。晩年のアーレントが思考や判断力の政治的な可能性を追求したことの背後にあるのは、他者に対して開かれた精神の探求が、現代社会における政治の可能性を考える上で不可欠であるという確信であった。

『精神の生活』でアーレントは、「世界からの退却」においてのみ、精神の活動は可能になると述べる。「世界からの退却」は、感覚知覚の次元から精神活動の次元への退却、すなわち、世界が感覚に対して現前している状態からの退却を意味する。「精神活動は現象から意識的に退却することによってのみ姿を現わすのである。この退却は世界からの退却というよりは［…］世界が感覚に対して現前している状態から退却するのである」[1]。「世界からの退却」における「世界」というのは、現象の世界を指し、これはさまざまな形でわれわれが制限を受けている日常の実生活の世界を指す。ここでは人間は、この世界に存在するものとして制限されている。「誕生から死にいたるまでの時間枠のなかに制限されて、生きるために労働に従事し、世界の中で安らうために仕事をしようという気になり、自分の仲間との付き合いのなかで自分の位置を見いだすために行為へと向かう」[2]。また、われわれは、この世界から与えられる対象によって制限されている。精神活動はこのような制限を、現実にではないが、精神的に超えていくことで、自律性を獲得しうる。

アーレントによると、この「世界からの退却」のなかで、すなわち、現実世界での諸制限を超えた自律的な精神のなかで可能になるのが、精神の特別の能力である再現（Re-presentation）の働きである。

どのような精神の行為も前提にしていることは、精神は感覚に対して現前しないものを自分に現前させることができるということである。現にないものを現前させるという再現の働きは精神の特別の能力であり、われわれの精神に関わる用語は総じて視覚経験から取ってきた比喩をもとにしているものであるから、この能力は構想力と言われる。これはカントによれば「対象が現前していなくても直観できる能力」と定義される。［…］しかし、このことが精神に可能になるのは、精神が現在のことや

日常生活の差し迫ったことから退却してしまった後だけである。(3)

ここで、感覚にとって不在であるものを現前させる精神の働きが構想力であると言われ、「世界が感覚に対して現前しているという状態」からの退却においてのみ、構想力による再現の働きが可能になると説明されている。

『精神の生活』では、この再現の働きの前提条件として構想力の「脱感覚化の働き」が準備過程として必要だと指摘されている。(4) それは、「感覚に与えられている個々のもの（particulars）を感覚から引き離し」、イメージへと変形する働きである。アーレントはこの「脱感覚化」の準備過程をアウグスティヌスが最もよく言い表していると考える。アウグスティヌスの『三位一体論』によれば、(5) それは「二重の変形」に関わっている。まず、感覚知覚における「視像」（the vision）、すなわち「可視的対象」（a visible object）から、「類似する内的視像」（a similar vision within）、すなわち目に見える感覚対象を再現する「不可視のイメージ」（an invisible image）への変形が起こり、それが記憶に保存される。これは、次の変形――記憶に保存された「類似する内的視像」を精神が想起することをつうじて起こる「思考のうちに生じる視像」（vision in thought）への変形――が生じる準備ができているということである。このような準備の過程で、精神は感覚経験に現前しないもの（概念、理念、カテゴリー等）の扱いを習い、それらの理解へと進むとされる。(6)「脱感覚化」の準備過程とは、「可視的対象」を「不可視のイメージ」に変形して、記憶の貯蔵庫に蓄えられるようにする働きであり、精神に「思考対象」を供給するために不可欠な条件である。[7] このようにアーレントはアウグスティヌスに依拠しながら、構想力における「脱感覚化」の準備過程こそ、精神に適切な反省の対象が供給されていくための不可欠の条件であることを説明する。言いかえると、「脱感覚化の働き」は、それに先行する個々の（particular）経験を、精神のなかで、経験が行われた「直接の場面」から離し、非物質的な形態に変形する働きである。[8]

このような構想力の「脱感覚化」の側面については、『カント政治哲学の講義』でより詳しい説明がなされている。アーレントは、精神活動のうちで「最も政治的である」と自ら考える判断力について考察する上で、カント『判断力批判』の趣味の現象で扱われる美的判断力に注目し、それを政治的判断力として読みかえようとする。[9] 同様に彼女は、カント講義で扱われている構想力の問題も、美的空間で働く構想力を政治的空間で働く構想力に読みかえようとしている。カントの「美的なものとは、単なる判定行為において快を与えるものである」という考え、すなわち、美的なものとは、それが知覚（perception）において快を与えるのではなく、表象（representation）において快を与えるという考えにもとづいて、構想力の概念を次のように理解する。構想力は、感覚知覚の次元で知覚された対象を、表象の介入をつうじて内面化したものへと変形することによって、美的なもの、すなわち、判断の対象を準備する。それは、直接的な現前によってわれわれを触発する感覚対象を除去し、表象のなかで心に触れ、触発する対象を準備するのである。構想力が働くということは、表象の介入、そして、感覚対象とのあいだに適切な距離をとることを意味する。[10] アーレントは、この構想力の働きを次のように要約している。

判断力には二つの精神の作用がある。第一は構想力の作用であり、そこでは、もはや現存せぬ事物、すなわち、直接的な感覚知覚から転移された、それ故もはやわれわれを直接刺激することのない事物が、判断の対象となる。しかもそれは、外的感覚から転移されてはいるが、今度は内的感覚の対象となっている。不在である何かを自らに対して表象するとき、われわれは言わば、われわれに対象をその客観性において与える感覚に蓋をしている。趣味の感覚は、言わば、われわれが自分自身を感じる感覚である。それは内的な感覚である。それゆえ、次のように言うことができる。『判断力批判』は〈趣味批判〉から生ずる、と。この構想力の作用は、「反省の作用」にとっての対象を準備する。そしてこの第二の作用——反省の作用——が、あるものを判断する実際の活動となるのである。[11]

構想力の働きは、「われわれに対象をその客観性において与える感覚」を閉じること、すなわち、外的感覚を閉じて内的感覚へと移行することで、判断の対象を準備するものだと理解されている。興味深いことに、内的感覚は「自分自身を感じる感覚」と呼ばれている。アーレントは、この内的感覚への移行を、視覚の比喩を用いて、「盲目の詩人」になること、言いかえると、目を閉じることによって「見る」ことに喩えている。「われわれは、目を閉じることによって可視的事物についての公平な注視者（an impartial spectator）、そうした事物によって直接影響されない注視者となる」[12]。ここで明らかになるのが、アーレントの注目する構想力は注視者の構想力であり、構想力は注視者のもつ「公平性」を確立するということである。

カント講義において「盲目の詩人」になるという比喩で表される構想力の働き、すなわち、感覚知覚の次元を閉じ、判断の対象を準備する働きは、『精神の生活』でアーレントが「脱感覚化の働き」と呼ぶものに一致する。アーレントの言う「世界からの退却」が指し示しているのはまさにこの構想力の「脱感覚化の働き」であり、それによって、感覚的には不在であるものを精神に現前させるという精神の再現の能力が可能になるのである。

2 「普遍的立場」

「盲目の詩人」になることはアーレントにとって、目を閉じて「精神の眼」で「見る」こと、そして、可視的事物に直接影響されない「公平な注視者」になることであった。では、「精神の眼」はいったい何を見るのであろうか。アーレントは、それを「特殊的なもの（the particulars）に意味を与える全体」であると考える。「精神の眼」は「脱感覚化の働き」をつうじて、外的感覚の知覚した対象を内的感覚の対象に変換し、「感覚的に与えられたものの多様性を集約し凝縮させ」、精神に対して現前する「特殊的なものに意味を与える全体」を見るのである。そして、アーレントはこの「精神の眼」が判断を下す注視者の眼であることを強調する。行為者が出来事に直接関与するため部分しか見ることができないのに対し、注視者は、出来事の外に立っており、出来事の全体を見ることができ、公平な立場に立つことができる。[13] 例えば、注視者の例として、カント講義では、フランス革命の注視者への言及（フランス革命を偉大な出来事として特徴づけたのは、注視者の没利害的な立場であるというカントの考え）が繰り返される。

アーレントによると、この注視者の「精神の眼」は、ドクサの洞窟を離れ、真理を追求する哲学者、特にプラトンの「魂の眼」とは異なる。プラトンは、真理は非物質的で感覚的知覚を超越したものであって、非物質的で感覚的知覚を超越した「魂の眼」によってのみ知覚されると考える。哲学者にとって、真理の認識のために必要とされるのは、「感覚に煩わされない精神」である。[14] これに対して注視者の「精神の眼」は、プラトンに見出されるような感覚の超越、否定から成り立つものではない。確かに注視者も、哲学者の「観照的生活様式」のように、出来事の外部に位置する「見る」立場へ退却するが、それは公平性にもとづく「裁判官の立場」である。ここでいう公平性は、現実世界の中でわれわれの存在に付随する判断を下すための諸制限から解放されていることを意味する。注視者の立場に立つことは、われわれの「事実的存在」に伴う「あらゆる付随的、偶発的条件」から解放されることである。「眼前の光景に眼を奪われながら、私はその外部におり、また種々の状況的、偶然的条件とともに、私は自分の事実的存在（my factual existence）を決定する立場を放棄してしまっている」。[15]

このような「注視者の立場」を、アーレントは、カントの言葉を用いて「普遍的立場（a general standpoint）」であると記している。[16]

この注視者の「精神の眼」が立脚する「普遍的立場」（すなわち、「裁判官の立場」、公平性）は、構想力の「脱感覚化の働き」をつうじて獲得される。判断の対象を準備する「脱感覚化の働き」は、感覚によって知覚された対象を、内面において表象される対象へ変形することで、対象とのあいだに適切な距離を設けることであり、「公平性のための条件」を確立する。[17] ここで重要なのは、「脱感覚化の働き」から生じるのは、単に対象の変化ではなく、判断を行う精神とその対象の関係の変化であることである。精神は対象から自由になり、対象に対して「非関与性」、「没利害性」を獲得することで、対象をその固有の価値において評価することができるようになる。言いかえると、精神が「特殊としての特殊（particular qua particular）へ関係する」ことができるようになる。[18]

アーレントが注視者の「精神の眼」が「特殊的なもの（the particulars）に意味を与える全体」を見ると述べるとき、それは、「特殊としての特殊」に意味を与え、判断を下す「普遍的立場」に立つことを意味している。[19] またその「普遍的立場」に立つ精神こそが、他者に対して開かれた精神であるというのがアーレントの主張するところであろう。

3　精神における「運動の自由」

構想力の「脱感覚化」の働きをつうじて、精神は「普遍的立場」を獲得するということを見てきたが、この「普遍的立場」は精神の「運動の自由」に特徴づけられる。このことを最もよく表すのが、アーレントがカントに見出す「視野の広い思考様式」(eine erweiterte Denkungsart) としての構想力の側面である。

「視野の広い思考様式」としての構想力については、すでに前章で見たように、政治的判断力を基礎づける能力として、例えば「真理と政治」(一九六七) と『カント政治哲学の講義』(一九七〇) に説明がある。この思考様式に基づいて、われわれは自らの判断を他者のさまざまな「可能的な判断」と比較し、自らを他のあらゆる人々の立場に置いてみることで、思考のうちに複数性、そして公平性にもとづく空間を形成する。それは、精神のうちに、不在である他者の立場を現前させるという意味で再現の能力である。「真理と政治」では構想力は政治的行為者の「代表的＝再現的思考」(representative thinking) に関わるものとしてとらえられ、公共的空間で政治的主体が判断を行う際に必要とする能力として重視されている。[20] カント講義では、「視野の広い思考様式」は、政治的行為から離れた「注視者の立場」に立つことに関わり、人が「普遍的立場」、すなわち「そこから眺め、観察し、判断を形成するための観点」、「人間事象を反省するための観点」に達することを可能にする能力とみなされる。この観点は「いかに行為するか」を教えるものではないし、また、この立場から得られる知恵をいかに政治的事象に適用するかを教えるものでもない。[21]

「視野の広い思考様式」の理解をめぐっては、「真理と政治」とカント講義との間に違いはあるものの、両者に共通しているのは、そこでは精神が「立場から立場へと」動くことである。アーレントの理解する「普遍的立場」とは、概念の普遍性ではなく、精神が他者のさまざまな立場の「特殊的な

（particular）状況」を自らに現前させ、それらのあいだを動くことで達する観点である。

啓蒙された個人が立場から立場へと動くことができる領域が拡大すればするほど、その範囲が広がれば広がるほど、その人の思考は一層「普遍的」（"general"）となるであろう。しかしながらこの普遍性は、概念の――例えばそのもとに様々な種類の個々の建物が包摂されうるような「家」という概念の――普遍性ではない。逆にそれは、特殊的な事柄、すなわち、人が自分自身の「普遍的立場」に達するために通らねばならぬ、様々の立場の特殊的状況と密接に結びついている。この普遍的立場を、われわれは先に「公平性」として語った。それは、そこから眺め、観察し、判断を形成するための観点であり、あるいはカント自身が語るように、人間事象を反省するための観点である。(22)

精神の自由な動きが、このように思考の普遍性をもたらす。まさにこの点を、アーレントはカントに読み取っている。例えば、カント講義ではカントのマルクス・ヘルツ宛書簡の次のような言葉が引用されている。

「精神はその移動性（mobility）を維持するために、応分の量の休養と気晴らしを必要とします」。これによって対象を新たにあらゆる側面から見ることが可能になり、そして微視的観察から普遍的展望へと観点を拡大することができるでしょう。こうして今度は、考えうるあらゆる立場を取り入れ、それぞれの意見の正しさを他のすべての意見によって検証するのです。[23]

「視野の広い思考様式」は、精神の移動性、あるいは可動性にもとづく。精神は「立場から立場へ動く」ことで、自らの観点を拡げ、「普遍的展望」に達するのである。アーレントは、「視野の広い思考様式において思考することは、自分の構想力を訪問（visiting）に出かけるよう訓練することを意味する」と述べているが[24]、それは他者の立場を考慮することが「自分自身を他のすべての人の位置に置くこと」であって、他者の立っているさまざまな場所を精神が「訪問」することだという意味である[25]。また、この「訪問」の運動をつうじて、精神は自らのうちに公共の空間を形成する。

このような精神の運動をもたらすものこそ、構想力の「脱感覚化」である。われわれは、構想力と反省によって、判断を制限し妨げる「私的な条件や状況」から自由になり、「公平性」に達することができるとアーレントは述べるが[26]、それは「脱感覚化」の準備過程で精神とその判断対象との関係に変化が生じ、精神が判断を妨げる諸制限、主観的・私的条件から解放され、対象に縛られなくなり、運動の自由を獲得するからなのである。つまり、「視野の広い思考様式」は、「われわれ自身の判断に付随的に付着する諸制限を捨象すること」の結果であり、また、私利を捨象することの結果だと考えられる[27]。このことは、「視野の広い思考様式」が先入見からの解放にもとづいていることをも意味する。

そして、この精神の運動はアーレントの自由についての考えと不可分である。齋藤純一が『自由』

で指摘するように、アーレントは、自由と主権性を同一視しない[28]。自由とは、他者との関係を退けることによって成り立つ主権的な主体の自己支配ではなく、他者とのあいだで享受されるものである。「自由とは何か」に示されているように、自由とは、本質的に「動く(move)」自由であって、「人々に動くことを可能にさせ、家を後にして世界の中に入り、行いや言葉において他者と出会うのを可能にさせる状態」、「自由人の状態」を意味する[29]。「暗い時代の人間性について」のなかでアーレントは、レッシングについて考察しながら、彼が思考のうちに「自由に世界の中で動く別の様式」を見出していたこと、そして思考と行動の共通の基盤が「運動の自由」であると考えていたことを指摘している。「レッシングは思考へと退却しましたが、それは決して自らの自己への退却ではありません。そして、彼にとって行為と思考の秘密の同盟があったとすれば[…]、その本質は、行為と思考のいずれも運動という形態で進行すること、またそれゆえ両者の基盤になっている自由が運動の自由であることにある、と言えるでしょう[30]」。また、アーレントの次の発言にも、構想力をつうじて精神が獲得する「普遍的立場」が、「運動の自由」にもとづくことが明確に示されている。「われわれの思考が真に"discursive"であるのは、真理ではなく意見に関わる場合である。意見に関わるとき私たちの思考は、相争うあらゆる種類の見解を、いわば一つの場所から他の場所へ、世界の一方から他方へと駆けめぐり、ようやく最後にこれらの特殊性(these particularities)から、ある公平な普遍性(some impartial generality)へと達する[31]」。齋藤はこの発言に関して、アーレントが政治的思考の特性を、「あちこち自在に動く」と「討議的」という二つの意味が重なったdiscursiveという言葉のうちに求めていると理解している。[32]

他者に対して開かれた精神とは、「運動の自由」、そしてそれがもたらす普遍性にもとづく精神であり、場所から場所へ、世界の一方から他方へと動きまわり、他者を「訪問」することのできる精神なのである。

4　伝達可能性

われわれが普遍性に達しうるのは、構想力の「脱感覚化の働き」によることを見た。このような意味での普遍性はわれわれの判断を伝達可能な（communicable）ものにするが、それは、「脱感覚化の働き」が、「視野の広い思考様式」による「他者との先取りされたコミュニケーション」のための条件を確立するからである。

伝達可能性の問題も趣味判断の文脈で語られるが、アーレントが着目するのは、趣味判断とは私的感情を表すものではなく、その決定に対して他者による合意を求めるもの、つまり共通感覚に訴えるものであり、[33]「他者との世界の共有」にもとづくという点である。[34]

ある一つの感情として私的で非伝達的（private and noncommunicative）にみえる〈私が快または不快を感じること〉は、あらゆる他の人々の感情を考慮に入れる「視野の広い思考様式」をつうじて変形されることによって、他者とのコミュニケーションに開かれ、伝達しうるものとなる。[35]ここで伝達可能性の本質をなすのは、アーレントの次の言葉が示すように、われわれの判断が他のすべての人の同意を「せがむ」、あるいは「乞い求める」ということである。「他の誰かを、「これは美しい」とか「これは間違っている」といった自分の判断について同意するよう強制することはできない〔…〕。つまり、人は他の皆の同意を「せがむ」か「乞い求める」ことができるだけである」[36]。言いかえると、伝達可能性は、他者をその判断について同意するよう説得する可能性と不可分である。この説得活動のなかで、判断は、すべての人のうちにある「共同体感覚」としての共通感覚に訴える。アーレントの「人は判断を下すとき共同体の一員として判断を下す」という言葉はこのことを表している[37]。

これは、伝達可能性が「視野の広い思考様式」に基づくということである。「われわれは他者の立場から思考することができる場合にのみ、自分の考えを伝達することができる。さもなければ、他者に出会うこともなければ、他者が理解する仕方で話すこともないであろう」[38]。アーレントによると、「視野の広い思考様式」において判断が下されるとき、そこには必ず潜在的な他者とのコミュニケーションが存在する。判断する主体は、自己のうちに閉じられた「私と私自身の対話」ではなく、「他者との先取りされたコミュニケーション（an anticipated communication with others）」を行う。私一人で判断を行うにしても、私は他者との「潜在的な合意」にもとづく判断を下す。そして、「潜在的な合意」によって判断は妥当性を引き出す。しかし、この妥当性は潜在的対話を行った他者の地平を超えて妥当する普遍的（universal）なものではない[39]。それは、共同体の地平に限定された普遍的（general）な妥当性である。

このようにアーレントは、カントの考察――趣味判断が私的感情を表すものではなく共通感覚、「他者との世界の共有」にもとづくものであり、そこから判断は妥当性、伝達可能性を引き出すという考察――に政治的意義を見出す。精神が行う判断は、精神が「視野の広い思考様式」のもと、他者と潜在的コミュニケーションを行うことではじめて伝達可能になるのである。

＊

構想力の「脱感覚化の働き」は、アーレントの晩年の思索を理解する上で、見過ごすことのできない鍵概念である。その政治的作用は、特殊性（particularity）と普遍性（generality）の観点から見ると、両者を媒介する作用であると考えることができる。例えばリサ・ディッシュは、『ハンナ・アーレントと哲学の限界』のなかで、カントの再現的思考（representative thinking）とアーレントの再現的思考を対比し、前者が普遍性に関わるのに対して、後者が特殊性に関わるという見方を打ち出している。ディッシュによると、カントの再現的思考は「あらゆる」他者の立場に立って考えるために、思考をその主体が立っている偶発的状況の制限から分離するという「抽象作用」（abstraction）に関係している。これに対してアーレントの再現的思考は、精神のうちに複数の他者の立場を保持し、ある種の公的空間を形成し、その観点から思考することであり、複数の他者の立場の特殊性に注意を払うこと（attention to particularity）に関わる。またディッシュは、カントとアーレントの再現的思考の相違は、哲学的な構想力・想像力（imagination）と芸術家や物語作家の想像力の相違であると考える。すなわち、カントが再現的思考を普遍的、哲学的な観点からとらえるのに対し、アーレントは、想像力のうちに複数の登場人物を住まわせる文学的な観点から理解していると考える。「カントの哲学者」が彼自身の地位を超越し、「あらゆる」人間の立場に立つようになるのに対し、「アーレントの訪問者」は複数存在する物語のそれぞれのなかで登場人物がどのように感じ、考えるかを想像する。(40) このようにディッシュは、カントの再現的思考が特殊的な経験を超越し、普遍性に至るのに対し、アーレントの再現的思考は、さまざまな特殊的状況の特殊性から離れることがないのを強調する。ここで普遍性と特殊性は、相対立するもの、互いに排除するものとされている。しかし、ディッシュが描くこの「普遍性」対「特殊性」という対立は、アーレントがカントに依拠しながら示した構想力、とくに、構想力の「脱感覚化」の働きによって無効にされるのではないだろうか(おそらくここで重要なのは、カントとアーレントを区別し対比することよりはむしろ、アーレントがカントから何を引き出し、自らの思想に生かしたかを見極めることであろう)。アーレントのいう「脱感覚化」は、彼女がカントの「視野の広い思考様式」に見出す主観的・私的条件の捨象と不可分であるが、この主観的・私的条件の捨象は特殊性の超越ではない、すなわち、現実における特殊的状況・経験から、普遍的・哲学的立場への超越ではない。言いかえると、アーレントがカントから引き出す普遍性は、特殊性を超越することで到達するものではなく、さまざまな特殊的状況を含みつつ、それらと密接に結びつきながら到達する公平性としての普遍性である。すなわち、「特殊的なものに意味を与える全体」を見ることのできる「普遍的立場」のことであって、「普遍的立場」に立つ精神は「特殊としての特殊」へ関係することができる。

このような見かけ上矛盾するようなことが可能になるのは、普遍性と特殊性の間で、構想力の「脱感覚化」が中心的な役割を果たしているからである。構想力の「脱感覚化」のおかげで、精神は感覚対象、そして主観的・私的条件による諸制限から自由になることによって、不可視のものの存在を認め、複数の他者の特殊的な立場のあいだを動き、それらに開かれた「普遍的立場」に達することができる。「脱感覚化の働き」は、精神が特殊性と普遍性とに同時に関わることができるようにするのである。アーレントが晩年の思索で求めた、他者に対して開かれた「精神の生」は、まさにこの「脱感覚化」の媒介作用が可能にするものだと言えるだろう。

注

（1）ハンナ・アーレント『精神の生活　上』佐藤和夫訳、岩波書店、一九九四年、八九頁（Hannah Arendt, *The Life of the Mind*, Vol. I, New York: Harcourt Brace & Company, 1978, p. 75）。

（2）同前、八三頁（*ibid.*, p. 70）。

（3）同前、八九—九〇頁（*ibid.*, pp. 75–76）。

（4）同前、九〇—九一、一〇〇—一〇二頁（*ibid.*, p. 77, 85–86）。

（5）アウグスティヌス『三位一体論』中沢宣夫訳、東京大学出版会、一九七五年、三〇二頁（*De Trinitate*, bk. XI, chap. 3）。

(6) 同前、九一頁（*ibid.*, p. 77）。

(7) 同前、九一頁（*ibid.*, p. 77）。

(8) 同前、一〇二頁（*ibid.*, pp. 86–87）。

(9) 牧野英二『カントを読む——ポストモダニズム以降の批判哲学』岩波書店、二〇〇三年、二四一—二六七頁参照。『判断力批判』における構想力の問題に関しては、佐藤康邦『カント『判断力批判』と現代——目的論の新たな可能性を求めて』岩波書店、二〇〇五年、一〇七—一六四頁参照。

(10) ハンナ・アーレント『カント政治哲学の講義』浜田義文監訳、法政大学出版局、一九八七年、一〇一—一〇二頁（Hannah Arendt, *Lectures on Kant's Political Philosophy*, Chicago: The University of Chicago Press, 1982, pp. 66–67）。アーレントは引用していないが、カント自身、あらゆる他者の立場に身を置く能力である共通感覚を働かせるためには、感覚を除去する過程が必要だと述べている。「このことはまた、ひとが表象状態のうちで実質、すなわち感覚であるものをできるかぎり除去し、もっぱら自分の表象ないし表象状態の形式的諸特有性に注意を払うことによって実現される」。『カント全集8』牧野英二訳、岩波書店、一九九九年、一八〇—一八一頁（Immanuel Kant, *Kritik der Urteilskraft*. In: *Immanuel Kants Werke*. Herausgegeben von Ernst Cassirer. Band V. Herausgegeben von Otto Buek. Berlin 1914, S. 368）。

(11) 前掲『カント政治哲学の講義』、一〇四頁（*op. cit.*, p. 68）。

(12) 同前、一〇四頁（*ibid.*, p. 68）。

(13) 同前、一〇四頁（*ibid.*, p. 68）。

(14) 同前、三六頁（*ibid.*, p. 27）。

(15) 同前、八三頁（*ibid.*, pp. 55–56）。

(16) 同前、八三頁（*ibid.*, p. 56）。

（17）同前、一〇二頁（*ibid.*, p. 67）。
（18）同前、一〇〇頁（*ibid.*, p. 66）。
（19）ここでの「特殊としての特殊」に意味を与える構想力の働きは、岩崎稔がアーレントの構想力に見出す「《救済する構想力》とでも呼ぶべき次元」に関係する。岩崎は、アーレントにおいては構想力が「個々の倫理的、政治的諸現象に対して距離をとり、判断し、そのことを通じて個々の存在の意味を救済するという課題を担う」と考える。岩崎稔「生産する構想力、救済する構想力――ハンナ・アーレントへの一試論」『思想』八〇七号、一九九一年、一六七頁。また、この構想力の働きは亀喜信の言う政治的判断力の「公的領域に現れた具体的な事柄（出来事、発言、行為）の意味を判断する能力」であり、「公的領域における「現れ」の意味を、私的な利害関心から自由に、その「現れ」自身に即して反省し、判断する働き」であると考えることができる。亀喜信「思考と政治――アーレントの判断論」『哲学』五六号、二〇〇五年、一八五頁。
（20）ハンナ・アーレント『過去と未来の間』引田隆也・齋藤純一訳、みすず書房、一九九四年、三二七―三二八頁（Hannah Arendt, *Between Past and Future*, Harmondsworth: Penguin, 1993, p. 241）。
（21）前掲『カント政治哲学の講義』、六二頁（*op. cit.*, p. 44）。
（22）同前、六二頁（*ibid.*, pp. 43-44）。
（23）同前、六〇頁（*ibid.*, p. 42）。
（24）同前、六一頁（*ibid.*, p. 43）。
（25）アーレントはカントがあらゆる種類の旅行記の熱心な読者であり、ケーニヒスベルクから一歩も出ないのに、ロンドンやイタリアの地理に詳しかったことに言及している。同前、六三頁（*ibid.*, p. 44）。このことも、精神の移動性・可動性（mobility）、そして精神の他の場所への「訪問」に関係する。

(26) 同前、一一二頁（*ibid.*, p. 73）。
(27) 同前、六一—六二頁（*ibid.*, p. 43）。
(28) 齋藤純一『自由』岩波書店、二〇〇五年、四七頁。
(29) 前掲『過去と未来の間』、二〇〇頁（*op. cit.*, p. 148）。
(30) ハンナ・アーレント『暗い時代の人間性について』仲正昌樹訳、情況出版、二〇〇二年、一八頁（Hannah Arendt, *Men in Dark Times*, New York: Harcourt Brace Jovanovich, 1968, p. 9） 前掲『自由』、七〇—七一頁に引用されている。
(31) 前掲『暗い時代の人々』、三二九頁（*op. cit.*, p. 242）。
(32) 前掲『自由』、一一三—一一四頁。
(33) 前掲『精神の生活　上』、五九—六一頁（*op. cit.*, pp. 50–51）、前掲『カント政治哲学の講義』、一〇七—一一一頁（*op. cit.,*. pp. 70–72）参照。
(34) 前掲『過去と未来の間』、三〇〇頁（*op. cit.,*. pp. 221–222）。
(35) 前掲『カント政治哲学の講義』、一一一頁（*op. cit.*, p. 72）。
(36) 同前、一一一頁（*ibid.*, p. 72）。
(37) 同前、一一一頁（*ibid.*, p. 72）。
(38) 同前、一一四頁（*ibid.*, p. 74）。
(39) 前掲『過去と未来の間』、二九八—二九九頁（*op. cit.,*. pp. 220–221）。
(40) Lisa Disch, "Training the Imagination to Go Visiting" in *Hannah Arendt and the Limits of Philosophy*, Ithaca: Cornell University Press, 1994, pp. 153–154, 159.

第Ⅳ部　文　学

第7章　世界と和解する

この章では、世界と和解する思考の一つのあり方としての文学について考えたい。アーレントにとって文学は、人生や思想の営みと切り離せないものであった。彼女の伝記、著作、書簡集は、アーレントがいかに文学のうちに大きな力を認めていたかを物語っている。ここでは、文学に関して書かれた著作を読みながら、アーレントが文学に見出す力の本質について検証してみたい。

1　隠された「真理」を示すX線のごとき力

幼少の頃から文学に親しむ環境にあったアーレントは母語であるドイツ語について話しながら、次のように述べている。「ドイツ語では、私はドイツの詩の大部分を暗唱でき、それらの詩はいつもどういうわけか私の心の片すみにあります」[1]。ヤスパースへの書簡では「私にとって、ドイツとは母語であり、哲学と文学なのです。このすべてを私は擁護できるし、擁護しなければならない」と記している。[2]一七歳の頃からは詩作も行い、初期の詩の原稿を亡命中ずっと持ち歩き、それを後に一九四〇年代〜五〇年代初期にニューヨークで書いた詩と一緒に思い出の品のフォルダーに収めている。[3]伝記作者ヤング゠ブルーエルは、「アーレントの詩は、彼女のもっとも私的な生であった。［…］彼女が自己を理解するのは詩において、そして詩を通じてであった」[4]と述べ、アーレント自身、自分の人生のなかで詩が大きな役割を演じたことを認めている。[5]詩はアーレントの心の内奥につながり、人生を歩んでいく上でなくてはならないものであった。また友人である詩人W・H・オーデンやランダル・ジャレルに対して親近感や共感を抱いていた。[6]親友であった小説家メアリー・マッカーシーとの長年にわたる文通もよく知られている。[7]さらに文学はアーレントの人生だけでなく、思索と一体となっていたことがわかる。著作を眺めてみると、文学への言及や考察が頻繁に見受けられる。例えば『全体主義の起原』にはプルースト、コンラッド、キプリング、『革命について』にはメルヴィル、ドストエフスキー、『過去と未来の間』にはシャール、カフカなどの考察が含まれる。またアーレントは物語について考察するのみでなく、自らも『ラーエル・ファルンハーゲン』、「隠された伝統」、『暗い時代の人々』のような著作で物語の語り手としての役割を果たしている。

このように生涯を通じて、文学と共に思索を行ったアーレントは、文学のうちにある特有の力を認めていたと言えるだろう。それはどのような力だろうか。『文学とは何か』を書いたサルトルとは異なり、アーレントは文学についての考察を一冊の著作にまとめて出版することはなかった。この点で彼女はカントに似ていると言えるだろう。カントが政治哲学についてのまとまった一冊の著作を執筆することなしに政治的思索を行ったのと同様に、アーレントも文学についての主要な著作を執筆することなしに文学についての原理的考察を行っている。文学は、世界と和解する可能性とどう関わるのだろうか。

まずアーレントが、文学とは単なる空想(fancy)ではなく、世界の出来事の意味を理解するための明晰な洞察力であると考えていたことについて見てみたい。このことは言い換えると、文学には世界の出来事の「真理」を示す力があるということである。例えば、『革命について』(一九六三)にはメルヴィルの『ビリー・バッド』とドストエフスキーの「大審問官」についての考察が挿まれているが、そこでアーレントはこれらの作品がフランス革命の民衆が把握することのできなかった革命という出来事の意味、すなわち「フランス革命の人々が自分ではほとんどそれとは知らずに、どんなに悲劇的で、どんなに自己破滅的な企てにのりだしていたか」を敢えて公然と示していると考える。フランス革命の民衆は、せいぜい自分たちの行為を支えた原理を知っていたにすぎず、「それらの原理から結果として最終的に生まれてくる物語の意味」については知らなかった。それに対して、メルヴィルとドストエフスキーは、この出来事の意味を知るのにもっと有利な立場にいた。(8) メルヴィルは、『ビリー・バッド』という物語を通して、「旧世界に遺伝的であった不正を正したのちに、すぐさま革命自体が加害者となり、国王よりもさらに抑圧的になったのはなぜか」という問いの解答、すなわち、フランス革命という出来事の意味として、「善は「根源悪」と同じく、あらゆる強さに固有の根源的暴力、あらゆる政治的組織の形態に有害な根源的暴力をもっている」ことを示した。[9] またアーレントは、ドストエフスキーの「大審問官」を、「フランス革命の別の非論理的な側面を扱った古典的物語、つまりフランス革命の主役たちの言葉と行為の背後に潜む動機の物語」として読んでいる。この物語では、ロベスピエールの罪が大審問官の哀れみ（pity）を通して示されていると考える。その罪とは、彼が弱い立場の民衆に引き寄せられたことが権力への渇望と区別できないものであること、そして、弱い立場の民衆一人一人の特殊性を無視し、彼らを非人格化し、一つの集合体（いつも不幸な人々、苦悩する大衆等々）へと一まとめにしてしまったことである。[10] このように、メルヴィルとドストエフスキーの物語の例が示しているのは、文学が出来事のさ中にいる人々には見出すことのできないその出来事の意味をふさわしい距離をとったところから理解する力、そして、世界史のなかの歴史的出来事の意味について証言する力として存在することである。[11]

さらにアーレントは、カフカの作品が透視力のような力、世界の現実のなかにどっぷり浸かっている者の眼には見えない現実の隠された構造をむき出しにする力をもつと主張する。『審判』と『城』の考察を含む「フランツ・カフカ再評価」（一九四四）では、これらの小説が「神に代わるものとして自らを確立した社会」、そして「社会の法を神の法と見なしている人々」を描いているとする。そしてこれらの物語は、カフカの人物たちがとらわれている世界の「嘘にみちた必然性」にもとづく構造、すなわち「必然的な嘘が神的な法になっている」世界の構造を暴き出す。より具体的には、「官僚制と呼ばれるものの真の本質――管理行政が統治にとって代わり、恣意的な命令が法律にとって代わっている」状況を暴き出す（『審判』が暴き出しているのは例えば、第一次世界大戦前のオーストリア・ハンガリー帝国の官僚体制であるとアーレントは考える）。カフカはそのような隠された世界の構造を、『審判』ではこの必然性に最終的に従うKの目を通して、『城』ではよそ者としてその世界にやってきたKの目を通して露わにする。[12]『過去と未来の間』序で、アーレントは『彼』と題されたカフカの寓話が「光線のように出来事の側面や周囲を照らし出すが、かといって出来事の外形を照らし出しているのではなく、出来事の内部構造を暴き出すX線のごとき力をもつ」という意味で「真の寓話」であると述べているが、[13]アーレントが『審判』と『城』に認めているのもこの力だと言えるだろう。カフカ作品には生と世界と人間の隠された「真理」を示す「X線のごとき力」があり、楽しい夢や希望的観測の要素などないカフカの作品のなかで唯一、読者を惹きつけるのはこのような真理だとされる。「生と世界と人間はあまりにも錯綜したものであるがゆえにそれらについて何らかの真理を見つけたいと思っている読者だけが、［…］ときにある頁のなかに、いやたった一つのくだりにさえ、事態のむき出しの構造を露わにしているカフカと彼の書いた設計図に目を向けるであろう」。[14]

文学のもつこのような洞察力は、アーレントにとって、世界との和解の重要な側面である世界理解の可能性を与える。一九六四年に行われたインタビューでは、「ご自身のお仕事が幅広い影響力をもつようになることをお望みですか」と問われ、「私にとって重要なのは、「私は理解しなければならない」ということです。私の場合、書くことも理解することに属しています。書くこともまた、理解のプロセスの一部ですから」と述べたうえで、「私が影響力をもちたいかですって? いいえ私は理解したいのです。そして私が理解したのと同じ意味で他のひとがまた理解する時、その時私は、故郷で安らぐようなある種の充足感を覚えるのです」と付け加えている。(15) 文学こそは、このような理解の可能性を他人たちと共有するための格好の場であるのだと言えるだろう。

2 〈もはやない〉と〈まだない〉の間

文学に見出されるこうした明晰な洞察力は、世界からふさわしい距離を保つことに関わっている。そして、世界からふさわしい距離を保つことは、前章で見たように、構想力(imagination)の働きによってはじめて可能となる。(16)

構想力だけが、物事をそれにふさわしいパースペクティヴから見ることを可能にし、あまりにも近くにあるものに、バイアスや偏見なしに見たり理解することができるよう一定の距離を設けるほど強靭であることを可能にし、あまりにも遠くにあるすべてのものを私たち自身の事柄であるかのように見たり理解することができるよう隔たった深淵に架橋するほど寛大であることを可能にしてくれる。このように何かから距離をとることと他者との間の深淵に橋を架けることは、理解するという対話の一部をなしている。(17)

「距離を保つこと」は、構想力の「脱感覚化」の働きによって可能になる「世界からの退却」、感覚知覚の次元から精神活動の次元への退却を意味し、また「注視者の立場」に立つことでもある。ところでアーレントにとって、世界から距離をとり、精神活動の次元へ退却することは、出来事の想起と予期が行われる時間性の経験でもあった（第4章参照）。それは〈もはやない〉と〈まだない〉の間の時間の裂け目の経験である。アーレントは、その時間の裂け目で行われる想起と予期の活動は、「触れるものすべてをこの非時間の小径に保存することで、歴史の時間と個人の生の時間による破壊から救う」と記している。[18] 実際、アーレントは文学のうちに〈もはやない〉と〈まだない〉の間の間隙で働く、想起と予期の力を見出している。

例えばディネセン論（一九六八）を見てみよう。イサク・ディネセンは偉大な物語作家の一人であっただけでなく、自分の行う物語を語るという行為がどういうことであるかを知っていたという点で、アーレントにとって重要な作家であった。[19] ディネセンの物語の「哲学」が示すのは、物語を語るという行為が、人生のなかで自らの身に起こったことを想像力でもって想起し、反復することであるという。

人生を想像力の中で反復することがなければ、けっして十分に生きることはできない。「想像力の欠如」は人々が「存在すること」（"existing"）を妨げる。[…]「物語に忠実であれ」「つねに変わらずに物語に忠実であれ」ということは、人生に忠実であれ、フィクションを創りだすことではなく、人生が与えるものを受け容れよ、それを想起し熟考することによって、すなわちそれを想像力の中で反復することによって、たとえ何であれそれが価値あるものであることを自分自身に示せ、ということを意味しているにすぎない。これこそが生き続ける仕方である。[20]

私たちが「十分に生きる」ためには、想像力による物語の反復が必要なのである。

またアーレントは、未来の世界を予期する力をカフカのうちに見出している。カフカの作品は〈もはやない〉と〈まだない〉の間の次元に存在し、与えられた世界の解体、そして〈まだない〉新たな世界の出現を予期する力を示しているとする。これはとくに『城』の読みにあてはまるだろう。『城』は、ある冬の晩、城の支配下にある村にやってきたよそ者Kをめぐる物語である。Kは城に測量士として招聘されたと主張し、城に向かうのだが、城に行き着くことができない。Kは城を目指すうちに、村人や官僚と接触し、さまざまな出来事を経験し、しだいに疲労度を増していく。アーレントは、カフカが描く城に属する世界は「あらゆる人間的なものや正常なもの、愛や仕事や交際が人々の手からもぎとられて外から——あるいは、カフカの言い方では上から——授けられる贈り物となっている世界」であり、そのなかでよそ者であるKだけが正常で健全な人間であると考える。そして、彼はこの世界の中で最小限のもののために、すなわち「人間の権利」のために闘っているのだと述べる。[21]『城』を含むカフカの物語のうちにアーレントが認めるのは「世界の建設者」のイメージである。「彼［カフカ」は自分に与えられたままの世界［…］を好まなかった、彼は人間の欲求と人間の尊厳に一致した世界を築き上げたかったのだ。人間の行為が人間自身によって決定され、人間のつくった法律によって支配される世界、天上や地下から湧き出てくる神秘的な力によって支配されるのではない世界を築きたかったのである」[22]。このように述べ、カフカは善意の一つのモデルとしての人間のイメージ、すなわち、誤って構築されたものを取り除き、世界を再構築する「世界の建設者」としての人間のイメージを私たちに示しているのだと主張する[23]。またカフカの物語とは建物の設計図のような「設計図」(blueprints）であって、この「設計図」は、読者側の努力、つまり自らの想像力を働かせ、「建築家の意図と建物の未来の現われ」を想像のなかで実現する努力がなければ理解されえないという[24]。こうした「世界の建設者」のイメージや「設計図」は、〈まだない〉世界の現われを予期する力に関わっている。

アーレントはこのような世界の想起と予期が行われる時間の裂け目を、「時間の奥底そのもののうちにある密やかな非時間の空間」と呼び、「われわれが生まれてくる世界や文化とは異なり、示しうるのみであって過去から受け継いだり伝え残したりはできない」と述べていた[25]。彼女にとって、文学はこのような「非時間の空間」における思考を明るみに出すものであったと考えられるだろう。S・Y・ゴットリーブが、アーレントにとって文学は〈もはやない〉と〈まだない〉の間の間隙について考えるためのとくに強力な媒体を提供していると指摘するのはそのためである[26]。

3　世界の中で安らおうとすること

これまで見てきた、世界からふさわしい距離をとり、出来事の意味を理解しようとすることは、世界を受容しようとすることでもある。世界との和解は、世界の受容という視点からも理解することができるだろう。それは他者と共存する共通世界のなかで、自己とその共通世界との接点をなんらかの仕方で築くことをつうじて、「世界の中で安らおうとする」(try to be at home in the world) ことである(27)。そしてこの世界を受容しようとする力が物語にはある。例えば、アーレントは「真理と政治」(一九六七)のなかで、「物語作家——歴史家ないし小説家——の政治的機能は、あるがままの事物の受容を教えることである」と述べている。ここで「あるがままの事物の受容」という言葉が示しているのは、世界を赦すことではなく、それと折り合うことである。現実のなかで生じる個々の事実は、物語のうちで語られることで初めてその偶然性から離れ、なんらかの意味を獲得する。この時初めて現実は人間にとって耐えられるものとなり、現実との和解が生じうるのである。それは物語の政治的機能ともいうべきものである。

物語による受容の力は、とりわけディネセン論で強調されている。いま一度繰り返せば、ディネセンが生涯を通じて行ったことは、人生のなかで自らの身に起こったことを想像力で反復することであった。そしてディネセンの物語の「哲学」において重要なのは、物語ることを通して人生が与えるものを忍耐強く受け容れることであった。[28] 物語ることは、とくに人生に大きな不幸が見舞ってからの彼女の生を救うことになった。「あらゆる悲しみは、それを物語に変えるかそれについての物語を語ることで、耐えられるものとなる」というディネセンの言葉を引用しつつ、アーレントは「物語は、それ以外の仕方では単なる出来事の耐え難い継起にすぎないものの意味をあらわにする」と述べる。[29] ここにこそ、文学の営みの一つの本質があるのではないだろうか。

また一方で、こうした物語による人生の受容を、アーレントは「ある「観念」(idea)を実現するために人生を用いる」こととの対比のなかでとらえている。そして、ディネセンが後者を過ちと考えていたことに目を向けている。「若いころの人生が彼女［ディネセン］に教えたことは、人生について物語を語ったり、詩を書いたりすることはできるとしても、人生を詩的なものにしたり、まるで人生が芸術作品であるかのように（ゲーテが行ったように）生きたり、あるいはある「観念」を実現するために人生を用いたりすることはできない、ということであった」。[30] 実際、ディネセンは結婚をつうじて父親が歩んだ人生の物語を自らの人生に再現しようとし、破局にいたる。そのことについてアーレントはいう。「私が知るかぎり、彼女はこのばかげた結婚に関して一つの物語も書いてはいない。しかし彼女は、自分にとっての若気の過ちについて明白な教訓となったにちがいないこと、すなわち、物語を現実ならしめようとする「罪」(the "sin" of making a story come true)、物語が現われるのを忍耐強く待ち（waiting patiently for the story to emerge）［…］想像力のなかで反復することをせずに、あらかじめ考えられたパターンに従って自らの人生を弄《いじ》る「罪」について、いくつかの物語を書いている」[31]。そしてアーレントは、登場人物が人生のなかで物語を現実ならしめようとしたがために悲惨な結末に至る、『七つのゴシック物語』所収の三つの物語を紹介する。ドストエフスキーの『悪霊』についての講義ノートでも、ある「観念」に取り憑かれた人間が、その「観念」を具現化しようとすることで生じる災難を『悪霊』が描いている点に着目している[32]。

かくしてアーレントは、「ある「観念」を実現するために人生を用いる」ことと物語とを対置しているが、これはプラトンに見られる「制作」(making) と物語とを対置して理解することであって、アーレントのプラトニズム批判につながっている。「権威とは何か」でアーレントが説明しているように、西洋の政治の伝統、さらに哲学の伝統を決するものとなったプラトンの政治哲学は、職人や芸術家が超越的に存在する青写真にもとづいて工芸品や芸術作品を制作するのと同様に、哲人王が人間の事柄の領域を超越するイデア (the ideas) を絶対的な尺度として人間の事柄を支配することを提唱するものである。職人がイデアを制作のモデルとして使用する、すなわち、「内なる眼によって対象の「形相」をとらえ、次いで模倣によってその「形相」をリアリティのうちに再び産み出す」のと同様に、哲人王はイデアという政治的・道徳的な行動と判断のゆるぎなき尺度に従って、国家を創設し、人間の事柄を支配し、人間の行動を規定する[33]。このようなプラトニズムの伝統をアーレントは批判するが、物語を通した世界の受容は、人間事象を超越するイデアという尺度にもとづく世界の「制作」とは異なる世界との関わり方を意味するのである[34]。

物語による世界の受容は、「意味を定義する」こと (to define meaning) と「意味を明らかにする」

こと（to reveal meaning）との対比でも考察されている。「物語を語ることは、意味を定義するという誤りを犯すことなしに意味を明らかにする」（storytelling reveals meaning without commiting the error of defining it）ことであり、さらに「あるがままの物事を承認し、それらとの和解を生じさせる」ことだとアーレントは述べている。[35]「意味を定義する」ことと「意味を明らかにする」こととの対比は、哲学と物語の対比と考えることができる。出来事や個人の生のもつ唯一で特異な性質をいわば切り離すことによって普遍性を獲得する哲学に対して、物語は出来事や生の唯一で特異な性質と普遍性とを共存させることができる。[36]

またアーレントはカフカについて、「カフカはほんの限られた範囲でしか私たちの同時代人ではない。それは、あたかも彼が遠い将来の見晴らしのよい地点から書いているかのような、あたかも彼が〈まだない〉世界においてしか安らいでいない、あるいは安らげなかったであろうということなのだ」と書いているが、[37]この言葉はアーレントがカフカの物語にすら世界の中で安らおうとする精神の働きを見出していたことを示す。ディネセンが想起をつうじて世界の中で安らおうとしたのに対し、カフカは予期をつうじて世界の中で安らおうとしたとも言えるだろう。彼は〈まだない〉世界の出現を予期することによってしか世界との接点を築き、世界を受け容れることができなかったのかもしれない。カフカの物語は現象としての世界の叙述ではなく、「たんなる感覚の経験というより思考の所産である」とアーレントが述べるとき、[38]それが意味しているのは物語が現象の世界に結びついていないとか現象の世界を否定しているということではなく、世界から距離を保つことで現象の世界に新たな仕方で接近し、世界を受容しようとしているということであろう。一九四四年のカフカ論で強調されている「世界の建設者」や「設計図」は、制作のイメージを喚起する。しかし、ここでの制作は、プラトンの政治哲学に見られる制作、すなわち、人間事象の外部に存在するものによって人間の事柄を支配するという意味での制作ではない。それは「人間の欲求と人間の尊厳に一致した世界」、「人間の行為が人間自身によって決定され、人間のつくった法律によって支配され、天上や地下から湧き出てくる神秘的な力によって支配されるのではない世界」の制作である。[39] そこでは、プラトン的な「制作」とは異なる設計が問題となっていると考えられる。

物語が示す世界を受容する力は、『政治とは何か』所収の断片、「砂漠とオアシスについて」のなかで語られる人間の能力にもつながるだろう。アーレントは、世界の喪失が起こり、人間と人間の間の関係が滑り去ってしまう「砂漠」のなかで政治的なものが脅かされるときに、人間の二つの能力が脅かされると考える。それは「苦悩の能力と行為の能力」(das Vermögen des Leidens und das des Handelns) である。[40] 後者は、能動的な行為の能力であるが、前者は、受動的な能力であり、苦悩する能力、苦痛・損害・不幸などを被り、受容する能力、また耐え忍ぶ能力である。アーレントは、人間のこの二つの能力が「砂漠」を根気よく変えていくために必要な能力であり、また全体主義運動という「砂嵐」に対抗するための能力だと記している。ここで語られる苦悩(受容、忍耐)の能力は、物語による受容の力と不可分であろう。

4 「無世界性からの脱出路」

次に、アーレントにとって文学が世界への帰還の可能性を示すものであった点について見ていきたい。文学の力が、〈もはやない〉と〈まだない〉の間の時間性に関わることはすでに見た。この時間性は思考の条件としての特権的な瞬間でもあるが、同時に思考する者を「無世界性」に閉じ込める危険性を孕むものである。[41] アーレントは、ヘルマン・ブロッホの読解を通して、文学がこの潜在的な時間性に自らを据えながらも、「無世界性」の危険に陥らずにそこから世界の現実へと帰還する可能性を指し示すものであることを示唆している。

「〈もはやない〉と〈まだない〉」（一九四六）と題するブロッホ論で、アーレントは小説『ウェルギリウスの死』について考察し、この作品が歴史的現実における〈もはやない〉と〈まだない〉の間の間隙を明るみに出しているという見解を示す。この小説が示す〈もはやない〉と〈まだない〉の間の間隙は、実際にヨーロッパの歴史のなかで万人の生きる具体的現実として起こった、第一次世界大戦開始とともに生じた「伝統の断絶」である。この断絶が起きたときはじめて、〈もはやない〉と〈まだない〉の間の間隙は、思考活動を仕事としている少数の者たちに限られた経験、すなわち思考活動に特有の条件ではなくなったとアーレントは論じる。[42] 「伝統の断絶」はアーレント自身も実際に経験した現実であり、ブレヒト論にあるように「政治的に言えば、それは国民国家の衰退と没落であり、社会的には階級制度から大衆社会への変質であり、そして精神的にはニヒリズムの台頭」として現われた。(43)「まるで世界は一瞬にして、創造の日と同じく無垢で新しくなったかのようであった」とアーレントは言っているが、この状況は、奇妙にも「世界は空虚のなかに軌道なしに吊り下げられた、子供じみた恐ろしい新しさとともに現われる」とサルトルの言葉が描写するような状況であった。(44)またゴットリーブによると、アーレントが直接関心をもった作家たちはほとんど例外なく、一九一四年に始まった「伝統の断絶」のために自分たちよりも前の世代との関係を喪失した世代に属していた。(45)ブロッホもその一人と考えられる。

「〈もはやない〉と〈まだない〉」では、第一次世界大戦の開始とともに生じた「伝統の断絶」による深淵がきわめて現実的なものであって、この深淵が、「あの一九一四年という運命の年からこのかた年を追うごとにいっそう深くいっそう恐るべきものとなり、挙げ句の果てに、二千年以上にわたって持続している歴史的な存在にいまだに私たちを結びつけているであろうがもはやくたびれてしまった糸を、ヨーロッパの中央部に建てられた死の工場がばっさり断ち切ってしまった」と述べている。「伝統の断絶」による深淵は、「ヨーロッパに暗闇が広がっていく最後の段階」、「夜」ともいうべきものであり、ブロッホはその「夜」のなかに自分がすっぽりと包まれたとき、現実に目覚め、それを一つの夢へと翻訳した、そしてその夢が『ウェルギリウスの死』であると主張する。(46)『ウェルギリウスの死』とは、ヨーロッパ史における「伝統の断絶」の深淵、〈もはやない〉と〈まだない〉との間の「虚ろな空間と虚ろな時間が口をあけた深淵」(an abyss of empty space and empty time) という現実そのものを明るみに出した作品なのである。

さらにアーレントは、『ウェルギリウスの死』という文学作品自体がこの深淵にウェルギリウスが架けようとする橋のようなものだと考える。(47) この作品が描いているのは、紀元前一世紀のローマの詩人ウェルギリウスの生涯の最後の二四時間、つまり「もはや生きておらず、まだ死んでいない」、〈もはやない〉と〈まだない〉との間の時間である。またこの作品の描く死は、「生の到達点」としての単なる出来事ではなく、人間が最後に成し遂げる「究極の課題」(an ultimate task) である。迫りくる死の手前の最期の時間は、「ひとが人生とはいかなるものであったかを知る最後にして唯一のチャンスであるという意味にせよ、あるいはその時こそ自らの生涯について判断を下す時であるという意味にせよ」、意識的に判断を行い、物語の最後を締めくくる「真理」を見出そうとする終局の努力を行う時間である。(48) このような意味での最期の時間に、詩人ウェルギリウスは、現実から遮断された美によっては〈もはやない〉と〈まだない〉の間の深淵に橋を架けることができないという洞察から、ある究極の決定を下す。その決定とは、自らの未完の叙事詩『アエネーイス』を燃やし、この作品を「現実の火によって焼き尽くす」というものである。アーレントは、『ウェルギリウスの死』のなかでこの決定が「美という虚ろな領域」(the "empty province of beauty") から逃走するための唯一の手段として、また死の淵にある詩人がそこを通って「現実や人間の連帯という約束の地をまだ認めることができそうな唯一の扉」として立ち現われると解釈する。(49) そしてこの「美という虚ろな領域」への陶酔から脱出し、世界の現実へ、そして歴史へと帰還するという決定そのものが、「伝統の断絶」から生じた〈もはやない〉と〈まだない〉との間の深淵を架橋するのだと言っている。こうした解釈から読み取れるのは、「美という虚ろな領域」や「虚ろな形式と虚ろな言葉」（“empty forms and empty words”）に閉じ込められる危険、虚ろさの危険から脱出するためにはどうすればいいか、という模索である。

レイボヴィッチの言葉を借りると、アーレントがブロッホの文学に見出していたのは「無世界性からの脱出路」であるとも言えるだろう。レイボヴィッチは、アーレントがハイネやカフカといったユダヤ人の芸術的創造性のうちに「無世界性からの脱出路」を見出していたと指摘している。(50) アーレントは、ユダヤ民族に対する迫害の結果として「無世界性」があると考えた。アーレントの目に「無世界性」の現われとして映るユダヤ人たちの態度は、「あらゆる政治的行為を避けよう」というユダヤ人の意志であり、「世界の諸事件から後退りしてみずから責任をとろうとしない態度、すなわち政治的行為に躊躇いを見せる態度」であった。十九世紀社会をつうじた「解放」のプロセスにもかかわらず、ユダヤ人たちは「無世界性」に陥ったままであったというのがアーレントの一般的命題だが、レイボヴィッチは、彼女が「無世界性」を強調するのは「何人かのユダヤ人が当の無世界性を乗り越える方法を［…］創出することになるそのやり方、一方では文学によって、他方では政治によって世界に回帰するその方法を明確化するためでしかない」とする。自民族の「無世界性」を乗り越えようとしたユダヤ人とは、ハイネ、カフカ、ベルナール・ラザールである。(51) アーレントが『ウェルギリウスの死』に見出したのも「無世界性からの脱出路」、すなわち、世界への帰還の契機であったと考えることができるだろう。文学は、美のなかに閉じ込められてしまうことなく、世界に対して責任をもつことの一つの方法なのである。

5　「世界における避難所」

ここまで文学ジャンルとしての物語を中心に、世界の現実と和解する思考の可能性について考察してきた。実際、文学についてのアーレントの考察は物語に関するものが多い。西洋文学の他のジャンルとしては主に戯曲や詩が考えられるが、アーレントはシェイクスピア等の戯曲から引用することはあっても、戯曲に関しては多くを語っていない。劇作家として知られるブレヒトに関する論考でも詩人としてのブレヒトを論じている。詩については、著作のなかに詩人論のほか、詩の批評、詩の本質についての考察等が含まれる。また文学について考察する際、彼女にとっての批評の重要性も考慮する必要があるだろう。アーレントは自ら文芸批評に関わり、ベンヤミン論では「批評」の意味について考察している。

さて、アーレントにとって詩は、私たちが受け容れがたい世界に接近する際に、私たちに付き添ってくれる言葉であり、心の中の「世界における避難所」となるような言葉である。物語の言葉と異なる点は、詩の言葉が暗唱され、常に私たちの心の片すみにある言葉であり、「私たちがそれによって生きるような言葉」として世界と関わる際の媒介となるということである。ブレヒト論での次のような言葉はそれを表している。「詩人とは引用されるために存在するのであって、語られるためにではない。［…］詩人の声は、批評家や学者ばかりでなく、われわれすべてにかかわりをもつ[52]」。「われわれがそれによって生きるような言葉を鋳造することは詩人の課題である[53]」。

詩が私たちの心の中の「世界における避難所」として機能することは、遭遇した数々の出来事に囚われた状態から私たちを救い出してくれる力をもつことに関係している。『ラーエル・ファルンハーゲン』のなかで、ラーエルの生にとってゲーテの詩との出会いがいかに重要であったかが語られていたのはすでに見た。「幾度となく彼［ゲーテ］の言葉は、たんなる出来事に声もなく呪縛されている状態から彼女を救い出してくれた。言葉を語りうるということは、彼女にこの世界での避難所を与え、人々との付きあい方をおしえ、聞いたことを信用せよとおしえる。彼女が語れるようになったのはゲーテのおかげなのだ[54]」。ゲーテの詩の言葉は、ラーエルを呪縛状態から解放し、世界の中で語る行為へと導いている。ラーエルにとって詩人ゲーテは、人生の「同伴者」であり、歴史への接点をもたず破壊的なものになすすべもなく曝されていたラーエルを歴史へと導く導き手、ある種の歴史的存在を自分に確保してくれる仲介者であった[55]。詩が人間を救い出す力をもち、「世界における避難所」として私たちに付き添ってくれるという考えは、アーレントにとって詩の本質を表すものであった。

ではアーレントにとってなぜ詩は「避難所」となるのか。物語と比べると、詩は情緒に関わる程度が高いと考えられるが、詩はその情緒をカタルシスの作用によって洗い流し、変換する力をもつ。この変換の力こそ鍵である。「真理と政治」では、詩の政治的機能について次のように述べられている。「歴史家は小説家と同じように［…］、まったくの偶発事に過ぎない所与の素材を変形（transformation）

しなければならないが、この変形は、詩人が行う気分や心の動きの変容（transfiguration）——悲嘆を哀歌に、歓喜を賛歌に変容させる——とほぼ同じ性質である。われわれはアリストテレスの考えに沿って、詩人の政治的機能のなかにカタルシスの作用、つまり人間が行為するのを妨げるすべての情緒を洗い流し除き去る作用を見ることができるだろう[56]。つまり、「人間が行為するのを妨げるすべての情緒を除き去る」カタルシスの作用は、変換の力と結びついている。『ラーエル・ファルンハーゲン』にあるように、「詩はそれが語る個別的なものを普遍的なものに変換するが、それは詩が言葉をある特定のことがらの伝達手段として使うだけでなく、言葉を故郷に、その根源に立ちもどらせるからである[57]」。ハイネ論でも同様である。ハイネには、何か夢のような非現実的なものがつきまとっているが、彼はユダヤ人が陥る傾向にあったユートピア主義に陥ることはなかった。なぜなら、ハイネは自らの詩的創造性を通して、ユダヤ人パーリアの経験する「政治的な非‐存在と非現実性」を、芸術世界を生みだすために有効な基盤へと「変換した」（transform）からである[58]。このように個別的なものを普遍的なものに変換する詩の力が強調されるが、この普遍性は、アーレントが個別性を切り離すことによって獲得されると考える哲学の普遍性とは異なる。詩における変換の力は、詩の凝縮能力に関わると考えられる。「詩の普遍性が力をもつのは、それが言葉の使い方の究極的な鋭い的確さから生じているときのみ」だとするアーレントは[59]、W・H・オーデンやブレヒトのうちに凝縮能力にもとづく偉大な詩的知性を見いだしている[60]。レイボヴィッチも次のように、アーレントにとって詩的芸術が「凝縮」の芸術であったと指摘している。「それは言葉を極限まで濃縮させ、そうすることで、理性的連鎖を一般的に逃れるものを言明するのだ。詩は最も特異なものに最も近しいのだが、それを最も共通なもの、つまり言語で言明する。それゆえ、詩は二重の意味で作用する。それは共通のものを特異なものへと引き寄せ、特異なものが共通のもののなかに侵入することを可能にするのだ」[61]。

この点についてレイボヴィッチは、ドイツの歴史へのユダヤ人の同化という観点から考察している。「詩はパーリアを歓待する潜勢力を有し、パーリアに「世界における避難所」をもたらしてくれる。詩によって獲得された避難所は、ユダヤ人がドイツ語へ接近する際の媒介となった」。こうした意味での詩とドイツ語の密接な絆は、アーレント自身が自らの亡命経験をつうじて身をもって確認したことであった[62]。ドイツの詩の多くを暗誦することができたアーレントの心のすみには、つねにドイツの詩があったからである。

ところでこの避難所はまた、詩であるかぎり、音韻の世界であったことも忘れてはならないだろう。例えば、親交のあったアメリカの詩人ランダル・ジャレルについてのエッセイのなかでアーレントは、ジャレルが彼女に英語の詩の音読を通して「音韻の新たな世界全体」を開いてくれ、さらに「英語のもつ独特の重みを教えてくれた」と書いている[63]。アーレントにとって詩とは、声に出して読まれるものであり、私たちの耳に新たな音の世界を開いてくれるものであった。言い換えると、詩は「真なる言葉の神秘」の世界を私たちに開いてくれるものである[64]。アーレントは、ブレヒト論、ジャレル論、オーデン論で詩の翻訳不可能性について述べている。翻訳不可能であることがその詩の偉大さを示すという考えであるが、[65] 偉大な詩は「真なる言葉の神秘」の世界を形成する不思議な力をもつのであって、そこに開示された固有の音韻世界を別の言語に翻訳することは不可能なのである。詩の力とは、「この世界の事物を言葉のなかで見られ、感じられ、生きたものとする太古からの力」である。[66] このような音韻の世界は、不在のものを現前させる働きである想像力にも密接に関わっている。

詩の「避難所」としての役割は、断片「砂漠とオアシスについて」に出てくる「オアシス」との関連で理解することができるかもしれない。この断片でいう「オアシス」とは、「休養」の場を意味するのではなく、「政治という条件から離れて大半あるいは全く独立している生の領域」であり、「われわれが砂漠と和解しないままに砂漠で生きることのできるようにしてくれる生命を与える泉」だと書かれている。また、アーレントは「われわれが逃避を目的にそこに向かえば、生命を与えるオアシスは破壊されてしまう。まさにわれわれがオアシスに逃げ込むためにオアシスは破壊されてしまうのである」と述べる。[67] つまり、オアシスは政治の領域の外にあるが、それは現実逃避のためにあるものではなく、人間が現実の「砂漠」のなかでも「砂漠」を根気よく変えていくために必要な「行為の能力」と「苦悩の能力」を発揮することができるようにするもの、すなわち「生命を与える泉」であると理解できよう。オアシスが「行為の能力」の発揮を可能にするという点は、詩の政治的機能であるカタルシスの作用が「行為の能力」を解放する作用であることと通じる。また、オアシスの「生命を与える泉」という性質は、私たちがそれによって生きるような言葉を詩が私たちに与えてくれることと共通しているだろう。

*

この章では、アーレントが文学のうちに見出していた力について、思考の可能性という面からとらえてきたが、文学を現象の世界に存在する物としてとらえる観点もまた重要であったことを最後に付け加えておきたい。文学は現象の世界に差し出され、複数の人々によって共有される「書かれたページや印刷された本」である。そして他の芸術作品や歴史とともに、行為と言論というはかない出来事を物化（reification）することによって、[68] 世界の永続性を保つ役割を果たす（ここでの物化の力はとくに文学固有のものであるとは考えられていない）。『人間の条件』の「世界の永続性と芸術作品」のなかでアーレントは芸術作品が世界の中で占める場所について論じているが、ここでの議論は文学と世界の永続性との関係を考えるうえで助けとなる。彼女によると、文学を含む芸術作品は、世界の中で消費財を含む普通の使用対象物から切り離されたところに存在する。それは芸術作品が永続性をもつ人間の工作物（the human artifice）だからである。芸術作品は人間の行為と言論というはかない出来事を物化することをつうじて、それらを永続化し、忘却の淵から救う力をもっている。この物化を行う者を彼女は「最高の能力をもつ〈工作人〉（*homo faber*）」と呼び、例として「芸術家、詩人、歴史記述者、記念碑建設者、作家」を挙げている。[69] ここで永続化、あるいは救済の対象となっている行為や言論は、「歴史の概念」のなかでアーレントが語っている、生物学的生命としてのゾーエーの外に立ち現われるビオスの位相で生じる出来事である。すなわち、ゾーエーの循環運動を断ち切って直線的な運動の軌跡を描く、「誕生から死に至る生の物語としての輪郭をもつビオス」という個人の生の記憶すべき出来事である。[70] このような生物学的生命から切り離された、人間の生の出来事を記憶し永続化する力をアーレントは文学のうちに見出しているのだが、彼女にとってその重要な範例を示すのは古代ギリシアの叙事詩人ホメロスであった。「トロイ戦争のような偉大な企ても、もし数百年後に、詩人［ホメロス］がそれを不滅にしておかなかったなら忘れ去られたであろう」[71]。文学には、「政治的なもの」に永続性を与え、行為と言論にふさわしい場所である世界を創造し、そのような世界の永続性を支える力がある。「世界の物」である文学作品が、他の芸術作品や歴史とともに、行為と言論を物化し、それらが発する特異な光を忘却の淵から救済することのうちに、アーレントが一つの〈希望〉を見ていたことはまちがいないのである。

注

（1） ハンナ・アーレント『アーレント政治思想集成1』齋藤純一・山田正行・矢野久美子訳、みすず書房、二〇〇二年、一九頁（Hannah Arendt, *Essays in Understanding 1930–1954*, New York: Harcourt Brace & Co., 1994, p. 13）。

（2） ハンナ・アーレント、カール・ヤスパース『アーレント＝ヤスパース往復書簡 1926–1969 1』大島かおり訳、みすず書房、二〇〇四年、一八頁（*Hannah Arendt / Karl Jaspers: Briefwechsel 1926–1969*, hrsg. von Lotte Köhler und Hans Saner, Piper, 1985, S. 52）。

（3）エリザベス・ヤング＝ブルーエル『ハンナ・アーレント伝』荒川幾男・原一子・本間直子・宮内寿子訳、晶文社、一九九九年、二五頁（Elisabeth Young-Bruehl, *Hannah Arendt: For Love of the World*, New Haven: Yale University Press, 2004, p. xlvii）。

（4）同前、三三頁（*Ibid.*, p. 3）。

（5）前掲『アーレント政治思想集成1』、一三頁（*op. cit.*, p. 9）。

（6）Hannah Arendt, *Reflections on Literature and Culture*, ed. Susannah Young-ah Gottlieb, Stanford: Stanford University Press, 2007, pp. 294–302、ハンナ・アーレント『暗い時代の人々』阿部斉訳、河出書房新社、一九九五年、三二一―三二七頁（Hannah Arendt, *Men in Dark Times*, New York: Harcourt Brace Jovanovich, 1968, pp. 263–267）参照。

（7）ハンナ・アーレント『アーレント＝マッカーシー往復書簡――知的生活のスカウトたち』佐藤佐智子訳、法政大学出版局、一九九九年。（Hannah Arendt, *Between Friends: The Correspondence of Hannah Arendt and Mary McCarthy 1949–1975*, ed. Carol Brightman, New York: Harcourt Brace, 1995）。

（8）ハンナ・アーレント『革命について』志水速雄訳、ちくま学芸文庫、一九九五年、一二二―一二三頁（Hannah Arendt, *On Revolution*, Harmondsworth: Penguin Books, 1965, p. 82）。

（9）同前、一三〇頁（*ibid.*, p. 87）。

（10）同前、一二七頁（*ibid.*, p. 85）。

（11）同前、一二二―一三一頁（*ibid.*, pp. 82–88）。

（12）前掲『アーレント政治思想集成1』、九八―一〇二頁（*op. cit.*, pp. 71–74）。

（13）ハンナ・アーレント『過去と未来の間』引田隆也・齋藤純一訳、みすず書房、一九九四年、六頁（Hannah Arendt, *Between Past and Future*, Harmondsworth: Penguin, 1993, p. 7）。

(14) 前掲『アーレント政治思想集成1』、一〇六頁（*op. cit.*, p. 77）。

(15) 同前、四―五頁（*ibid.*, p. 3）。

(16) アーレントの英語著作に現われる"imagination"という語は、基本的に、カント哲学における「構想力」の影響の下で、とりわけ「脱感覚化の働き」との関連で用いられている場合は「構想力」、一般的に文学に関わると考えられる文脈で用いられている場合には「想像力」と訳す。ただアーレントの文学に関する考察では、「構想力」と「想像力」の意味を厳密に区別することは難しい。

(17) ハンナ・アーレント『アーレント政治思想集成2』齋藤純一・山田正行・矢野久美子訳、みすず書房、二〇〇二年、一四二頁（Hannah Arendt, *Essays in Understanding 1930–1954*, New York: Harcourt Brace & Co., 1994, p. 323）。

(18) 前掲『過去と未来の間』、一四頁（*op. cit.*, p. 13）。

(19) 同前、三五七頁（*ibid.*, p. 262）。

(20) 前掲『暗い時代の人々』、一二一―一二二頁（*op. cit.*, p. 97）。

(21) 前掲『アーレント政治思想集成1』、一〇〇―一〇一頁（*Essays in Understanding 1930–1954*, *op. cit.*, pp. 72–73）。

(22) 同前、一一〇頁（*ibid.*, p. 80）。

(23) 同前、一一〇―一一一頁（*ibid.*, p. 80）。

(24) 同前、一〇六頁（*ibid.*, p. 77）。

(25) 前掲『過去と未来の間』、一四頁（*op. cit.*, p. 13）。

(26) Susannah Young-ah Gottlieb, "Introduction" in *Reflections on Literature and Culture*, p. xiii.

(27) 前掲『アーレント政治思想集成2』、一二二頁（*op. cit.*, p. 308）。

（28）前掲『暗い時代の人々』、一二一―一二二頁（*op. cit.*, p. 97）。
（29）同前、一三一頁（*ibid.*, p. 104）。
（30）同前、一三七頁（*ibid.*, p. 109）。
（31）同前、一三四頁（*ibid.*, p. 106）。
（32）前掲 *Reflections on Literature and Culture*, pp. 275–281.
（33）前掲『過去と未来の間』、一四八―一五六頁（*op. cit.*, pp. 109–115）。
（34）アーレントはプラトンの政治哲学における制作、すなわち、人間の事柄の領域を超越するイデアを絶対的な尺度として国家を創設し、人間の事柄を支配することを批判しているのであり、制作自体を批判しているのではない。例えば、後に見る世界の永続性を支える文学の力は制作に関わるが、木前利秋も指摘するように、この場合は、人間の制作した物が「行為と言論の舞台」や「人間事象と人間関係の網の目の舞台」となるという積極的な意味をもつ。「人間の工作物は、行為と言論の舞台でもなく、人間事象と人間関係の網の目の舞台でもなく、そしてそれらによって生みだされる物語の舞台でもないとしたら、究極的な存在理由を失う」とアーレントは述べている。『人間の条件』志水速雄訳、筑摩書房、一九九四年、三二八頁（Hannah Arendt, *The Human Condition*, Chicago: University of Chicago Press, 1958, p. 204）。木前利秋『メタ構想力――ヴィーコ・マルクス・アーレント』未來社、二〇〇八年、二六六頁に引用されている。
（35）前掲『暗い時代の人々』、一三二頁（*op. cit.*, p. 105）。
（36）Simon Swift, *Hannah Arendt*, London: Routledge, 2009, p. 4. マルティーヌ・レイボヴィッチ『ユダヤ女ハンナ・アーレント――経験・政治・歴史』合田正人訳、法政大学出版局、二〇〇八年、一三―四頁（Martine Leibovich, *Hannah Arendt, une Juive: Expérience, politique et histoire*, Paris: Desclée de Brou-

wer, 1998, p. 31）参照。
（37）前掲『アーレント政治思想集成1』、二二五頁（*op. cit.*, p. 159）。
（38）同前、一〇五—一〇六頁（*ibid.*, pp. 76–77）。
（39）同前、一一〇頁（*ibid.*, p. 80）。森川輝一は一九四四年のカフカ論を、アーレントが一九四〇年代に探求した政治のイメージ、すなわち「政治とは出自を違え意見を異にする人々が共生する空間を人為的に造り出す」営みであるという、政治を「制作」ととらえるイメージを提示するテクストとみなしている。彼はこの政治のイメージを批判的にとらえ、「政治を「制作」の様式で捉える限り、政治における「始まり *archē*」の問題は、政治体の「作者（支配者 *archōn*）」の良し悪しに還元されてしまうほかない」と述べている。森川輝一『〈始まり〉のアーレント——「出生」の思想の誕生』岩波書店、二〇一〇年、一一三—一二二、一八一—一八七頁参照。
（40）ハンナ・アーレント『政治とは何か』佐藤和夫訳、岩波書店、二〇〇四年、一五三—一五四頁（Hannah Arendt, *Was ist Politik?*, hrsg. von Ursula Ludz, Piper, 1993, S. 182）。
（41）アーレントによるカフカの寓話『彼』に対する批判参照。彼女は、この寓話による思考の出来事の描写には「時間も空間もない超感性的な領域」の夢想に陥る危険があり、「或る空間的次元、つまり思考が人間の時間から完全に抜け出ることを強いられずに働きうる空間的次元」が欠けていると指摘する。前掲『過去と未来の間』、六—一二頁（*op. cit.*, pp. 7–12）。
（42）同前、一五頁（*ibid.*, p. 14）。
（43）前掲『暗い時代の人々』、二七七頁（*op. cit.*, p. 228）。
（44）同前、二七六—二七七頁（*ibid.*, pp. 228–229）。
（45）前掲 "Introduction" in *Reflections on Literature and Culture*, p. xvi.

(46) 前掲『アーレント政治思想集成1』、二一六—二一七頁（*op. cit.*, pp. 159-160）。
(47) 同前、二一六頁（*ibid.*, p. 159）。
(48) 同前、二一七—二一八頁（*ibid.*, p. 161）。
(49) 同前、二一八—二二〇頁（*ibid.*, pp. 161-162）。
(50) 前掲『ユダヤ女ハンナ・アーレント』、二九六—三〇六頁（*op. cit.*, p. 315-326）。
(51) 同前、二四一—二四二頁（*ibid.*, p. 260-261）。
(52) 前掲『暗い時代の人々』、二五六頁（*op. cit.*, p. 210）。
(53) 同前、三〇〇頁（*ibid.*, p. 249）。
(54) ハンナ・アーレント『ラーエル・ファルンハーゲン——ドイツ・ロマン派のあるユダヤ女性の伝記』大島かおり訳、みすず書房、一九九九年、一一九—一二〇頁（Hannah Arendt, *Rahel Varnhagen: Lebensgeschichte einer deutschen Jüdin aus der Romantik*, Piper, 1959, S. 126-127）。
(55) 同前、一一六—一一八頁（*ibid.*, S. 123-125）。
(56) 前掲『過去と未来の間』、三五七—三五八頁（*op. cit.*, p. 262）。
(57) 前掲『ラーエル・ファルンハーゲン』、一一九頁（*op. cit.*, S. 126）。
(58) ハンナ・アーレント『アイヒマン論争——ユダヤ論集2』齋藤純一・山田正行・金慧・矢野久美子・大島かおり訳、みすず書房、二〇一三年、六〇—六一頁（Hannah Arendt, *The Jewish Writings*, New York: Schocken Books, 2007, pp. 280-281）。
(59) 前掲『ラーエル・ファルンハーゲン』、一一九頁（*op. cit.*, S. 126）。
(60) 前掲 *Reflections on Literature and Culture*, p. 294.
(61) 前掲『ユダヤ女ハンナ・アーレント——経験・政治・歴史』、二九八頁（*Hannah Arendt, une Juive*,

op. cit., p. 317)。

(62) 同前、三八―三九頁 (*ibid.*, p. 55)。

(63) 前掲『暗い時代の人々』、三三三頁 (*op. cit.*, p. 264)。

(64) 前掲 *Reflections on Literature and Culture*, p. 294.

(65) *ibid.*, p. 294.

(66) 前掲『暗い時代の人々』、三三五頁 (*op. cit.*, p. 266)。

(67) 前掲『政治とは何か』、一五四―一五五頁 (*op. cit.*, S. 182–184)。

(68) 前掲『人間の条件』、一四九―一五〇頁 (*op. cit.*, p. 95)。

(69) 同前、二七三頁 (*ibid.*, p. 173)。

(70) 前掲『過去と未来の間』、五二―五三頁 (*op. cit.*, p. 42)。

(71) 前掲『人間の条件』、三一八頁 (*op. cit.*, p. 197)。

あとがき

本書は過去一〇年ほどにわたってアーレントについて書いてきた論考をまとめたものである。私がアーレントの著作を読むようになったのは、約一〇年過ごしたアメリカから日本に戻り、日本社会と折り合いをつけようとしていた頃である。彼女の思想に惹かれたのは、その思想の根底に、思考とは私たちが日々生きている現実に根ざし、その現実の経験から生まれるものだという考えがあるからである。実際アーレントは、「思考そのものは生きた経験の出来事から生じるのであり、また、思考が位置を確かめる際の唯一の道標となるこうした出来事に結びついていなければならない」と書いていた。さらにインタビューでは「私は個人的経験なしに可能な思考過程があるとは思っていません。あらゆる思考は後から考えること、事柄についてよく考えてみることです。そうでしょう？　私は現代社会に生きており、したがって私の経験はおのずから現代社会に根ざしています」と語っている。私がアーレントの著作のうちに見いだしたのは、学問領域の中に位置づけられる思想というよりは、彼女が一人の人間として自らの運命に対峙し、受け入れながら紡いだ思索の言葉、彼女の人間性と切り離すことのできない言葉であった。

この本で試みたのは、ある種の媒介者のようになって、アーレントが遺していった言葉と現代社会の中で様々な問題に直面しながら生きている私たちとを、なんらかの形でつなぐことであった。アーレントの言葉は、同意するにせよ、頭にひっかかるにせよ、反論したくなるにせよ、今を生きる私たちの心に響く。また私たちが現実を理解しようとする際に一筋の光を投げかけてくれる。彼女の言葉は決して私たちに諸問題の具体的な解決法を提示するものではないが、私たち一人一人が自分で思考するためのヒントや刺激を与えてくれる。この本が、読者の方々がアーレントの思索を受けて自分で思考することの助けになるなら、それは私にとって大きな喜びである。

「現代の公的生活は全体的に**浅薄**になっていくばかりである」とアーレントは一九六三年の断片に記しているが、この言葉は現代社会にもあてはまるだろう。序でも述べたように、現代社会はあらゆる年代の人々にとって「生きづらさ」が蔓延している社会であり、何が不安なのかが特定できない不安感、焦燥感、危機感におおわれている。そんな中、社会の様々な組織で集団主義的な考えが優先され、人間ひとりひとりの尊厳が蔑ろにされるケースが生じている。また多くの論者が指摘するように、経済的合理性や効率が至上の価値となり、その物差しで物事の価値が測られる傾向が支配的になってきている。このような社会で毎日、歯車の一部となって働くことにより、多くの人々が疲弊し、自分にとってよりよい生き方とはどのような生き方なのか、自分の存在に意味を与えるものは何なのかなどの生の意義に関わる問いについて考える時間や心の余裕を奪われる事態となっている。

現代社会で起こっているのは、第4章で見た「人間存在の深さの次元」の喪失であると言いかえることもできるだろう。アーレントが近代の危機の一つの側面であると考えたこの次元の喪失は、現代社会でさらに進んでいるとも言える。このことは、例えば、大学教育において現在、人文学が危機に瀕していることと無関係ではないだろう。人文学の役割は、一人の人間の限られた生命を超えて過去から未来へとつながる人類の叡智を理解し、守り、伝えていくことに関わっている。人文学の価値はまさにこの「人間存在の深さの次元」、経済的合理性や効率につながる数値的成果主義と本質的に相容れない次元に存在する。アーレントは世界に深さの次元を生みだすのは、そこに生きる一人一人の人間による思考、すなわち自分自身との対話であると語っていたが、この思考とは過去を顧み未来を予期する思考、世界の現実を理解することを通して世界に根をおろす思考である。私たちは、今、このような思考を通して「人間存在の深さの次元」を守っていくことが切に求められる時代を生きている。

「本というのは、この世に存在すること、人びとのなかの一人であることとの、一つの独自なありようの表現であり、その表徴なのです」とアーレントは述べているが、本書も「この世に存在すること、人びとのなかの一人であること」の一つのささやかな表現であると受けとめていただければ幸いである。

本書で引用させていただいた既訳は必要に応じて変更した箇所があること、また次々と新たな研究成果が出される中、それらを本書で必ずしも十分に採り入れることができなかったことについてご寛恕いただきたい。

本書の執筆にあたっては、多くの方々からご支援や励ましをいただいた。一人一人のお名前を挙げるのは差し控えさせていただくが、筑波大学の同僚の先生方、授業で一緒に討論した学生の皆さん、アーレント研究会の皆様、日本サミュエル・ベケット研究会の皆様、日頃から家族を支えてくださるご近所の方々とシェシャドゥリ（福田）育子氏、編集作業を手伝ってくださった駒居幸さんに心からの感謝を捧げたい。また出版の初期段階から温かく励ましてくださった今村純子氏、本書の装丁に関して、素晴らしい作品のご提供と適切なご助言をいただいただけでなく、いつも励ましの言葉をかけてくださった矢野静明氏に深く感謝したい。出版をご快諾くださった法政大学出版局の郷間雅俊氏にはまことにお世話になった。つねに的確なご助言をくださり、また大変丁寧な編集作業を進めてくださった氏に心からお礼を申し上げる。そして日々の生活を通して私を支えてくれる家族、この世での生を私に与えてくれた両親に感謝の意を表したい。

最後に、本書の出版を願いながら、二〇一四年八月に病のためこの世を去った母に本書を捧げたい。母からの愛情のこもった励ましや支えなしにこの本は生まれなかっただろう。ちょうど二年前の今頃、母と二人でマルガレーテ・フォン・トロッタ監督の『ハンナ・アーレント』を見に行った。それは私の記憶する限り、母と二人で見た最初で最後の映画であった。今、そのことを思い出しながら筆を擱くこととする。

二〇一六年三月

対馬　美千子

初出一覧

本書は以下の論文がもとになっている。各章において加筆・修正を施した。

序　書き下ろし

第1章　「言語を信頼すること——アーレントの『ラーエル・ファルンハーゲン』」、筑波大学人文社会科学研究科現代語・現代文化専攻『論叢現代語・現代文化』Vol. 12、一三一～一五八頁、二〇一四年三月

第2章　「「真珠採り」の思考——アーレント政治思想におけるメタファー論の意義」『政治思想研究』第8号、二五五～二八一頁、二〇〇八年五月

第3章　「アーレントにおけるソクラテス」、筑波大学人文社会科学研究科現代文化・公共政策専攻

『論叢現代文化・公共政策』Vol. 1、二一～五三頁、二〇〇五年三月

第4章　「過去と未来の間の裂け目で動く——アーレントにおける思考の時間的次元をめぐって」、筑波大学人文社会科学研究科現代語・現代文化専攻『論叢現代語・現代文化』Vol. 14、一～二四頁、二〇一五年三月

第5章　「「私たちのもつ唯一の内なる羅針盤」——アーレントにおける構想力の概念」『社会思想史研究』No. 31、七三～八九頁、二〇〇七年九月

第6章　「「盲目の詩人になること」——アーレントにおける構想力の「脱感覚化の働き」」『哲学』No. 58、二一九～二三五頁、二〇〇七年四月

第7章　「アーレントと文学の力」、筑波大学人文社会科学研究科現代語・現代文化専攻『論叢現代語・現代文化』Vol. 10、一～二一頁、二〇一三年三月

人名索引

事項索引

さ 行

た 行

な　行

は　行

ま 行

や 行

ら 行

［著者］

対馬美千子（つしま・みちこ）

カリフォルニア大学バークレー校大学院博士課程レトリック学科にて博士号取得。筑波大学人文社会系准教授。表象文化論，文学への思想的アプローチ，言語思想。著書に *The Space of Vacillation: The Experience of Language in Beckett, Blanchot, and Heidegger*（Peter Lang, 2003），共編著に *Samuel Beckett and Pain*（Rodopi, 2012），共著に『ベケットを見る八つの方法――批評のボーダレス』（水声社，2013年），『サミュエル・ベケットのヴィジョンと運動』（未知谷，2005年），『英語圏文学』（人文書院，2002年）ほか。

ハンナ・アーレント

世界との和解のこころみ

2016年4月15日　初版第1刷発行

著　者　対馬美千子

発行所　一般財団法人　法政大学出版局

〒102-0071　東京都千代田区富士見2-17-1

電話03（5214）5540　振替00160-6-95814

組版：HUP　印刷：三和印刷　製本：積信堂

Printed in Japan

ISBN978-4-588-13020-5